# MÉMOIRES

DU

# GÉNÉRAL BARON DE MARBOT

.....J'engage le colonel Marbot à continuer à écrire pour la défense de la gloire des armées françaises et à en confondre les calomniateurs et les apostats. (Testament de Napoléon.)

L'auteur et les éditeurs déclarent réserver leurs droits de traduction et de reproduction à l'étranger.

Ce volume a été déposé au ministère de l'intérieur (section de la librairie) en mai 1891.

PARIS. — TYP. DE E. PLON, NOURRIT ET C$^{ie}$, RUE GARANCIÈRE, 8.

Héliog Dujardin.            Imp Wittmann.

BARON DE MARBOT (MARCELLIN)
Colonel du 23ᵉ Chasseurs à Cheval
1812

E. Plon, Nourrit & Cⁱᵉ Edit.

# MÉMOIRES

## DU GÉNÉRAL

# B<sup>on</sup> DE MARBOT

I

GÊNES — AUSTERLITZ — EYLAU

*Ouvrage orné d'un portrait en héliogravure*

PARIS

LIBRAIRIE PLON

E. PLON, NOURRIT ET C<sup>ie</sup>, IMPRIMEURS-ÉDITEURS

RUE GARANCIÈRE, 10

1891

*Tous droits réservés*

# AVANT-PROPOS

Le général baron de Marbot (Marcellin), dont nous publions les *Mémoires*, appartenait à une famille du Quercy qui, dès le commencement du siècle dernier, jouissait dans cette province d'une haute situation. Mais cette famille s'est surtout illustrée dans la carrière des armes, en donnant en moins de cinquante ans trois généraux à la France.

Le père de l'auteur des *Mémoires* et des *Remarques critiques* entra aux gardes du corps du roi Louis XVI, et devint capitaine de dragons, aide de camp du comte de Schomberg. Lorsque la Révolution éclata, il s'engagea dans l'armée des Pyrénées, y conquit en quatre ans le grade de général de division, fut nommé à l'Assemblée législative en 1798, puis commanda en Ligurie une des divisions de l'armée de Masséna; il mourut enfin au siège de Gênes, des suites de ses blessures et du typhus, laissant quatre fils, dont deux seulement survécurent, Adolphe et Marcellin.

Adolphe, l'aîné, fit sa carrière dans les états-majors, devint général de brigade sous la monarchie de Juillet et mourut en 1844.

Des trois généraux de Marbot, la figure la plus caractéristique est assurément celle de l'auteur de ces écrits, type accompli de l'homme d'action, doué d'un véritable esprit militaire et d'une bravoure dont nous admirerons les traits héroïques, notamment à Ratisbonne et à Mölk.

En laissant à ses enfants les souvenirs de sa vie, le général de Marbot ne pensait écrire que pour le cercle étroit de son intimité. Il oubliait que sa carrière toute publique, illustrée par d'éclatants faits d'armes, liée aux événements les plus considérables de la République et de l'Empire, appartenait déjà à l'histoire.

Ses récits pleins de verve et de franchise, tour à tour piquants ou dramatiques, ses vives impressions et ses réflexions marquées au coin d'un véritable talent d'écrivain, achèvent de donner la peinture vivante d'une des périodes les plus passionnantes de notre histoire. Mieux encore, à un point de vue moral, ces écrits présentent un intérêt puissant, en nous donnant l'esprit des milieux où l'auteur a vécu. Souvent nous y trouverons les premières et intimes pensées de l'Empereur, et en pénétrant les états-majors, nous saisirons la vraie physionomie des principaux chefs de nos armées : nous admirerons leurs talents et leur valeur, en constatant aussi dans leur mésintelligence aux heures critiques l'une des causes de nos revers. Toutefois, et au-dessus de faiblesses inévitables, se dégagera le caractère élevé d'une époque toute vibrante de patriotisme et d'esprit militaire.

Telle est l'impression qui domine dans le récit de ces quinze années de luttes, où, soldat dès dix-sept ans, l'auteur se montrera en des circonstances si diverses l'officier intrépide, l'aide de camp des maréchaux, témoignant dans les missions les plus difficiles des rares qualités de dévouement, de tact et d'énergie. Chef de corps vigilant et prodigue de son sang, il soutiendra vaillamment les derniers efforts de nos armées en Russie, en Saxe, à Waterloo.

A cette dernière date s'arrêtent les *Mémoires*. Cette vie, momentanément interrompue par l'exil, se dévouera plus tard à la personne de Mgr le duc d'Orléans. Le général le suivra comme aide de camp, au siège d'Anvers et dans les brillantes campagnes d'Afrique, et s'attachera enfin en la même qualité à Mgr le comte de Paris. Le baron de Marbot, créé pair de France en 1845, mourut à Paris le 16 novembre 1854.

Les héritiers de ces manuscrits n'ont pas cru devoir refuser plus longtemps à des sollicitations pressantes la publication de documents précieux pour l'étude de cette période de notre histoire. Heureux si ces glorieux souvenirs peuvent offrir d'utiles enseignements et de nobles exemples à notre génération militaire, et lui inspirer, avec l'amour du métier des armes, la conscience dans la pratique du devoir et un peu aussi du sincère enthousiasme qui déborde de ces pages.

Puissent du moins ces récits donner le relief mérité à un nom qui vient de s'éteindre et à la figure héroïque d'un soldat qui aima passionnément l'armée et la patrie !

## A MA FEMME ET A MES DEUX FILS.

Ma chère femme, mes chers enfants, j'ai assisté, quoique bien jeune encore, à la grande et terrible Révolution de 1789. J'ai vécu sous la Convention et le Directoire. J'ai vu l'Empire. J'ai pris part à ses guerres gigantesques et j'ai failli être écrasé par sa chute. J'ai souvent approché de l'empereur Napoléon. J'ai servi dans l'état-major de cinq de ses plus célèbres maréchaux, Bernadotte, Augereau, Murat, Lannes et Masséna. J'ai connu tous les personnages marquants de cette époque. J'ai subi l'exil en 1815. J'avais l'honneur de voir très souvent le roi Louis-Philippe, lorsqu'il n'était encore que duc d'Orléans, et après 1830, j'ai été pendant douze ans aide de camp de son auguste fils, le prince royal, nouveau Duc d'Orléans. Enfin, depuis qu'un événement funeste a ravi ce prince à l'amour des Français, je suis attaché à la personne de son auguste fils, le Comte de Paris.

J'ai donc été témoin de bien des événements, j'ai beaucoup vu, beaucoup retenu, et puisque vous désirez depuis longtemps que j'écrive mes Mémoires, en faisant marcher de front le récit de ma vie et celui des faits mémorables auxquels j'ai assisté, je cède à vos instances.

*Comme vous désirez bien plus connaître les détails de ce qui m'est advenu, que de me voir retracer longuement des faits historiques déjà consignés dans une foule d'ouvrages, je n'en parlerai que sommairement, pour marquer les diverses époques des temps où j'ai vécu et l'influence que les événements ont eue sur ma destinée. Je serai plus explicite en ce qui concerne les personnes. Je rectifierai avec impartialité les jugements portés sur celles d'entre elles que j'ai été à même de connaître. Quant au style, il sera sans prétention, comme il convient à une simple narration faite en famille.*

*A côté de faits de la plus haute importance politique, j'en relaterai de gais, de bizarres, même de puérils, et entrerai, dans ce qui m'est personnel, dans des détails qui pourront peut-être paraître oiseux.*

*Presque tous les hommes se plaignent de leur destinée. La Providence m'a mieux traité, et quoique ma vie n'ait certainement pas été exempte de tribulations, la masse de bonheur s'est trouvée infiniment supérieure à celle des peines, et je recommencerais volontiers ma carrière sans y rien changer. Le dirai-je? j'ai toujours eu la conviction que j'étais né heureux. A la guerre comme en politique, j'ai surnagé au milieu des tempêtes qui ont englouti presque tous mes contemporains, et je me vois entouré d'une famille tendre et dévouée. Je rends donc grâces à la Providence du partage qu'elle m'a fait.*

Mars 1844.

# MÉMOIRES
## DU
# GÉNÉRAL BARON DE MARBOT

---

### CHAPITRE PREMIER

Origines de ma famille. — Mon père entre aux gardes. — La famille de Certain. — Vie au château de Larivière. — Épisode d'enfance.

Je suis né le 18 août 1782, au château de Larivière, que mon père possédait sur les rives de la Dordogne, dans la belle et riante vallée de Beaulieu, sur les confins du Limousin et du Quercy, aujourd'hui département de la Corrèze. Mon père était fils unique. Son père et son grand-père l'ayant été aussi, une fortune territoriale fort considérable pour la province s'était accumulée sur sa tête. La famille de Marbot était de noble origine, quoique depuis longtemps elle ne fît précéder son nom d'aucun titre. Selon l'expression de ce temps-là, elle vivait *noblement*, c'est-à-dire de ses propres revenus, sans y joindre aucun état ni aucune industrie. Elle était alliée à plusieurs gentilshommes du pays et faisait société avec les autres, tels que les d'Humières, d'Estresse, Cosnac, La Majorie, etc., etc.

Je fais cette observation, parce que, à une époque où la noblesse était si hautaine et si puissante, l'amitié qui unissait la famille de Marbot à des maisons illustres, comptant plusieurs maréchaux de France parmi leurs aïeux, prouve que notre famille jouissait d'une grande considération dans le pays.

Mon père était né en 1753; il reçut une excellente éducation et était très instruit. Il aimait l'étude, les belles-lettres et les arts. Son caractère un peu violent avait été tempéré par l'habitude de la bonne société dans laquelle il vivait. Son cœur était d'ailleurs si bon que, le premier mouvement passé, il cherchait toujours à faire oublier les brusqueries qui lui étaient échappées. Mon père était un superbe homme, d'une très haute et forte stature. Sa figure brune, mâle et sévère, était très belle et régulière.

Mon grand-père étant devenu veuf pendant que son fils était encore au collège, sa maison était dirigée par une de ses vieilles cousines, l'aînée des demoiselles Oudinet de Beaulieu. Cette parente rendit de grands services à mon grand-père, qui, devenu presque aveugle à la suite d'un coup de foudre tombé à ses côtés, ne sortait plus de son manoir. Ainsi mon père, à son entrée dans le monde, se trouvant entre un vieillard infirme et une tante dévouée à ses moindres volontés, disposait à son gré de la fortune de la maison. Il n'en abusa pas; mais comme il avait pour l'état militaire un goût très prononcé qui se trouvait journellement excité par ses liaisons avec les jeunes seigneurs des environs, il accepta la proposition que lui fit le colonel marquis d'Estresse, voisin et ami de la famille, de le faire recevoir dans les gardes du corps du roi Louis XV.

En entrant dans les gardes, mon père avait reçu le brevet de sous-lieutenant. Au bout de quelques années, il fut fait garde-lieutenant. Comme, sous les auspices du marquis d'Estresse, il était reçu à Paris dans plusieurs maisons, notamment dans celle du lieutenant général comte de Schomberg, inspecteur général de cavalerie, celui-ci ayant apprécié les mérites de mon père, le fit nommer capitaine dans son régiment de dragons (1781) et le prit pour son aide de camp (1782).

Mon grand-père venait de mourir; mon père était encore garçon, et sa fortune ainsi que sa position (un capitaine était à cette époque, en province, un personnage de quelque importance) le mettaient en état de choisir une femme sans crainte d'être refusé.

Il existait alors, au château de Laval de Cère, situé à une lieue de celui de Larivière, qui appartenait à mon père, une famille noble, mais peu riche, nommée de Certain. Le chef de cette maison étant accablé par la goutte, ses affaires étaient dirigées par Mme de Certain, femme d'un rare mérite. Elle sortait de la famille noble de Verdal, qui, vous le savez, a la prétention de compter saint Roch parmi les parents de ses ancêtres du côté des femmes, un Verdal ayant, dit-elle, épousé une sœur de saint Roch, à Montpellier. J'ignore jusqu'à quel point cette prétention est fondée, mais il est certain qu'avant la révolution de 1789, il existait, à la porte du vieux château de Gruniac (que possède encore la famille de Verdal) un banc de pierre en très grande vénération parmi les habitants des montagnes voisines, parce que, selon la tradition, saint Roch, lorsqu'il venait passer quelque temps auprès de sa sœur, se complaisait à se placer sur ce banc, d'où l'on aperçoit la campagne, ce que l'on ne peut faire du château, espèce de forteresse des plus sombres.

M. et Mme de Certain avaient trois fils et une fille, et, selon l'usage de cette époque, ils ajoutèrent à leur nom de famille celui de quelque domaine. Ainsi, l'aîné des fils reçut le surnom de *Canrobert*, porté encore par son fils, notre cousin, qui l'a tant illustré depuis. Le fils aîné de la maison de Certain. était, à l'époque dont je parle, chevalier de Saint-Louis et capitaine au régiment d'infanterie de Penthièvre; le second fils s'appela *de l'Isle*, il était lieutenant au régiment de Penthièvre; le troisième fils reçut le surnom de *La Coste* et servait, comme mon père, dans les gardes du corps; la fille s'appela Mlle *du Puy*, ce fut ma mère.

Mon père s'unit intimement avec M. Certain de La Coste, et il était difficile qu'il en fût autrement, car, outre les trois mois qu'ils passaient à l'hôtel de Versailles pendant leur service, les voyages qu'ils faisaient ensemble deux fois par an devaient achever de les lier.

Les voitures publiques étaient alors fort rares, sales, incommodes, et marchaient à très petites journées : il n'était d'ailleurs pas de bon ton d'y monter, aussi les nobles vieux ou malades prenaient seuls des voiturins, tandis que la jeune noblesse et les officiers voyageaient à *cheval*. Il s'était donc établi, parmi les gardes du corps, un usage qui, de nos jours, paraîtrait fort bizarre. Comme ces messieurs ne faisaient annuellement que trois mois de service, et que le corps se trouvait, par conséquent, partagé en quatre fractions à peu près égales, ceux d'entre eux qui habitaient la Bretagne, l'Auvergne, le Limousin et autres contrées fournissant de bons petits chevaux, en avaient acheté un certain nombre dont le prix ne devait pas dépasser *cent francs*, y compris la selle et la bride. Au jour fixé, tous les gardes du corps de la même province appelés à aller reprendre leurs fonctions se réunissaient à cheval sur le point désigné, et la joyeuse caravane se mettait en route pour Versailles. On faisait douze à quinze lieues par jour, certain de trouver tous les soirs, à des prix modérés et convenus, un bon gîte et un bon souper dans les hôtels choisis pour étapes, car on y était attendu à jours fixes. Le voyage se faisait gaiement, en devisant, chantant, bravant les mauvais temps ou la chaleur, ainsi que les mésaventures, et riant des bons contes que chacun devait faire tour à tour en cheminant. La caravane se grossissait en route par l'arrivée des gardes du corps des provinces qu'on traversait. Enfin, les divers groupes, arrivant de tous les points de la France, entraient à Versailles le jour même de l'expiration de leur congé, et par conséquent au moment du départ des gardes qu'ils devaient relever. Alors chacun de ceux-ci achetait l'un des bidets amenés par les arrivants, auxquels il les payait *cent francs*, et, formant de nouvelles caravanes, tous prenaient le chemin du castel paternel, puis, à leur rentrée dans leurs foyers, ils lâchaient les *criquets* dans les prairies, où ils les laissaient paître à l'aventure pendant neuf mois, jusqu'au moment où ils les ramenaient à Versailles et les cédaient à d'autres camarades; de sorte que ces chevaux, changeant continuellement de maîtres, allaient tour à tour dans les diverses provinces de la France.

Mon père s'était donc lié intimement avec M. Certain de La Coste, qui était du même quartier et appartenait comme lui à la compagnie de Noailles. De retour au pays, ils se voyaient fréquemment : il devint bientôt l'ami de ses frères. Mlle du Puy était jolie, spirituelle, et quoiqu'elle ne dût avoir qu'une très faible dot et que plusieurs riches partis fussent offerts à mon père, il préféra Mlle du Puy et l'épousa en 1776.

Nous étions quatre frères : l'aîné, Adolphe, aujourd'hui maréchal de camp; j'étais le second, Théodore le troisième, et Félix le dernier. Nos âges se suivaient à peu près à deux ans de distance.

J'étais très fortement constitué, et n'eus d'autre maladie que la petite vérole; mais je faillis périr d'un accident que je vais vous raconter.

Je n'avais que trois ans lorsqu'il advint; mais il fut si grave, que le souvenir en est resté gravé dans ma mémoire. Comme j'avais le nez un peu retroussé et la figure ronde, mon père m'avait surnommé le *petit chat*. Il n'en fallut pas davantage pour donner à un si jeune enfant le désir d'imiter le chat; aussi mon plus grand bonheur était-il de marcher à quatre pattes en miaulant, et j'avais pris ainsi l'habitude de monter tous les jours au second étage du château, pour aller joindre mon père dans une bibliothèque, où il passait les heures de la plus forte chaleur. Dès qu'il entendait les miaulements de son *petit chat*, il venait ouvrir la porte et me donnait un volume des œuvres de Buffon dont je regardais les gravures pendant que mon père continuait sa lecture. Ces séances me plaisaient infiniment; mais un jour ma visite ne fut pas aussi bien reçue qu'à l'ordinaire. Mon père, probablement occupé de choses sérieuses, n'ouvrit pas à son *petit chat*. En vain, je redoublai mes miaulements sur les tons les plus doux que je pus trouver, la porte restait close. J'avisai alors, au niveau du parquet, un trou nommé *chatière*, qui existe dans les châteaux du Midi au bas de toutes les portes, afin de donner aux chats un libre accès dans les appartements. Ce chemin me paraissait être tout naturellement le mien; je m'y glisse tout doucement. La tête passe d'abord, mais le corps ne peut suivre; alors je veux reculer, mais ma tête était prise, et je ne puis ni avancer ni reculer. J'étranglais. Cependant, je m'étais tellement identifié avec mon rôle de chat, qu'au lieu de parler pour faire connaître à mon père la fâcheuse situation dans laquelle je me trouvais, je *miaulai* de toutes mes forces, non pas doucereusement, mais en chat fâché, en chat qu'on étrangle, et il paraît que je le faisais d'un ton si naturel, que mon père, persuadé que je plaisantais, fut pris d'un fou rire inextinguible. Mais tout à coup les miaulements s'affaiblirent, ma figure devint bleue, je m'évanouis. Jugez de l'embarras de mon père, qui comprit alors la vérité. Il enlève, non sans peine, la porte de ses gonds, me dégage et m'emporte sans connaissance dans les bras de ma mère, qui, me croyant mort, eut elle-même une crise terrible. Lorsque je revins à moi, un chirurgien était en train de me saigner. La vue de mon sang, et l'empressement de tous les habitants du château groupés autour de ma mère et de moi, firent une si vive impression sur ma jeune imagination, que cet événement est resté fortement gravé dans ma mémoire.

## CHAPITRE II

Premiers orages révolutionnaires. — Attitude de mon père. — Il rentre au service. — Je suis confié aux mains de Mlle Mongalvi. — Ma vie au pensionnat.

Pendant que mon enfance s'écoulait paisiblement, de bien graves événements se préparaient. L'orage révolutionnaire grondait déjà, et ne tarda pas à éclater : nous étions en 1789.

L'assemblée des États généraux, remuant toutes les passions, détruisit la tranquillité dont jouissait la province que nous habitions, et porta la division dans presque toutes les familles, surtout dans la nôtre ; car mon père, qui blâmait depuis longtemps les abus auxquels la France était assujettie, adopta le principe des améliorations qu'on projetait, sans prévoir les atrocités que ces changements allaient amener, tandis que ses trois beaux-frères et ses amis repoussaient toute innovation. De là de vives discussions, auxquelles je ne comprenais rien, mais qui m'affligeaient, parce que je voyais ma mère pleurer, en cherchant à calmer l'irritation de ses frères et de son époux. Cependant, sans trop savoir pourquoi, je me rangeais du côté des modérés démocrates qui avaient choisi mon père pour chef, car il était incontestablement l'homme le plus capable de la contrée.

L'Assemblée constituante venait de détruire les *rentes féodales*. Mon père, en qualité de gentilhomme, en possédait quelques-unes que son père avait achetées. Il fut le premier à se conformer à la loi. Les roturiers, qui attendaient pour se décider que mon père leur donnât l'exemple, ne voulurent plus rien payer, lorsqu'ils connurent sa renonciation aux rentes féodales qu'il possédait.

Peu de temps après, la France ayant été divisée *en départements,* mon père fut nommé administrateur de la Corrèze et, peu de temps après, membre de l'Assemblée législative.

Les trois frères de ma mère et presque toute la noblesse du pays n'avaient pas tardé à émigrer. La guerre paraissait imminente. Alors, pour engager tous les citoyens à s'armer, ou peut-être aussi pour savoir jusqu'à quel point il pouvait compter sur l'énergie des populations, le gouvernement, à un jour donné, fit répandre dans toutes les communes de France le bruit que les *brigands,* conduits par les émigrés, venaient pour détruire les nouvelles institutions. Le tocsin sonna sur toutes les églises, chacun s'arma de ce qu'il put trouver; on organisa les *gardes nationales;* le pays prit un aspect tout guerrier, et l'on attendait les prétendus brigands que, dans chaque commune, on disait être dans la commune voisine. Rien ne parut; mais l'effet était produit : la France se trouvait sous les armes, et avait prouvé qu'elle était en état de se défendre.

Nous étions alors à la campagne, seuls avec ma mère. Cette alerte, qu'on nomma dans le pays le *jour de la peur,* m'étonna et m'aurait probablement alarmé, si je n'eusse vu ma mère assez calme. J'ai toujours pensé que mon père, connaissant sa discrétion, l'avait prévenue de ce qui devait arriver.

Tout se passa d'abord sans excès de la part des paysans, qui, dans nos contrées, avaient conservé un grand respect pour les anciennes familles; mais, bientôt excités par les démagogues des villes, les campagnards se portèrent sur les habitations des nobles, sous prétexte de chercher les émigrés cachés, mais en réalité pour se faire donner de l'argent, et prendre les titres de rentes féodales qu'ils brûlaient dans d'immenses feux de joie. Du haut de notre terrasse, nous vîmes ces forcenés courir la torche en main vers le château d'Estresse, dont tous les hommes avaient émigré, et qui n'était plus habité que par des dames. C'étaient les meilleures amies de ma mère; aussi fut-elle vivement affectée de ce que, malgré mon extrême jeunesse, je taxai de *brigandage*. Les anxiétés de ma mère redoublèrent, lorsqu'elle vit arriver sa vieille mère qu'on venait de chasser de son château, déclaré *propriété nationale*, par suite de l'émigration de ses trois fils!... Jusque-là le foyer de mon père avait été respecté avec d'autant plus de raison que son patriotisme était connu et que, pour en donner des preuves nouvelles, il avait pris du service dans l'armée des Pyrénées comme capitaine des chasseurs des montagnes, à l'expiration de son mandat à l'Assemblée législative; mais le torrent révolutionnaire passant tout sous le même niveau, la maison de Saint-Céré, que mon père avait achetée dix ans avant de M. de Lapolonie, fut confisquée et déclarée *propriété nationale*, parce que l'acte de vente avait été passé sous seing privé, et que le vendeur avait émigré avant de ratifier devant le notaire. On n'accorda à ma mère que quelques jours pour en retirer son linge, puis la maison fut vendue aux enchères, et achetée par le président du district qui en avait lui-même provoqué la confiscation!... Enfin, les paysans, ameutés par quelques meneurs de Beaulieu, se portèrent en masse au château de mon père, où, avec tous les ménagements possibles, et même avec une espèce de politesse, ils dirent à ma mère qu'ils ne pouvaient se dispenser de brûler les titres de rentes féodales que nous avions encore, et de vérifier si les émigrés ses frères n'étaient pas cachés dans son château. Ma mère les reçut avec beaucoup de courage, leur remit les titres et leur fit observer que, connaissant ses frères pour des gens d'esprit, on ne devait pas supposer qu'ils eussent émigré pour revenir ensuite en France se cacher dans son château. Ils convinrent de la justesse de ce raisonnement, burent et mangèrent, brûlèrent les titres au milieu de la cour et se retirèrent sans faire aucun dégât, en criant : Vive la nation et le citoyen Marbot! et ils chargèrent ma mère de lui écrire qu'ils l'aimaient beaucoup, et que sa famille était en sûreté au milieu d'eux.

Malgré cette assurance, ma mère, comprenant que son titre de sœur d'émigrés pourrait lui attirer les plus grands désagréments, dont ne la sauverait peut-être pas celui d'épouse d'un défenseur de la patrie, résolut de s'éloigner momentanément. Elle m'a dit depuis que ce qui la décida à prendre ce parti fut la conviction que l'orage révolutionnaire ne durerait que quelques mois : bien des gens le croyaient aussi.

Ma grand'mère avait eu sept frères, qui, tous, selon l'usage de la famille de Verdal, avaient été militaires et chevaliers de Saint-Louis. L'un d'eux, ancien chef de bataillon au régiment de Penthièvre-infanterie, avait, en prenant sa retraite, épousé la riche veuve d'un conseiller au parlement de Rennes. Ma mère résolut de se rendre auprès d'elle, et se préparait à partir comptant m'emmener avec elle, quand je fus assailli par une quantité de gros clous très douloureux. Il était impossible de faire voyager un enfant de huit ans dans cet état, et comme il se prolongeait, ma mère était dans une grande perplexité... Elle en fut tirée par une respectable dame, Mlle Mongalvi, qui lui était bien dévouée et dont la mémoire me sera toujours chère. Mlle Mongalvi recevait à Turenne quelques pensionnaires dont ma mère avait été l'une des premières; elle proposa de me prendre chez elle pendant les quelques mois que durerait l'absence de ma mère. Celle-ci en référa à mon père, et son consentement étant arrivé, je partis et fus installé dans le pensionnat de demoiselles. — Quoi? direz-vous, un garçon avec des jeunes filles? Eh, oui!... Mais observez que j'étais un enfant très doux, paisible, obéissant, et n'ayant que huit ans.

Les pensionnaires entrées dans la maison de Mlle Mongalvi, depuis l'époque où ma mère en avait fait partie, étaient des jeunes personnes de seize à vingt ans; les plus jeunes avaient au moins quatorze ans, et étaient assez raisonnables pour qu'on pût m'admettre parmi elles.

A mon arrivée, tout le petit troupeau féminin accourut au-devant de moi et me reçut avec de tels cris de joie et de si bonnes caresses, que je me félicitai dès le premier instant d'avoir fait ce voyage. Je me figurais d'ailleurs qu'il serait de peu de durée, et je crois même que je regrettais intérieurement de n'avoir que peu de temps à passer avec ces bonnes jeunes demoiselles, qui me donnaient tout ce qui pouvait me faire plaisir, et se disputaient à qui me tiendrait par la main.

Cependant, ma mère partit et se rendit auprès de mon oncle. Les événements marchaient avec rapidité. La Terreur ensanglanta la France. La guerre civile éclata dans la Vendée et la Bretagne. Il devint absolument impossible d'y voyager, de telle sorte que ma mère, qui ne devait passer que deux ou trois mois à Rennes, s'y trouva retenue malgré elle pendant plusieurs années. Mon père combattait toujours dans les Pyrénées et en Espagne, où sa capacité et son courage l'avaient élevé au grade de général de division. Entré dans le pensionnat pour quelques mois, j'y restai donc au moins pendant quatre ans, qui furent pour moi autant d'années de bonheur, que venait bien obscurcir de temps en temps le souvenir de mes parents; mais les bonnes dames Mongalvi et leurs pensionnaires redoublaient alors de bonté pour moi et chassaient les pensées qui m'attristaient momentanément.

Lorsque, bien des années après, j'ai lu l'histoire de Vert-Vert vivant au milieu des Visitandines de Nevers, je me suis écrié : « C'est ainsi que j'étais dans le pensionnat de Turenne ! » Comme lui, j'étais gâté au delà de toute expression par les maîtresses et par les pensionnaires. Je n'avais qu'à désirer pour obtenir ; rien n'était assez bon ni assez beau pour moi. Ma santé était redevenue parfaite. J'étais blanc et frais ; aussi c'était à qui m'embrasserait !

Dans les récréations qui avaient lieu dans un très vaste clos où se trouvaient un beau jardin, des prairies, des vignes, des bosquets, les jeunes filles me couronnaient, *m'enguirlandaient* de fleurs ; puis, me plaçant sur un petit brancard couvert de roses, elles me portaient à tour de rôle en chantant. — D'autres fois je jouais aux barres avec elles, ayant le privilège de toujours prendre sans jamais être pris. Elles me lisaient des histoires, me chantaient des chansons ; enfin c'était à qui chercherait à faire quelque chose pour moi.

Il me souvient qu'en apprenant l'horrible exécution de Louis XVI, Mme Mongalvi fit mettre toute la pension à genoux pour réciter des prières pour le repos de l'âme du malheureux roi. L'indiscrétion de quelqu'un d'entre nous aurait pu lui attirer à cette occasion de grands désagréments, mais toutes ses élèves étaient d'âge à le comprendre, et je sentis qu'il n'en fallait pas parler : on n'en sut rien au dehors de la maison.

## CHAPITRE III

Mon père est nommé au commandement de l'armée de Toulouse. — Il me rappelle auprès de lui. — Rencontre d'un convoi d'aristocrates. — Mon existence à Toulouse. — Je suis conduit à Sorèze.

Je restai dans ce doux asile jusqu'en novembre 1793. J'avais onze ans et demi lorsque mon père reçut le commandement d'un camp formé à Toulouse. Il profita de quelques jours de congé pour me voir et régler ses affaires, dont il n'avait pu s'occuper depuis plusieurs années. Il descendit à Turenne chez un de ses amis et courut à la pension. Il était en uniforme d'officier général, avec un grand sabre, les cheveux coupés, sans poudre, et portant des moustaches énormes, ce qui contrastait singulièrement avec le costume que j'avais l'habitude de lui voir lorsqu'il habitait paisiblement le château de Larivière.

J'ai dit que mon père, malgré sa mâle figure et son aspect sévère, était très bon, surtout pour les enfants, qu'il aimait passionnément. Je le revis donc avec de vifs transports de joie, et il me combla de caresses. Il passa quelques jours à Turenne, remerciant bien les bonnes dames Mongalvi des soins vraiment maternels qu'elles m'avaient prodigués; mais en me questionnant, il lui fut très facile de voir que si je savais bien les prières, les litanies et force cantiques, mes autres connaissances se bornaient à quelques notions d'histoire, de géographie et d'orthographe. Il considéra d'ailleurs qu'étant dans ma douzième année, il n'était plus guère possible de me laisser dans une pension de demoiselles, et qu'il était temps de me donner une éducation plus mâle et plus étendue. Il résolut donc de m'emmener avec lui à Toulouse, où il avait déjà fait venir Adolphe à sa sortie d'Effiat, afin de nous placer tous deux au collège militaire de Sorèze, le seul grand établissement de ce genre que la tourmente révolutionnaire eût laissé debout.

Je partis en embrassant mes jeunes amies. Nous nous dirigeâmes sur Cressensac, où nous trouvâmes le capitaine Gault, aide de camp de mon père. Pendant qu'on graissait la voiture, Spire, le vieux serviteur de mon père, qui savait que son maître voulait marcher jour et nuit, faisait provision de vivres et arrangeait les paquets. En ce moment, un spectacle nouveau pour moi se présente : une colonne mobile, composée de gendarmes, de gardes nationaux et de volontaires, entre dans le bourg de Cressensac, musique en tête. Je n'avais jamais rien vu de pareil et trouvai cela superbe ; mais je ne pouvais m'expliquer pourquoi les soldats faisaient marcher au milieu d'eux une douzaine de voitures remplies de vieux messieurs, de dames et d'enfants ayant tous l'air fort triste.

Cette vue mit mon père en fureur. Il se retira de la fenêtre, et se promenant à grands pas avec son aide de camp dont il était sûr, je l'entendis s'écrier : « Ces « misérables conventionnels ont gâté la Révolution qui « pouvait être si belle ! Voilà encore des innocents qu'on « mène en prison parce qu'ils sont nobles ou parents « d'émigrés ; c'est affreux ! » Je compris tout ce que mon père dit à ce sujet, et je vouai comme lui la haine la plus prononcée à ce parti terroriste qui gâta la révolution de 1789.

Mais pourquoi, dira-t-on, votre père servait-il encore

un gouvernement qu'il méprisait? — Pourquoi? — C'est qu'il pensait que repousser les ennemis du territoire français était toujours une chose honorable et qui ne rendait pas les militaires solidaires des atrocités que la Convention commettait à l'intérieur.

Ce que mon père avait dit m'avait déjà intéressé en faveur des individus placés dans les voitures. Je venais d'apprendre que c'étaient des familles nobles qu'on avait arrachées le matin de leurs châteaux, et que l'on conduisait dans les prisons de Souilhac. Il y avait des vieillards, des femmes, des enfants, et je me demandais en moi-même comment ces êtres faibles pouvaient être dangereux pour le pays, lorsque j'entendis plusieurs des enfants demander à manger. Une dame pria un garde national de la laisser descendre pour aller acheter des vivres : il s'y refusa durement, et la dame lui ayant présenté un assignat en le priant de vouloir bien lui procurer du pain, le garde lui répondit : « Me prends-tu pour un de tes ci-devant laquais?... » Cette brutalité m'indigna. J'avais remarqué que Spire avait placé dans les poches de la voiture plusieurs petits pains, dans l'intérieur de chacun desquels on avait mis une saucisse. J'allai prendre deux de ces pains, et m'approchant de la voiture des enfants prisonniers, je leur jetai ces pains, pendant que les gardes tournaient le dos. La mère et les enfants me firent des signes de reconnaissance si expressifs, que je résolus d'approvisionner aussi les autres prisonniers, et je leur portai successivement toutes les provisions que Spire avait faites pour nourrir quatre personnes pendant les quarante-huit heures que nous devions passer en route, afin de nous rendre à Toulouse. Enfin, nous partons sans que Spire se soit douté de la distribution que je venais de faire. Les petits prisonniers m'envoient des baisers, les parents me saluent; mais à peine sommes-nous à cent pas du relais, que mon père, qui avait hâte de s'éloigner d'un spectacle dont il était navré, et qui n'avait pas voulu se mettre à table dans l'auberge, éprouva le besoin de manger et demanda les provisions. Spire indique les poches dans lesquelles il les a placées. Mon père et M. Gault fouillent tout l'intérieur de la voiture et n'y trouvent rien. Mon père s'emporte contre Spire qui, du haut de son siège, jure par tous les diables qu'il avait garni la voiture de vivres pour deux jours. J'étais un peu embarrassé; cependant, je ne voulus pas laisser gronder plus longtemps le pauvre Spire et déclarai ce que j'avais fait. Je m'attendais à être un peu repris pour avoir agi sans autorisation, mais mon père m'embrassa de la manière la plus tendre, et bien des années après il parlait encore avec bonheur de ma conduite en cette occasion. Voilà pourquoi, mes enfants, j'ai cru devoir vous la rappeler. On est si heureux de penser qu'on a obtenu dans quelques circonstances l'approbation de ceux qu'on a aimés et perdus!

De Cressensac à Toulouse, la route était couverte de volontaires qui se rendaient gaiement à l'armée des Pyrénées en faisant retentir les airs de chansons patriotiques. Ce mouvement me charmait, et j'aurais été heureux si je n'eusse souffert physiquement, car n'ayant jamais fait de longues courses en voiture, j'avais le *mal de mer* pendant le voyage, ce qui détermina mon père à s'arrêter toutes les nuits pour me faire reposer. J'arrivai cependant à Toulouse, très fatigué; mais la vue de mon frère, dont j'étais séparé depuis quatre ou cinq ans, me donna une joie fort grande qui me rétablit en peu de temps.

Mon père, en qualité de *général de division* commandant le camp situé au *Miral*, près de Toulouse, avait droit à être logé militairement, et la municipalité lui avait assigné le bel hôtel de Rességuier, dont le propriétaire avait émigré. Mme de Rességuier s'était retirée avec son fils dans les appartements les plus éloignés, et mon père avait ordonné qu'on eût les plus grands égards pour sa malheureuse position.

La maison de mon père était très fréquentée; il recevait tous les jours et devait faire beaucoup de dépenses, car, bien qu'un général de division reçût alors dix-huit rations de tous genres, et que ses aides de camp en eussent aussi, cela ne pouvait suffire; il fallait acheter une foule de choses, et cependant l'État ne donnait alors à l'officier général comme au simple sous-lieutenant que *huit francs par mois en numéraire*, le surplus de la solde étant payé en *assignats*, dont la valeur diminuait chaque jour, et comme mon père était très généreux, invitait de nombreux officiers du camp, avait de nombreux domestiques (qu'on appelait alors serviteurs), dix-huit chevaux, des voitures, une loge au théâtre, etc., etc..., il dépensait les économies qu'il avait faites au château de Larivière, et ce fut du moment de sa rentrée au service que date la diminution de sa fortune.

Quoiqu'on fût au plus fort de la Terreur, que la subordination fût très affaiblie en France, d'où le bon ton semblait éloigné pour toujours, mon père savait si bien en imposer aux nombreux officiers qui venaient chez lui, que la plus parfaite politesse régnait dans son salon comme à sa table.

Parmi les officiers employés au camp, mon père en avait pris deux en grande prédilection; aussi les invitait-il plus souvent que les autres.

L'un, nommé Augereau, était adjudant général, c'est-à-dire colonel d'état-major; l'autre était Lannes, simple lieutenant de grenadiers dans un bataillon de volontaires du département du Gers. Ils sont devenus maréchaux de l'Empire, et j'ai été leur aide de camp. Je vous donnerai

leur biographie lorsque j'écrirai le récit de ce qui m'est
advenu quand je servais auprès d'eux.

A cette époque, Augereau, après s'être évadé des prisons de l'inquisition de Lisbonne, venait de faire la
guerre dans la Vendée, où il s'était fait remarquer par
son courage et la facilité avec laquelle il maniait les
troupes. Il était très bon *tacticien*, science qu'il avait
apprise en Prusse, où il avait longtemps servi dans les
gardes à pied du grand Frédéric; aussi l'appelait-on le
*grand Prussien*. Il avait une tenue militaire irréprochable,
toujours tiré à quatre épingles, frisé et poudré à blanc,
longue queue, grandes bottes à l'écuyère des plus luisantes, et avec cela une tournure fort martiale. Cette
tenue était d'autant plus remarquable qu'à cette époque
ce n'était pas par là que brillait l'armée française, presque
uniquement composée de *volontaires* peu habitués à porter l'habit d'uniforme et fort peu soigneux de leur toilette. Cependant, personne ne se permettait de railler
Augereau sur cet article, car on savait qu'il était grand
*bretteur*, très brave, et avait fait mettre les pouces au
célèbre Saint-George, la plus forte lame de France.

J'ai dit qu'Augereau était bon tacticien; aussi mon
père l'avait-il chargé de diriger l'instruction des bataillons des nouvelles levées dont se composait la majeure
partie de la division. Ces bataillons provenaient du
Limousin, de l'Auvergne, des pays basques, du Quercy,
du Gers et du Languedoc. Augereau les forma très bien,
et en agissant ainsi il ne se doutait pas qu'il travaillait
pour sa gloire future, car les troupes que mon père commandait alors formèrent plus tard la célèbre division
Augereau, qui fit de si belles choses dans les Pyrénées-
Orientales et en Italie. Augereau venant presque tous
les jours chez mon père, et s'en voyant apprécié, lui
voua une amitié qui ne s'est jamais démentie et dont

je ressentis les bons effets après la mort de ma mère.

Quant au lieutenant Lannes, c'était un jeune Gascon des plus vifs, spirituel, très gai, sans éducation ni instruction, mais désireux d'apprendre, à une époque où personne ne l'était. Il devint très bon instructeur, et comme il était fort vaniteux, il recevait avec un bonheur indicible les louanges que mon père lui prodiguait parce qu'il les méritait. Aussi, par reconnaissance, Lannes gâtait-il autant qu'il le pouvait les enfants de son général.

Un beau matin, mon père reçoit l'ordre de lever le camp du Miral et de conduire sa division au corps d'armée du général Dugommier, qui faisait en ce moment le siège de Toulon, dont les Anglais s'étaient emparés par surprise. Alors, mon père me déclara que ce n'était pas dans une pension de demoiselles que je pouvais apprendre ce que je devais savoir; qu'il me fallait des études plus sérieuses, et qu'en conséquence il me mènerait le lendemain au collège militaire de Sorèze, où il avait déjà retenu ma place et celle de mon frère. Je restai confondu !... Ne plus retourner auprès de mes amies, avec les dames Mongalvi, cela me paraissait impossible !

Les routes étaient couvertes de troupes et de canons que mon père passa en revue à Castelnaudary. Ce spectacle, qui m'eût charmé quelques jours auparavant, ne put adoucir ma douleur, car je pensais constamment aux professeurs en présence desquels j'allais me trouver.

Nous couchâmes à Castelnaudary, où mon père apprit l'évacuation de Toulon par les Anglais (18 décembre 1793) et reçut l'ordre de se rendre avec sa division aux Pyrénées-Orientales. Il résolut donc de nous déposer le lendemain même à Sorèze, de n'y rester que quelques heures, et de se rendre promptement à Perpignan.

En sortant de Castelnaudary, mon père avait fait arrêter sa voiture devant l'arbre remarquable sous lequel le connétable de Montmorency fut fait prisonnier par les troupes de Louis XIII à la suite de la défaite infligée aux partisans de Gaston d'Orléans, révolté contre son frère. Il causa sur cet événement avec ses aides de camp, et mon frère, déjà fort instruit, prit part à la conversation. Quant à moi, qui n'avais que de très légères notions sur l'histoire générale de la France et n'en connaissais aucun détail, c'était pour la première fois que j'entendais parler de la bataille de Castelnaudary, de Gaston, de sa révolte, de la prise et de l'exécution du connétable de Montmorency. Aussi, comprenant parfaitement que mon père ne m'adressait aucune question à ce sujet parce qu'il avait la conviction que je ne pouvais y répondre, cela m'humilia beaucoup, et j'en conclus, à part moi, que mon père avait raison de me conduire au collège pour y faire mon éducation. Mes regrets se changèrent donc en résolution d'apprendre ce qu'il fallait savoir. Cependant, je n'en eus pas moins le cœur navré à la vue des hautes et sombres murailles du cloître dans lequel on allait m'enfermer. J'avais onze ans et quatre mois lorsque j'entrai dans l'établissement.

## CHAPITRE IV

Sorèze. — Dom Ferlus. — La vie à Sorèze. — Allures égalitaires. — Premières épreuves. — Visite d'un représentant du peuple.

C'est ici le moment de vous donner un abrégé historique du célèbre collège de Sorèze, tel qu'il m'a été fait par dom Abal, ancien sous-principal, que je voyais très souvent à Paris, sous l'Empire.

Lorsque, sous Louis XV, on résolut de chasser les Jésuites de France, leurs défenseurs prétendant qu'eux seuls pouvaient élever la jeunesse, les Bénédictins, ennemis déclarés des Jésuites, voulurent prouver le contraire; mais comme il ne leur convenait pas, quoiqu'ils fussent très studieux et très instruits, de se transformer en pédagogues, ils choisirent quatre de leurs maisons pour en faire des collèges. Ce furent entre autres Sorèze et Pontlevoy, dans lesquels ils réunirent les membres de l'Ordre qui avaient le plus d'aptitude pour le professorat et qui, après l'avoir exercé plusieurs années, pouvaient se retirer dans les autres couvents de l'Ordre. Les nouveaux collèges prospérèrent; Sorèze surtout se fit remarquer, et la foule d'élèves qui y accoururent de toutes parts ayant rendu nécessaire un plus grand nombre de professeurs, les Bénédictins y attirèrent beaucoup de laïques des plus instruits. Ceux-ci s'établirent avec leur famille dans la petite ville où était le couvent, et les enfants de ces professeurs civils, élevés gratuitement au collège en qualité d'externes, formèrent plus tard une pépinière de maîtres de toutes les sciences et de tous les arts. Enfin, la facilité de faire donner des leçons à très bon compte ayant amené à Sorèze l'établissement de plusieurs pensionnats de demoiselles, cette petite ville devint remarquable en ce que les hommes, les femmes de la société, et jusqu'aux plus simples marchands, possédaient une instruction étendue et cultivaient tous les beaux-arts. Une foule d'étrangers, surtout des Anglais, des Espagnols et des Américains, venaient s'y fixer pour quelques années, afin d'être près de leurs fils et de leurs filles pendant la durée de leur éducation.

L'Ordre des Bénédictins était généralement composé d'hommes fort doux; ils allaient dans le monde et recevaient souvent; aussi étaient-ils fort aimés, ce qui fut d'une très grande utilité à ceux de Sorèze lorsque la Révolution éclata. L'établissement avait alors pour principal dom Despod, homme du plus grand mérite, mais qui, n'ayant pas cru devoir prêter le *serment civique* exigé des membres du clergé, se retira, passa plusieurs années dans la retraite et fut plus tard nommé par l'Empereur à l'un des principaux emplois de l'Université. Tous les autres Bénédictins de Sorèze s'étaient soumis au serment : dom Ferlus devint principal, dom Abal sous-principal, et le collège, malgré la tourmente révolutionnaire, continua à marcher, en suivant l'excellente impulsion que lui avait imprimée dom Despod. Enfin, une loi ayant ordonné la sécularisation des moines et la vente de leurs biens, l'établissement allait tomber. Mais tous les hommes importants du pays avaient été élevés à Sorèze et désiraient qu'il en fût de même pour leurs enfants; les habitants de la ville, les ouvriers, les paysans eux-mêmes, vénéraient les bons Pères et comprirent que la destruction du collège amènerait la ruine de la contrée. On engagea dom Ferlus à se porter acquéreur du collège et des immenses propriétés qui en dépendaient. Personne ne mit aux enchères, le principal devint donc *propriétaire* à bon compte de l'immense couvent et des terres qui y étaient annexées. Les administrateurs du département lui donnèrent beaucoup de temps pour payer. On lui prêta de toutes parts des assignats, qu'il remboursa avec quelques coupes de bois. Les vastes fermes du domaine fournirent à la nourriture du collège, et, faute d'argent, dom Ferlus payait les professeurs externes en denrées, ce qui leur convenait très fort, à une époque où la famine régnait en France.

Dom Ferlus fit l'usage le plus honorable de la fortune que les circonstances venaient de lui donner. Il y avait parmi les élèves une centaine de créoles de Saint-Domingue, la Guadeloupe, la Martinique et autres colonies, que la guerre maritime, et surtout la révolte des nègres, privaient de la faculté de correspondre avec leurs parents. Dom Ferlus les garda tous. A mesure que ces enfants arrivaient à l'âge d'homme, il les employait comme sous-maîtres et les faisait placer dans différentes administrations. Plus tard, l'horizon politique s'étant éclairci, le Directoire, puis l'Empereur, aidèrent dom Ferlus dans la bonne œuvre qu'il avait entreprise. C'est ainsi que la loyauté et l'humanité de ce supérieur estimable, augmentant la bonne réputation de son établissement, le firent prospérer de plus en plus.

A la mort de dom Ferlus, le collège passa aux mains de Raymond Ferlus, homme peu capable, frère du précédent, ancien Oratorien marié, mauvais poète et connu seulement par la guerre de plume qu'il a longtemps soutenue contre M. Baour-Lormian. Le collège allait en déclinant, lorsque la Restauration de 1814 ramena les Jésuites. Ceux-ci voulurent alors se venger des Bénédictins, en abattant l'édifice qu'ils avaient établi sur les ruines de leur Ordre. L'Université, dirigée par l'abbé Frayssinous, prit parti pour les Jésuites. M. Raymond Ferlus céda alors le collège à son gendre, M. Bernard, ancien officier d'artillerie, qui avait été mon condisciple. Celui-ci n'entendait rien à la direction d'un tel établissement; d'ailleurs, une foule de bons collèges vinrent lui faire concurrence, et Sorèze, perdant de jour en jour de son importance, est devenu une des plus médiocres maisons d'éducation.

Je reviens à l'époque où je fus placé à Sorèze. Je vous ai dit comment dom Ferlus avait sauvé ce collège de la ruine et comment, soutenu par les soins de cet homme éclairé, ce fut le seul grand établissement de ce genre que la Révolution laissa debout. Les moines prirent l'habit laïque, et le nom de *citoyen* remplaça celui de *dom*. A cela près, rien d'essentiel n'était changé dans le collège, qui subsistait paisiblement dans un coin de la France, pendant qu'elle était en proie aux plus cruels déchirements. Je dis que rien d'essentiel n'était changé, parce que les études y suivaient leur cours habituel et que l'ordre n'était point troublé; mais il était cependant impossible que l'agitation fébrile qui régnait au dehors ne se fît un peu sentir dans le collège. Je dirai même que dom Ferlus, en homme très habile, faisait semblant d'approuver ce qu'il ne pouvait empêcher. Les murs étaient donc couverts de sentences républicaines. Il était défendu de prononcer le nom de *monsieur*. Les élèves n'allaient au réfectoire ou à la promenade qu'en chantant la *Marseillaise* ou autres hymnes républicains, et comme ils entendaient parler constamment des hauts faits de nos armées, que même quelques-uns des plus âgés s'étaient enrôlés parmi les *volontaires*, et que d'autres en avaient aussi le désir, toute cette jeunesse qui, d'ailleurs, était élevée au milieu des armes, puisque, même avant la Révolution, Sorèze était un collège militaire où l'on apprenait l'exercice, l'équitation, la fortification, etc., etc., toute cette jeunesse, dis-je, avait pris depuis quelque temps une tournure et un esprit guerriers qui avaient amené des manières un peu trop sans façon. Ajoutez à cela que le costume contribuait infiniment à lui donner l'aspect le plus étrange. En effet, les élèves avaient de gros souliers que l'on ne nettoyait que le *décadi*, des chaussettes de fil gris, pantalon et veste ronde de couleur brune, pas de gilet, des chemises débraillées et couvertes de taches d'encre ou de crayon rouge, pas de cravate, rien sur la tête, cheveux en queue souvent défaite, et des mains!... de vraies mains de charbonnier.

Me voyez-vous, moi, propret, ciré, vêtu d'habits de drap fin, enfin tiré à quatre épingles, me voyez-vous lancé au milieu de sept cents gamins fagotés comme des diables et qui, en entendant l'un d'eux crier : « Voilà des nouveaux! » quittèrent tumultueusement leurs jeux pour venir se grouper autour de nous, en nous regardant comme si nous eussions été des bêtes curieuses!

Mon père nous embrassa et partit!... Mon désespoir fut affreux! Me voilà donc *seul,* seul pour la première fois de ma vie, mon frère étant dans la grande cour et moi dans la petite. Nous étions au plus fort de l'hiver; il faisait très froid, et d'après les règlements de la maison, jamais les élèves n'avaient de feu...

Les élèves de Sorèze étaient du reste bien nourris, surtout pour l'époque, car, malgré la famine qui désolait la France, la bonne administration de dom Ferlus faisait régner l'abondance dans la maison. L'ordinaire était certainement tout ce qu'on pouvait désirer pour des écoliers. Cependant, le souper me parut des plus mesquins, et la vue des plats servis devant moi me dégoûtait ; mais m'eût-on offert des ortolans, je n'en eusse pas voulu, tant j'avais le cœur gros. Le repas finit, comme il avait commencé, par un chant patriotique. On se mit à genoux au couplet de la *Marseillaise* qui commence par ces mots : « Amour sacré de la patrie... », puis on défila, comme on était venu, au son du tambour ; enfin, on gagna les dortoirs.

Les élèves de la grande cour avaient chacun une chambre particulière, dans laquelle on les enfermait le soir ; ceux de la petite couchaient quatre dans la même chambre, dont chaque angle contenait un lit. On me mit avec Guiraud, Romestan et Lagarde, mes compagnons de table, presque aussi nouveaux que moi. J'en fus bien aise. Ils m'avaient paru bons enfants et l'étaient réellement ; mais je demeurai pétrifié en voyant l'exiguïté de ma couchette et le peu d'épaisseur du matelas, et ce qui me déplaisait surtout, c'est que le lit fût en fer. Je n'en avais jamais vu de pareils ! Cependant, tout était fort propre, et, malgré mon chagrin, je m'endormis profondément, tant j'avais été fatigué par les secousses morales que j'avais éprouvées pendant cette fatale journée.

Le lendemain, de grand matin, le tambour de service vint battre le réveil et faire d'horribles roulements dans les dortoirs, ce qui me parut atrocement sauvage. Mais que devins-je, lorsque je m'aperçus que, pendant mon sommeil, on m'avait enlevé mes beaux habits, mes bas fins et mes jolis souliers, pour y substituer les grossiers vêtements et la lourde chaussure de l'école ! Je pleurai de rage...

Après avoir fait connaître les premières impressions que j'éprouvai à mon entrée au collège, je vous ferai grâce du récit des tourments auxquels je fus en butte pendant six mois. J'avais été trop bien choyé chez les dames Mongalvi, pour ne pas beaucoup souffrir moralement et physiquement dans ma nouvelle position. Je devins fort triste, et avec une constitution moins robuste je serais certainement tombé malade. Cette époque fut une des plus douloureuses de ma vie. Enfin, le travail et l'habitude me firent prendre peu à peu le dessus. J'aimais beaucoup les cours de littérature française, de géographie et surtout d'histoire, et j'y fis des progrès. Je devins un écolier passable en mathématiques, en latin, au manège et à la salle d'armes; j'appris parfaitement l'exercice du fusil et me plaisais beaucoup aux manœuvres du bataillon formé d'élèves que commandait un vieux capitaine retraité.

J'ai dit que l'époque de mon entrée au collège (fin de 1793) était celle où la Convention faisait peser son sceptre sanglant sur la France. Des représentants du peuple en mission parcouraient les provinces, et presque tous ceux qui dominaient dans le Midi vinrent visiter l'établissement de Sorèze, dont le titre *militaire* sonnait agréablement à leurs oreilles. Le citoyen Ferlus avait un talent tout particulier pour leur persuader qu'ils devaient soutenir un établissement destiné à former une nombreuse jeunesse, l'*espoir de la patrie;* aussi en obtenait-il tout ce qu'il voulait, et très souvent ils lui firent délivrer une grande quantité de fascines destinées aux approvisionnements des armées, notre principal leur persuadant que nous en faisions partie et que nous en étions la pépinière. Aussi ces représentants étaient-ils reçus et fêtés comme des souverains.

A leur arrivée, tous les élèves revêtaient leurs habits d'uniforme militaire; le bataillon manœuvrait devant les représentants. On montait la garde à toutes les portes, comme dans une place d'armes; on jouait des pièces de circonstance, dans lesquelles régnait le patriotisme le plus pur; on chantait des hymnes nationaux, et lorsqu'ils visitaient les classes, surtout celles d'histoire, on trouvait toujours l'occasion d'amener quelques tirades sur l'excellence du gouvernement *républicain* et les vertus *patriotiques* qui en dérivent. Il me souvient à ce propos que le représentant Chabot, ancien Capucin, me questionnant un jour sur l'histoire romaine, me demanda ce que je pensais de Coriolan, qui, se voyant outragé par ses concitoyens, oublieux de ses anciens services, s'était retiré chez les Volsques, ennemis jurés des Romains. Dom Ferlus et les professeurs tremblaient que je n'approuvasse la conduite du Romain; mais je la blâmai en disant : « Qu'un bon citoyen ne devait jamais porter les armes contre sa patrie, ni songer à se venger d'elle, quelque justes que fussent ses sujets de mécontentement. » Le représentant fut si content de ma réponse qu'il me donna l'accolade et complimenta le chef du collège et les professeurs sur les bons principes qu'ils inculquaient à leurs élèves.

Ce petit succès n'affaiblit pas la haine que j'avais pour les conventionnels, et tout jeune que j'étais, ces représentants me faisaient horreur; j'avais déjà assez de raison pour comprendre qu'il n'était pas nécessaire de se baigner dans le sang français pour sauver le pays, et que les *guillotinades* et les massacres étaient des crimes affreux.

Je ne vous parlerai pas ici du système d'oppression qui régnait alors sur notre malheureuse patrie : l'histoire vous l'a fait connaître; mais quelque fortes que soient les couleurs qu'elle a employées pour peindre les horreurs dont les *terroristes* se rendirent coupables, le tableau sera toujours bien au-dessous de la réalité. Ce qu'il y a surtout de plus surprenant, c'est la stupidité avec laquelle les masses se laissaient dominer par des hommes dont la plupart n'avaient aucune capacité; car, quoi qu'on en ait dit, presque tous les conventionnels étaient d'une *médiocrité* plus qu'ordinaire, et leur courage si vanté prenait sa source dans la *peur* qu'ils avaient les uns des autres, puisque par crainte d'être guillotinés ils consentaient à tout ce que voulaient les meneurs. J'ai vu pendant mon exil, en 1815, une foule de conventionnels qui, obligés comme moi de sortir de France, n'avaient pas la moindre fermeté, et qui m'ont avoué depuis qu'ils n'avaient voté la mort de Louis XVI et une foule de décrets odieux que pour sauver leur propre tête. Les souvenirs de cette époque m'ont tellement impressionné que j'abhorre tout ce qui tendrait à ramener la démocratie, tant je suis convaincu que les masses sont aveugles, et que le pire gouvernement est celui du peuple.

## CHAPITRE V

Je rejoins à Paris mon père et mes frères. — Mon père est nommé au commandement de la 17e division militaire à Paris. Il refuse de seconder les vues de Sieyès et cède la place à Lefebvre.

Je venais d'avoir seize ans au mois d'août 1798. Six mois après, vers la fin de février, je quittai le collège de Sorèze. Mon père avait un ami, nommé M. Dorignac, qui se chargea de me ramener avec lui dans la capitale.

Nous fûmes huit jours pour nous rendre à Paris, où j'entrai en mars 1799, le jour même où le théâtre de l'Odéon brûla pour la première fois. La clarté de l'incendie se projetant au loin sur la route d'Orléans, je crus bonnement que cette lueur provenait des nombreux réverbères réunis dans la capitale.

Mon père occupait alors un bel hôtel rue du Faubourg-Saint-Honoré, n° 87, au coin de la petite rue Verte. J'y arrivai au moment du déjeuner : toute la famille était réunie. Il me serait impossible d'exprimer la joie que j'éprouvai en les revoyant tous ! Ce fut un des plus beaux jours de ma vie !...

Nous étions au printemps de 1799. La République existait encore, et le gouvernement se composait d'un *Directoire* exécutif de cinq membres et de deux Chambres, dont l'une portait le titre de Conseil des Anciens et l'autre de Conseil des Cinq-Cents.

Mon père recevait chez lui nombreuse société. J'y fis connaissance de son ami intime, le général Bernadotte, et des hommes les plus marquants de l'époque, tels que Joseph et Lucien Bonaparte, Defermont, Napper-Tandy, chef des Irlandais réfugiés en France, le général Joubert, Salicetti, Garau, Cambacérès. Je voyais aussi souvent chez ma mère Mme Bonaparte et Mme de Condorcet, et quelquefois Mme de Staël, déjà célèbre par ses œuvres littéraires.

Je n'étais que depuis un mois à Paris, lorsque, les pouvoirs de la législature étant expirés, il fallut procéder à de nouvelles élections. Mon père, fatigué des tiraillements incessants de la vie politique, et regrettant de ne plus prendre part aux beaux faits d'armes de nos armées, déclara qu'il n'accepterait plus la députation, et qu'il voulait reprendre du service actif. Les événements le servirent à souhait. A la rentrée des nouvelles Chambres, il y eut un changement de ministère. Le général Bernadotte eut celui de la guerre; il avait promis à mon père de l'envoyer à l'armée du Rhin, et celui-ci allait se rendre à Mayence, lorsque le Directoire, apprenant la défaite de l'armée d'Italie commandée par Schérer, lui donna pour successeur le général Joubert qui commandait à Paris la 17ᵉ division militaire (devenue depuis la 1ʳᵉ). Ce poste devenu vacant, et le Directoire comprenant que sa haute importance politique exigeait qu'il fût confié à un homme capable et très ferme, le fit proposer à mon père par le ministre de la guerre Bernadotte. Mon père, qui n'avait cessé de faire partie de la législature que pour retourner à la guerre, refusa le commandement de Paris; mais Bernadotte lui montrant la lettre de service déjà signée, en lui disant que comme ami il le priait d'accepter, et que *comme ministre* il le lui ordonnait, mon père se résigna, et dès le lendemain il alla s'installer au grand quartier général de la division de Paris, alors situé quai Voltaire, au coin de la rue des Saints-Pères, et qu'on a démoli depuis pour construire plusieurs maisons.

Mon père avait pris pour chef d'état-major le colonel Ménard, son ancien ami. J'étais charmé de tout le train militaire dont mon père était entouré. Son quartier général ne désemplissait pas d'officiers de tous grades. Un escadron, un bataillon et six bouches à feu étaient en permanence devant ses portes, et l'on voyait une foule d'*ordonnances* aller et venir. Cela me paraissait plus amusant que les thèmes et les versions de Sorèze.

La France, et surtout Paris, étaient alors fort agités. On était à la veille d'une catastrophe. Les Russes, commandés par le célèbre Souwaroff, venaient de pénétrer en Italie, où notre armée avait éprouvé une grande défaite à Novi. Le général en chef Joubert avait été tué. Souwaroff vainqueur se dirigeait sur notre armée de Suisse, commandée par Masséna.

Nous avions peu de troupes sur le Rhin. Les conférences de paix entamées à Rastadt avaient été rompues et nos ambassadeurs assassinés ; enfin, toute l'Allemagne s'armait de nouveau contre nous, et le Directoire, tombé dans le mépris, n'ayant ni troupes ni argent pour en lever, venait, pour se procurer des fonds, de décréter un *emprunt forcé* qui avait achevé de lui aliéner tous les esprits. On n'avait plus d'espoir qu'en Masséna pour arrêter les Russes et les empêcher de pénétrer en France. Le Directoire impatient lui expédiait courrier sur courrier pour lui ordonner de livrer bataille ; mais le moderne Fabius, ne voulant pas compromettre le salut de son pays, attendait que quelque fausse manœuvre de son pétulant ennemi lui donnât l'occasion de le battre.

Ici doit se placer une anecdote qui prouve à combien peu de chose tient quelquefois la destinée des États, comme aussi la gloire des chefs d'armée. Le Directoire, exaspéré de voir que Masséna n'obéissait pas à l'ordre réitéré de livrer bataille, résolut de le *destituer*; mais, comme il craignait que ce général en chef ne tînt pas compte de cette destitution et ne la mît dans sa poche, si on la lui adressait par un simple courrier, le ministre de la guerre reçut l'ordre d'envoyer en Suisse un officier d'état-major chargé de remettre *publiquement* à Masséna sa destitution, et au chef d'état-major Chérin des lettres de service qui lui conféreraient le commandement de l'armée. Le ministre Bernadotte, ayant fait connaître confidentiellement ces dispositions à mon père, celui-ci les désapprouva en lui faisant comprendre ce qu'il y avait de dangereux, à la veille d'une affaire décisive, de priver l'armée de Suisse d'un général en qui elle avait confiance, pour remettre le commandement à un général plus habitué au service des bureaux qu'à la direction des troupes sur le terrain. D'ailleurs, la position des armées pouvait changer : il fallait donc charger de cette mission un homme assez sage pour apprécier l'état des choses, et qui n'allât pas remettre à Masséna sa destitution, à la veille ou au milieu d'une bataille. Mon père persuada au ministre de confier cette mission à M. Gault, son aide de camp; qui, sous le prétexte ostensible d'aller vérifier si les fournisseurs avaient livré le nombre de chevaux stipulés dans leurs marchés, se rendit en Suisse avec l'autorisation de garder ou de remettre la destitution de Masséna et les lettres de commandement au général Chérin, selon que les circonstances lui feraient juger la chose utile ou dangereuse. C'était un pouvoir immense confié à la prudence d'un simple capitaine! M. Gault ne démentit pas la bonne opinion qu'on avait eue de lui. Arrivé au quartier général de l'armée suisse cinq jours avant la bataille de Zurich, il vit les troupes si remplies de confiance en Masséna, et celui-ci si calme et si ferme, qu'il ne douta pas du succès, et, gardant le plus profond silence sur ses pouvoirs secrets, il assista à la bataille de Zurich, puis revint à Paris, sans que Masséna se fût douté que ce modeste capitaine avait eu entre ses mains le pouvoir de le priver de la gloire de remporter une des plus belles victoires de ce siècle.

La destitution imprudente de Masséna eût probablement entraîné la défaite du général Chérin, l'entrée des Russes en France, celle des Allemands à leur suite, et peut-être enfin le bouleversement de l'Europe. Le général Chérin fut tué à la bataille de Zurich sans s'être douté des intentions du gouvernement à son sujet. La victoire de Zurich, tout en empêchant les ennemis de pénétrer dans l'intérieur, n'avait cependant donné au Directoire qu'un crédit momentané; le gouvernement croulait de toutes parts : personne n'avait confiance en lui. Les finances étaient ruinées; la Vendée et la Bretagne étaient en complète insurrection; l'intérieur dégarni de troupes; le Midi en feu; les Chambres en désaccord entre elles et avec le pouvoir exécutif; en un mot, l'État touchait à sa ruine.

Tous les hommes politiques comprenaient qu'un grand changement était nécessaire et inévitable; mais, d'accord sur ce point, ils différaient d'opinion sur l'emploi du remède. Les vieux républicains, qui tenaient à la Constitution de l'an VI, alors en vigueur, crurent que pour sauver le pays il suffisait de changer quelques membres du Directoire. Deux de ces derniers furent renvoyés et remplacés par Gohier et Moulins; mais ce moyen ne fut qu'un très faible palliatif aux calamités sous lesquelles le pays allait succomber, et l'anarchie continua de l'agiter. Alors, plusieurs directeurs, au nombre desquels était le célèbre Sieyès, pensèrent, ainsi qu'une foule de députés et l'immense majorité du public, que pour sauver la France il fallait remettre les rênes du gouvernement entre les mains d'un homme ferme et déjà illustré par les services rendus à l'État. On reconnaissait aussi que ce chef ne pouvait être qu'un *militaire* ayant une grande influence sur l'armée, capable, en réveillant l'enthousiasme national, de ramener la victoire sous nos drapeaux et d'éloigner les étrangers qui s'apprêtaient à franchir les frontières.

Parler ainsi, c'était désigner le général Bonaparte ; mais il se trouvait en ce moment en Égypte, et les besoins étaient pressants. Joubert venait d'être tué en Italie. Masséna, illustré par plusieurs victoires, était un excellent général à la tête d'une armée active, mais nullement un *homme politique*. Bernadotte ne paraissait ni assez capable ni assez sage pour réparer les maux de la France. Tous les regards des novateurs se portèrent donc sur Moreau, bien que la faiblesse de son caractère et sa conduite assez peu claire au 18 fructidor inspirassent quelques craintes sur ses aptitudes gouvernementales. Cependant il est certain que, faute de mieux, on lui proposa de se mettre à la tête du parti qui voulait renverser le Directoire, et qu'on lui offrit de lui confier les rênes de l'État avec le titre de président ou de consul. Moreau, bon et brave guerrier, manquait de *courage politique*, et peut-être se défiait-il de ses propres moyens pour conduire des affaires aussi embrouillées que l'étaient alors celles de la France. D'ailleurs, égoïste et paresseux, il s'inquiétait fort peu de l'avenir de sa patrie et préférait le repos de la vie privée aux agitations de la politique ; il refusa donc, et se retira dans sa terre de Grosbois pour se livrer au plaisir de la chasse qu'il aimait passionnément.

Abandonnés par l'homme de leur choix, Sieyès et ceux qui voulaient avec lui changer la forme du gouvernement, ne se sentant ni assez de force ni assez de popularité pour atteindre leur but sans l'appui de la puissante épée d'un général dont le nom rallierait l'armée à leurs desseins, se virent contraints de songer au général Bonaparte. Le chef de l'entreprise, Sieyès, alors président du Directoire, se flattait qu'après avoir mis Bonaparte au pouvoir, celui-ci, ne s'occupant que de la réorganisation et de la conduite des armées, lui laisserait la conduite du gouvernement dont il serait l'âme, et Bonaparte seulement le chef nominal. La suite prouva combien il s'était trompé.

Imbu de cette pensée, Sieyès, par l'entremise du député corse Salicetti, envoya en Égypte un agent secret et sûr pour informer le général Bonaparte du fâcheux état dans lequel se trouvait la France, et lui proposa de venir se mettre à la tête du gouvernement. Et comme il ne doutait pas que Bonaparte n'acceptât avec résolution et ne revînt promptement en Europe, Sieyès mit tout en œuvre pour assurer l'exécution du coup d'État qu'il méditait.

Il lui fut facile de faire comprendre à son collègue directeur Roger-Ducos que la puissance leur échappait journellement, et que, le pays étant à la veille d'une complète désorganisation, le bien public et leur intérêt privé devaient les engager à prendre part à l'établissement d'un gouvernement ferme, dans lequel ils trouveraient à se placer d'une manière moins précaire et bien plus avantageuse. Roger-Ducos promit son concours aux projets de changement; mais les trois autres directeurs, Barras, Gohier et Moulins, ne voulant pas consentir à quitter le pouvoir, Sieyès et les meneurs de son parti résolurent de se passer d'eux et de les sacrifier lors de l'événement qui se préparait.

Cependant, il était difficile, ou du moins périlleux, même avec la présence du général Bonaparte, de changer

les constitutions, de renverser le Directoire et d'établir un autre gouvernement sans l'appui de l'armée et surtout de la division qui occupait Paris. Afin de pouvoir compter sur elle, il fallait être sûr du ministre de la guerre et du général commandant la 17ᵉ division militaire. Le président Sieyès chercha donc à gagner Bernadotte et mon père, en les faisant sonder par plusieurs députés de leurs amis, dévoués aux projets de Sieyès. J'ai su depuis que mon père avait répondu aux demi-ouvertures que l'astucieux Sieyès lui avait fait faire : « Qu'il convenait que
« les malheurs du pays demandaient un prompt remède ;
« mais qu'ayant juré le maintien de la Constitution de
« l'an VI, il ne se servirait pas de l'autorité que son
« commandement lui donnait sur les troupes de sa divi-
« sion pour les porter à renverser cette Constitution. »
Puis il se rendit chez Sieyès, lui remit sa démission de commandant de la division de Paris et demanda une division active. Sieyès s'empressa de la lui accorder, tant il était aise d'éloigner un homme dont la fermeté dans l'accomplissement de ses devoirs pouvait faire avorter le coup d'État projeté. Le ministre Bernadotte suivit l'exemple de mon père et fut remplacé par Dubois-Crancé.

Le président Sieyès fut pendant quelques jours assez embarrassé pour donner un successeur à mon père ; enfin, il remit le commandement de Paris au général Lefebvre qui, récemment blessé à l'armée du Rhin, se trouvait en ce moment dans la capitale. Lefebvre était un ancien sergent des gardes françaises, brave militaire, bon général d'exécution, quand on le dirigeait de près, mais crédule au dernier point, et ne s'étant jamais rendu compte de la situation politique de la France ; aussi, avec les mots habilement placés de *gloire*, *patrie* et *victoire*, on était certain de lui faire faire tout ce qu'on voulait. C'était un commandant de Paris tel que le voulait Sieyès, qui ne se donna même pas la peine de le gagner ni de le prévenir de ce qu'on attendait de lui, tant il était certain qu'au jour de l'événement Lefebvre ne résisterait pas à l'ascendant du général Bonaparte et aux cajoleries du président du Directoire. Il avait bien jugé Lefebvre, car, au 18 brumaire, celui-ci se mit avec toutes les troupes de sa division sous les ordres du général Bonaparte, lorsqu'il marcha contre le Directoire et les Conseils pour renverser le gouvernement établi et créer le Consulat, ce qui valut plus tard au général Lefebvre une très haute faveur auprès de l'Empereur, qui le nomma maréchal duc de Danzig, sénateur, et le combla de richesses.

J'ai retracé rapidement ces événements, parce qu'ils expliquent les causes qui conduisirent mon père en Italie et eurent une si grande influence sur sa destinée et sur la mienne.

## CHAPITRE VI

Mon père est envoyé en Italie. — Comment se fixa ma destinée. — Je deviens housard.

Après avoir remis son commandement au général Lefebvre, mon père retourna s'établir à l'hôtel du faubourg Saint-Honoré et ne s'occupa plus que des préparatifs de son départ pour l'Italie.

Des causes très minimes influent souvent sur la destinée des hommes! Mon père et ma mère étaient très liés avec M. Barairon, directeur de l'enregistrement. Or, un jour qu'ils allèrent déjeuner chez lui, ils m'emmenèrent avec eux. On parla du départ de mon père, de la bonne conduite de mes deux cadets; enfin M. Barairon ayant demandé : « Et Marcellin, qu'en ferez-vous? — Un marin, répondit mon père; le capitaine Sibille s'en charge et va l'emmener avec lui à Toulon... » Alors la bonne Mme Barairon, à laquelle j'en ai toujours su un gré infini, fit observer à mon père que la marine française était dans un désarroi complet, que le mauvais état des finances ne permettait pas qu'elle fût promptement rétablie, que du reste son état d'infériorité vis-à-vis de la marine anglaise la retiendrait longtemps dans les ports, qu'elle ne concevait donc pas que lui, général de division de l'armée de terre, mît son fils dans la marine, au lieu de le placer dans un régiment où le nom et les services de son père devaient le faire bien venir. Elle termina en disant : « Conduisez-le en Italie plutôt que de l'envoyer périr d'ennui à bord d'un vaisseau enfermé dans la rade de Toulon ! » Mon père, qui avait été séduit un moment par la proposition du capitaine Sibille, avait un esprit trop juste pour ne pas apprécier le raisonnement de Mme Barairon. — « Eh bien, me demanda-t-il, veux-tu venir en Italie avec moi et servir dans l'armée de terre?... » Je lui sautai au cou et acceptai avec une joie que ma mère partagea, car elle avait combattu le premier projet de mon père.

Comme alors il n'existait plus d'école militaire, et qu'on n'entrait dans l'armée qu'en qualité de *simple soldat*, mon père me conduisit sur-le-champ à la municipalité du Ier arrondissement, place Beauvau, et me fit engager dans le 1er régiment de housards (ancien Bercheny), qui faisait partie de la division qu'il devait commander en Italie ; c'était le 3 septembre 1799.

Mon père me mena chez le tailleur chargé de faire les modèles du ministère de la guerre et lui commanda pour moi un costume complet de housard du 1er, ainsi que tous les effets d'armement et d'équipement, etc., etc... Me voilà donc *militaire!*... housard!... Je ne me sentais pas de joie !... Mais ma joie fut troublée, lorsqu'en entrant à l'hôtel, je pensai qu'elle allait aggraver la douleur de mon frère Adolphe, âgé de deux ans de plus que moi et campé au collège comme un enfant ! Je conçus donc le projet de ne lui apprendre mon engagement qu'en lui annonçant en même temps que je voulais passer avec lui le mois qui devait s'écouler avant mon départ. Je priai donc mon père de me permettre que je fusse m'installer près d'Adolphe, à Sainte-Barbe, jusqu'au jour où nous nous mettrions en route pour l'Italie. Mon père comprit parfaitement le motif de cette demande ; il m'en sut même très bon gré, et me conduisit le lendemain chez M. Lanneau.

Vous figurez-vous mon entrée au collège?... On était en récréation, les jeux cessent aussitôt; tous les élèves grands et petits m'environnent. C'est à qui touchera quelque partie de mon ajustement... bref, le succès du housard fut complet!

Le jour du départ arriva... et je me séparai de ma mère et de mes trois frères avec la plus vive douleur, malgré le plaisir que j'éprouvais d'entrer dans la carrière militaire.

## CHAPITRE VII

Départ de mon père. — Rencontre de Bonaparte à Lyon. — Épisode de notre descente sur le Rhône. — Ce que coûte un banquet républicain. — Je suis présenté à mon colonel.

Depuis que mon père avait accepté un commandement en Italie, une division était devenue vacante à l'armée du Rhin, et il l'aurait préférée; mais une fatalité inévitable l'entraînait vers ce pays où il devait trouver son tombeau! Un de ses compatriotes et ami, M. Lachèze, que je pourrais appeler son mauvais génie, avait été longtemps consul de France à Livourne et à Gênes, où il avait quelques affaires d'intérêt personnel à régler. Ce maudit homme, pour entraîner mon père vers l'Italie, lui faisait sans cesse le tableau le plus exagéré des beautés de ce pays, de l'avantage qu'il y avait d'ailleurs à ramener la victoire sous les drapeaux d'une armée malheureuse, tandis qu'il n'y avait aucune gloire à acquérir pour lui à l'armée du Rhin, dont la situation était bonne. Le cœur de mon malheureux père se laissa prendre à ses beaux raisonnements. Il pensa qu'il y avait plus de mérite à se rendre là où il y avait le plus de dangers, et persista à aller en Italie, malgré les observations de ma mère, qu'un pressentiment secret portait à désirer que mon père fût plutôt sur le Rhin; ce pressentiment ne la trompait point... elle ne revit plus son époux!...

A son ancien aide de camp, le capitaine Gault, mon

père venait d'adjoindre un autre officier, M. R***, que lui avait donné son ami le général Augereau. M. R*** avait le grade de chef d'escadron. Il appartenait à une famille de Maintenon, avait des moyens et de l'éducation dont il ne se servait que fort rarement, car, par un travers d'esprit alors assez commun, il se complaisait à prendre des airs de *sacripant*, toujours jurant, sacrant et ne parlant que de pourfendre les gens avec son grand sabre. Ce matamore n'avait qu'une seule qualité, très rare à cette époque : il était toujours mis avec la plus grande recherche. Mon père, qui avait accepté M. R*** pour aide de camp sans le connaître, en eut regret bientôt; mais il ne pouvait le renvoyer sans blesser son ancien ami Augereau. Mon père ne l'aimait pas, mais il pensait, peut-être avec raison, qu'un général doit utiliser les qualités militaires d'un officier, sans trop se préoccuper de ses manières personnelles. Comme il ne se souciait pas de faire société avec M. R*** pendant un long voyage, il l'avait chargé de conduire de Paris à Nice ses équipages et ses chevaux, ayant sous ses ordres le vieux piqueur Spire, homme dévoué et habitué à commander aux gens d'écurie. Celle de mon père était nombreuse : il avait alors quinze chevaux, qui, avec ceux de ses aides de camp, de son chef d'état-major et des adjoints de celui-ci, ceux des fourgons, etc., etc., formaient une assez forte caravane dont R*** était le chef. Il partit plus d'un mois avant nous.

Mon père prit dans sa berline le fatal M. Lachèze, le capitaine Gault et moi. Le colonel Ménard, chef d'état-major, suivait avec un de ses adjoints dans une chaise de poste. Un grand drôle de valet de chambre de mon père remplissait en avant les fonctions de courrier. Nous voyagions en uniforme. J'avais un bonnet de police fort joli. Il me plaisait tant, que je voulais l'avoir toujours sur la tête, et, comme je la passais fréquemment hors de la portière, parce que la voiture me donnait le mal de mer, il advint que pendant la nuit, et lorsque mes compagnons dormaient, ce bonnet tomba sur la route. La voiture attelée de six vigoureux chevaux allait un train de chasse, je n'osai faire arrêter et je perdis mon bonnet. Mauvais présage! Mais je devais éprouver de bien plus grands malheurs dans la terrible campagne que nous allions entreprendre. Celui-ci m'affecta vivement; cependant, je me gardai bien d'en parler, de crainte d'être raillé sur le peu de soin que le nouveau *soldat* prenait de ses effets.

Mon père s'arrêta à Mâcon, chez un ancien ami. Nous passâmes vingt-quatre heures chez lui et continuâmes notre course vers Lyon. Nous n'en étions plus qu'à quelques lieues et changions de chevaux au relais de Limonest, lorsque nous remarquâmes que tous les postillons avaient orné leurs chapeaux de rubans tricolores, et qu'il y avait des drapeaux pareils aux croisées de toutes les maisons. Nous étant informés du sujet de cette démonstration, on nous répondit que le général en chef Bonaparte venait d'arriver à Lyon!... Mon père, croyant avoir la certitude que Bonaparte était encore au fond de l'Égypte, traita cette nouvelle de conte absurde; mais il resta confondu, lorsque, ayant fait appeler le maître de poste qui arrivait à l'instant de Lyon, celui-ci lui dit : « J'ai *vu* le général Bonaparte que je connais parfaitement, car j'ai servi sous ses ordres en Italie. Il loge à Lyon, dans tel hôtel. Il a avec lui son frère Louis, les généraux Berthier, Lannes et Murat, ainsi qu'un grand nombre d'officiers et un mameluk. »

Il était difficile d'être plus positif. Cependant la révolution avait donné lieu à tant de supercheries, et les partis s'étaient montrés si ingénieux à inventer ce qui pouvait servir leurs projets, que mon père doutait encore lorsque nous entrâmes à Lyon par le faubourg de Vaise. Toutes les maisons étaient illuminées et pavoisées de drapeaux, on tirait des fusées, la foule remplissait les rues au point d'empêcher notre voiture d'avancer ; on dansait sur les places publiques, et l'air retentissait des cris de : « Vive Bonaparte qui vient sauver la patrie !... » Il fallut bien alors se rendre à l'évidence et convenir que Bonaparte était vraiment dans Lyon. Mon père s'écria : « Je pensais bien qu'on le ferait venir, mais je ne me doutais pas que ce serait sitôt : le coup a été bien monté ! Il va se passer de grands événements. Cela me confirme dans la pensée que j'ai bien fait de m'éloigner de Paris : du moins, à l'armée, je servirai mon pays sans prendre part à aucun coup d'État qui, tout nécessaire qu'il paraisse, me répugne infiniment. » Cela dit, il tomba dans une profonde rêverie, pendant les longs moments que nous mîmes à fendre la foule, pour gagner l'hôtel où notre logement était préparé.

Plus nous approchions, plus le flot populaire était compact, et en arrivant à la porte, nous la vîmes couverte de lampions et gardée par un bataillon de grenadiers. C'était là que logeait le général Bonaparte, auquel on avait donné les appartements retenus depuis huit jours pour mon père. Celui-ci, homme fort violent, ne dit mot cependant, et lorsque le maître d'hôtel vint d'un air assez embarrassé s'excuser auprès de lui d'avoir été contraint d'obéir aux ordres de la municipalité, mon père ne répondit rien, et l'aubergiste ayant ajouté qu'il avait fait faire notre logement dans un hôtel fort bon, quoique de second ordre, tenu par un de ses parents, mon père se contenta de charger M. Gault d'ordonner aux postillons de nous y conduire. Arrivés là, nous trouvâmes notre courrier. C'était un homme très vif qui, échauffé par la longue course qu'il venait de faire et par les nombreuses rasades qu'il avalait à chaque relais, avait fait un tapage du diable, lorsque, arrivé bien avant nous dans le premier hôtel, il y avait appris que les appartements retenus pour son maître avaient été donnés au général Bonaparte. Les aides de camp de ce dernier, entendant ce vacarme affreux, et en ayant appris la cause, étaient allés prévenir leur patron qu'on avait délogé le général Marbot pour lui. Dans le même instant, le général Bonaparte, dont les croisées étaient ouvertes, aperçut les deux voitures de mon père arrêtées devant la porte. Il avait ignoré jusque-là le mauvais procédé de son hôte envers mon père, et comme le général Marbot, commandant de Paris peu de temps avant, et actuellement chef d'une division de l'armée d'Italie, était un homme trop important pour être traité sans façon, et que d'ailleurs Bonaparte revenait avec l'intention de se *mettre bien avec tout le monde,* il ordonna à l'un de ses officiers de descendre promptement pour offrir au général Marbot de venir *militairement* partager son logement avec lui. Mais, voyant les voitures repartir avant que son aide de camp pût parler à mon père, le général Bonaparte sortit à l'instant même à pied pour venir *en personne* lui exprimer ses regrets. La foule qui le suivait jetait de grands cris de joie qui, en approchant de notre hôtel, auraient dû nous prévenir; mais nous en avions tant entendu depuis que nous étions en ville, qu'aucun de nous n'eut la pensée de regarder dans la rue. Nous étions tous réunis dans le salon où mon père se promenait à grands pas, plongé dans de profondes réflexions, lorsque tout à coup le valet de chambre, ouvrant la porte à deux battants, annonce : « Le général Bonaparte! »

Celui-ci courut, en entrant, embrasser mon père, qui le

reçut très poliment, mais froidement. Ils se connaissaient depuis longtemps. L'explication relative au logement devait être, entre de tels personnages, traitée en peu de mots ; il en fut ainsi. Ils avaient bien d'autres choses à se dire ; aussi passèrent-ils seuls dans la chambre à coucher, où ils restèrent en conférence pendant plus d'une heure.

Durant ce temps, les généraux et officiers venus d'Égypte avec le général Bonaparte causaient avec nous dans le salon. Je ne pouvais me lasser de considérer leur air martial, leurs figures bronzées par le soleil d'Orient, leurs costumes bizarres et leurs sabres turcs suspendus par des cordons. J'écoutais avec attention leurs récits sur les campagnes d'Égypte et les combats qui s'y étaient livrés. Je me complaisais à entendre répéter ces noms célèbres : Pyramides, Nil, Grand-Caire, Alexandrie, Saint-Jean d'Acre, le désert, etc., etc. Mais ce qui me charmait le plus était la vue du jeune mameluk Roustan. Il était resté dans l'antichambre, où j'allai plusieurs fois pour admirer son costume qu'il me montrait avec complaisance. Il parlait déjà passablement français, et je ne me lassai pas de le questionner. Le général Lannes se rappela m'avoir fait tirer ses pistolets, lorsqu'en 1793 il servait à Toulouse sous les ordres de mon père, au camp du Miral. Il me fit beaucoup d'amitiés, et nous ne nous doutions pas alors ni l'un ni l'autre que je serais un jour son aide de camp, et qu'il mourrait dans mes bras à Essling !

Le général Murat était né dans la même contrée que nous, et comme il avait été garçon de boutique chez un mercier de Saint-Céré à l'époque où ma famille y passait les hivers, il était venu fréquemment apporter des marchandises chez ma mère. D'ailleurs, mon père lui avait rendu plusieurs services dont il fut toujours reconnaissant. Il m'embrassa donc en me rappelant qu'il m'avait souvent tenu dans ses bras dans mon enfance. Je ferai plus tard la biographie de cet homme célèbre, parti de si bas et monté si haut.

Le général Bonaparte et mon père, étant rentrés dans le salon, se présentèrent mutuellement les personnes de leur suite. Les généraux Lannes et Murat étaient d'anciennes connaissances pour mon père, qui les reçut avec beaucoup d'affabilité. Il fut assez froid avec le général Berthier, qu'il avait cependant vu jadis à Versailles, lorsque mon père était garde du corps et Berthier ingénieur. Le général Bonaparte, qui connaissait ma mère, m'en demanda très poliment des nouvelles, me complimenta affectueusement d'avoir, si jeune encore, adopté la carrière des armes, et me prenant doucement par l'oreille, ce qui fut toujours la caresse la plus flatteuse qu'il fît aux personnes dont il était satisfait, il dit, en s'adressant à mon père : « Ce sera un jour un second général Marbot. » Cet horoscope s'est vérifié ; je n'en avais point alors l'espérance, cependant je fus tout fier de ces paroles : il faut si peu de chose pour enorgueillir un enfant !

La visite terminée, mon père ne laissa rien transpirer de ce qui avait été dit entre le général Bonaparte et lui ; mais j'ai su plus tard que Bonaparte, sans laisser pénétrer positivement ses projets, avait cherché, par les cajoleries les plus adroites, à attirer mon père dans son parti, mais que celui-ci avait constamment éludé la question.

Choqué de voir le peuple de Lyon courir au-devant de Bonaparte comme s'il eût été déjà le souverain de la France, mon père déclara qu'il désirait partir le lendemain, dès l'aube du jour. Mais ses voitures ayant besoin de réparations, force lui fut de passer une journée entière à Lyon. J'en profitai pour me faire confectionner un nouveau bonnet de police, et, enchanté de cette emplette, je ne m'occupai nullement des conversations politiques que j'entendais autour de moi et auxquelles, à vrai dire, je ne comprenais pas grand'chose. Mon père alla rendre au général Bonaparte la visite qu'il en avait reçue. Ils se promenèrent fort longtemps seuls dans le petit jardin de l'hôtel, pendant que leur suite se tenait respectueusement à l'écart. Nous les voyions tantôt gesticuler avec chaleur, tantôt parler avec plus de calme; puis Bonaparte, se rapprochant de mon père avec un air patelin, passer amicalement son bras sous le sien, probablement pour que les autorités qui se trouvaient dans la cour et les nombreux curieux qui encombraient les croisées du voisinage, pussent dire que le général Marbot adhérait aux projets du général Bonaparte, car cet homme habile ne négligeait aucun moyen pour parvenir à ses fins; il séduisait les uns et voulait faire croire qu'il avait gagné aussi ceux qui lui résistaient par devoir. Cela lui réussit à merveille !

Mon père sortit de cette seconde conversation encore plus pensif qu'il n'était sorti de la première, et en entrant à l'hôtel, il ordonna le départ pour le lendemain; mais le général Bonaparte devait faire ce jour-là une excursion autour de la ville pour visiter les hauteurs fortifiables, et tous les chevaux de poste étaient retenus pour lui. Je crus pour le coup que mon père allait se fâcher. Il se contenta de dire : « Voilà le commencement de l'omnipotence ! » et ordonna qu'on tâchât de se procurer des chevaux de louage, tant il lui tardait de s'éloigner de cette ville et d'un spectacle qui le choquait. On ne trouva point de chevaux disponibles. Alors le colonel Ménard, qui était né dans le Midi et le connaissait parfaitement, fit observer que la route de Lyon à Avignon étant horriblement défoncée, il était à craindre que nos voitures ne s'y brisassent, et qu'il serait préférable de les embarquer sur le Rhône, dont la descente nous offrirait un spectacle enchanteur. Mon père, fort peu amateur de pittoresque, aurait dans tout autre moment rejeté cet avis; mais comme il lui donnait le moyen de quitter un jour plus tôt la ville de Lyon, dont le séjour lui déplaisait dans les circonstances actuelles, il consentit à prendre le Rhône. Le colonel Ménard loua donc un grand bateau; on y conduisit les deux voitures, et le lendemain, de grand matin, nous nous embarquâmes tous. Cette résolution faillit nous faire périr.

Nous étions en automne, les eaux étaient très basses, le bateau touchait et s'engravait à chaque instant, on craignait qu'il ne se déchirât. Nous couchâmes la première nuit à Saint-Péray, puis à Tain, et mîmes deux jours à descendre jusqu'à la hauteur de l'embouchure de la Drôme. Là nous trouvâmes beaucoup plus d'eau et marchâmes rapidement; mais un de ces coups de vent affreux, qu'on nomme le mistral, nous ayant assaillis à un quart de lieue au-dessus de Pont-Saint-Esprit, les bateliers ne purent gagner le rivage. Ils perdirent la tête et se mirent en prières au lieu de travailler, pendant que le courant et un vent furieux poussaient le bateau vers le pont! Nous allions heurter contre la pile du pont et être engloutis, lorsque mon père et nous tous, prenant des perches à crocs et les portant en avant fort à propos, parâmes le choc contre la pile vers laquelle nous étions entraînés. Le contre-coup fut si terrible qu'il nous fit tomber sur les bancs; mais la secousse avait changé la direction du bateau, qui, par un bonheur presque miraculeux, enfila le dessous de l'arche. Les mariniers revinrent alors un peu de leur terreur et reprirent tant bien que mal la direction de leur barque; mais le mistral continuait, et les deux voitures, offrant une résistance au vent, rendaient la manœuvre presque impossible. Enfin, à six lieues au-dessus d'Avignon, nous fûmes jetés sur une très grande île, où la pointe du bateau s'engrava dans le sable, de manière à ne plus pouvoir l'en retirer sans l'assistance de beaucoup d'ouvriers, et nous penchions tellement de côté, que nous craignions d'être submergés à chaque instant. On plaça quelques planches entre le bateau et le rivage; puis, au moyen d'une corde qui servait d'appui, nous débarquâmes tous sans accident, mais non sans danger. Il était impossible de penser à se rembarquer par un vent aussi affreux, quoique sans pluie; nous pénétrâmes donc dans l'intérieur de l'île, qui était fort grande et que nous crûmes d'abord inhabitée; mais enfin, nous aperçûmes une espèce de ferme où nous trouvâmes des bonnes gens qui nous reçurent très bien. Nous mourions de faim, mais il était impossible d'aller chercher des provisions sur le bateau, et nous n'avions que très peu de pain. Ils nous dirent que l'île était remplie de poules qu'ils y laissaient vivre à l'état sauvage et qu'ils tuaient à coups de fusil quand ils en avaient besoin. Mon père aimait beaucoup la chasse, il avait besoin de faire trêve à ses soucis; on prit les fusils des paysans, des fourches, des bâtons, et nous voilà partis en riant pour la chasse aux poules. On en tua plusieurs, quoiqu'il ne fût pas facile de les joindre, car elles volaient comme des faisans. Nous ramassâmes beaucoup de leurs œufs dans les bois, et de retour à la ferme, on alluma en plein champ un grand feu autour duquel nous nous établîmes au bivouac, pendant que le valet de chambre, aidé par la fermière, accommodait les volailles et les œufs de diverses façons. Nous soupâmes gaiement et nous couchâmes ensuite sur du foin, personne n'ayant osé accepter les lits que les bons paysans nous offraient, tant ils nous parurent peu propres. Les bateliers et un domestique de mon père, qu'on avait laissés de garde près du bateau, vinrent nous prévenir au point du jour que le vent était tombé. Tous les paysans et matelots prirent alors des pelles et des pioches, et après quelques heures d'un travail fort pénible, ils remirent la barque à flot, et nous pûmes continuer notre voyage vers Avignon, où nous arrivâmes sans autre accident. Ceux que nous avions éprouvés furent augmentés par la renommée, de sorte que le bruit courut à Paris que mon père et toute sa suite avaient péri dans les eaux du Rhône. L'entrée d'Avignon, surtout lorsqu'on arrive par le Rhône, est très pittoresque; le vieux château papal, les remparts dont la ville est entourée, ses nombreux clochers et le château de Villeneuve, placés en face d'elle, font un effet admirable! Nous trouvâmes à Avignon Mme Ménard et une de ses nièces, et passâmes trois jours dans cette ville, dont nous visitâmes les charmants environs, sans oublier la fontaine de Vaucluse. Mon père ne se pressait pas de partir, parce que M. R*** lui avait écrit que les chaleurs, encore très fortes dans le Midi, l'avaient forcé de ralentir sa marche, et mon père ne voulait pas arriver avant ses chevaux.

D'Avignon, nous allâmes à Aix. Mais arrivés sur les bords de la Durance, qu'on traversait alors en bac, nous trouvâmes cette rivière tellement grossie et débordée qu'il était impossible de passer avant cinq ou six heures. On délibérait pour savoir si on allait retourner à Avignon, lorsque le fermier du bac, espèce de *monsieur*, propriétaire d'un charmant petit castel situé sur la hauteur à cinq cents pas du rivage, vint prier mon père de venir s'y reposer jusqu'à ce que ses voitures fussent embarquées. Il accepta, espérant que ce ne serait que pour quelques heures; mais il paraît que de grands orages avaient eu lieu dans les Alpes, où la Durance prend sa source, car cette rivière continua de croître toute la journée. Nous fûmes donc forcés d'accepter pour la nuit l'hospitalité qu'offrait très cordialement le maître du château, et comme il faisait beau, nous nous promenâmes toute la journée. Cet épisode de voyage ne me déplut nullement.

Le lendemain, les eaux étant encore plus furieuses que la veille, notre hôte, qui était un chaud républicain et qui connaissait assez bien la rivière pour juger qu'il nous serait impossible de la traverser avant vingt-quatre heures, se rendit en toute hâte, et à notre insu, dans la petite ville de Cavaillon, qui n'est qu'à deux lieues de là sur la même rive que Bompart. Il alla prévenir tous les *patriotes* de la localité et des environs qu'il avait chez lui le général de division Marbot. Puis ce monsieur revint triomphant dans son castel, où nous vîmes arriver une heure après une cavalcade composée des plus chauds patriotes de Cavaillon, qui venaient supplier mon père de vouloir bien accepter un *banquet* qu'ils lui offraient au nom des notables de cette ville « toujours si éminemment républicaine ! »

Mon père, auquel ces ovations n'étaient nullement agréables, refusa d'abord ; mais ces *citoyens* firent tant et tant d'instances, disant que tout était déjà ordonné et que les convives se trouvaient réunis, qu'il céda enfin, et nous nous rendîmes à Cavaillon.

Le plus bel hôtel était orné de guirlandes et garni de *chapeaux noirs* de la ville et de la banlieue. Après des compliments infinis, on prit place autour d'une table immense, couverte des mets les plus recherchés et surtout d'ortolans, oiseaux qui se plaisent beaucoup dans ce pays. On prononça des discours virulents contre les *ennemis de la liberté ;* on porta de nombreuses santés, et le dîner ne finit qu'à dix heures du soir. Il était un peu tard pour retourner à Bompart; d'ailleurs, mon père ne pouvait convenablement se séparer de ses hôtes à la sortie de table; il se détermina donc à coucher à Cavaillon, de sorte que le reste de la soirée se passa en conversations assez bruyantes. Enfin, peu à peu, chaque invité regagna son logis, et nous restâmes seuls. Mais, le lendemain, à son réveil, M. Gault ayant demandé à l'aubergiste quelle était la quote-part que devait mon père pour l'immense festin de la veille, qu'il croyait être un *pique-nique*, où chacun paye son couvert, cet homme lui remit un compte de plus de 1,500 francs, les bons patriotes n'ayant pas payé un traître sou!... On nous dit bien que quelques-uns avaient exprimé le désir de payer leur part, mais que la très grande majorité avait répondu que ce serait faire injure au général Marbot!...

Le capitaine Gault était furieux de ce procédé, mais mon père, qui au premier moment n'en revenait pas d'étonnement, se prit ensuite à rire aux éclats, et dit à l'aubergiste de venir chercher son argent à Bompart, où nous retournâmes sur-le-champ, sans faire la moindre observation à notre châtelain, dont on récompensa très largement les serviteurs; puis nous profitâmes de la baisse des eaux pour traverser enfin la Durance et nous rendre à Aix.

Quoique je ne fusse pas encore en âge de parler politique avec mon père, ce que je lui avais entendu dire me portait à croire que ses idées républicaines s'étaient grandement modifiées depuis deux ans, et que ce qu'il avait entendu au dîner de Cavaillon avait achevé de les ébranler; mais il ne témoigna aucune mauvaise humeur au sujet du prétendu *pique-nique*. Il s'amusait même de la colère de M. Gault, qui répétait sans cesse : « Je ne m'étonne pas que, malgré la cherté des ortolans, ces drôles en eussent fait venir une si grande quantité, et demandassent tant de bouteilles de vins fins!... »

Après avoir passé la nuit à Aix, nous partîmes pour nous rendre à Nice. C'était notre dernière journée de poste; nous traversions la montagne et la belle forêt de l'Esterel, lorsque nous rencontrâmes le chef de brigade (ou colonel) du 1ᵉʳ de housards qui, escorté d'un officier et de plusieurs cavaliers conduisant des chevaux éclopés, revenait de l'armée, et se rendait au dépôt de Puy en Velay. Ce colonel se nommait M. Picart; on lui laissait son régiment en raison de ses qualités d'administrateur, et on l'envoyait souvent au dépôt pour y faire équiper des hommes et des chevaux, qu'il expédiait ensuite aux escadrons de guerre, où il paraissait très rarement et restait fort peu. En apercevant M. Picart, mon père fit arrêter sa voiture, mit pied à terre, et après m'avoir présenté à mon colonel, il le tira à part pour le prier de lui indiquer un sous-officier sage et bien élevé dont il pût faire mon *mentor*. Le colonel indiqua le maréchal des logis Pertelay. Mon père fit prendre le nom de ce sous-officier, et nous continuâmes notre route jusqu'à Nice, où nous trouvâmes le commandant R*** établi dans un excellent hôtel avec nos équipages et nos chevaux en très bon état.

## CHAPITRE VIII

Arrivée à Nice. — Mon mentor Pertelay. — Comment je deviens un vrai housard de Bercheny. — J'entre dans la *clique*. — Mon premier duel à la Madona près Savone. — Enlèvement d'un convoi de bœufs à Dego.

La ville de Nice était remplie de troupes, parmi lesquelles se trouvait un escadron du 1ᵉʳ de housards, auquel j'appartenais. Ce régiment, en l'absence de son colonel, était commandé par un très brave chef d'escadron nommé Muller (c'était le père de ce pauvre malheureux adjudant du 7ᵉ de housards qui fut blessé d'un coup de canon, auprès de moi, à Waterloo). En apprenant que le général de division venait d'arriver, le commandant Muller se rendit chez mon père, et il fut convenu entre eux qu'après quelques jours de repos je ferais le service dans la 7ᵉ compagnie, commandée par le capitaine Mathis, homme de mérite, qui plus tard devint colonel sous l'Empire et maréchal de camp sous la Restauration.

Quoique mon père fût fort bon pour moi, il m'en imposait tellement, que j'étais auprès de lui d'une très grande timidité, timidité qu'il supposait encore plus grande qu'elle ne l'était réellement; aussi disait-il que j'aurais dû être une fille, et il m'appelait souvent *mademoiselle Marcellin* : cela me chagrinait beaucoup, surtout depuis que j'étais housard. C'était donc pour vaincre cette timidité que mon père voulait que je fisse le service avec mes camarades; d'ailleurs, ainsi que je l'ai déjà dit, on ne pouvait entrer dans l'armée que comme *simple soldat*. Mon père aurait pu, il est vrai, m'attacher à sa personne, puisque mon régiment faisait partie de sa division; mais, outre la pensée indiquée ci-dessus, il désirait que j'apprisse à seller et brider mon cheval, soigner mes armes, et ne voulait pas que son fils jouît du moindre *privilège*, ce qui aurait produit un mauvais effet parmi les troupes. C'était déjà beaucoup qu'on m'admît à l'escadron sans me faire faire un long et ennuyeux apprentissage au dépôt.

Je passai plusieurs jours à parcourir avec mon père et son état-major les environs de Nice, qui sont fort beaux; mais le moment de mon entrée à l'escadron étant arrivé, mon père demanda au commandant Muller de lui envoyer le maréchal des logis Pertelay. Or, il faut que vous sachiez qu'il existait au régiment deux frères de ce nom, tous deux maréchaux des logis, mais n'ayant entre eux aucune ressemblance physique ni morale. On croirait que l'auteur de la pièce *les Deux Philibert* a pris ces deux hommes pour types, l'aîné des Pertelay étant Philibert le mauvais sujet, et le jeune Pertelay, Philibert le bon sujet. C'était ce dernier que le colonel avait entendu désigner pour mon *mentor;* mais comme, pressé par le peu de temps que mon père et lui avaient passé ensemble, M. Picart avait oublié en nommant Pertelay d'ajouter *le jeune*, et que, d'ailleurs, celui-ci ne faisait pas partie de l'escadron qui se trouvait à Nice, tandis que l'aîné servait précisément dans la 7ᵉ compagnie, dans laquelle j'allais entrer, le commandant Muller crut que c'était de l'aîné que le colonel avait parlé à mon père, et qu'on avait choisi cet enragé pour *déniaiser* un jeune homme aussi doux et aussi timide que je l'étais. Il nous envoya donc Pertelay aîné. Ce type des anciens housards était buveur, tapageur, querelleur, bretteur, mais aussi, brave jusqu'à la témérité; du reste, complètement ignorant de tout ce qui n'avait pas rapport à son cheval, à ses armes et à son service devant l'ennemi. Pertelay jeune, au contraire, était doux, poli, très instruit, et comme il était fort bel homme et tout aussi brave que son frère, il eût certainement fait un chemin rapide si, bien jeune encore, il n'eût trouvé la mort sur un champ de bataille.

Mais revenons à l'aîné. Il arrive chez mon père, et que voyons-nous? Un luron, très bien tenu, il est vrai, mais le shako sur l'oreille, le sabre traînant, la figure enluminée et coupée en deux par une immense balafre, des moustaches d'un demi-pied de long qui, relevées par la cire, allaient se perdre dans les oreilles, deux grosses nattes de cheveux tressés aux tempes, qui, sortant de son shako, tombaient sur la poitrine, et avec cela, un air!!... un air de chenapan, qu'augmentaient encore des paroles saccadées ainsi qu'un baragouin franco-alsacien des plus barbares. Ce dernier défaut ne surprit pas mon père, car il savait que le 1$^{er}$ de housards était l'ancien régiment de Bercheny, dans lequel on ne recevait jadis que les Allemands, et où les commandements s'étaient faits, jusqu'en 1793, dans la langue allemande, qui était celle le plus en usage parmi les officiers et les housards, presque tous nés dans les provinces des bords du Rhin; mais mon père fut on ne peut plus surpris de la tournure, des réponses et de l'air ferrailleur qu'avait mon *mentor*.

J'ai su plus tard qu'il avait hésité à me mettre entre les mains de ce gaillard-là, mais que M. Gault lui ayant fait observer que le colonel Picart l'avait désigné comme le *meilleur* sous-officier de l'escadron, mon père s'était déterminé à en essayer. Je suivis donc Pertelay, qui, me prenant sans façon sous le bras, vint dans ma chambre, me montra à placer mes effets dans mon portemanteau et me conduisit dans une petite caserne située dans un ancien couvent et occupée par l'escadron du 1ᵉʳ de housards. Mon *mentor* me fit seller et desseller un joli petit cheval que mon père avait acheté pour moi ; puis il me montra à placer mon manteau et mes armes ; enfin il me fit une démonstration complète, et songea, lorsqu'il m'eut tout expliqué, qu'il était temps d'aller dîner, car mon père, désirant que je mangeasse avec mon *mentor,* nous avait affecté une haute paye pour cette dépense.

Pertelay me conduisit dans une petite auberge dont la salle était remplie de housards, de grenadiers et de soldats de toutes armes. On nous sert, et l'on place sur la table une énorme bouteille d'un gros vin rouge des plus violents, dont Pertelay me verse une rasade. Nous trinquons. Mon homme vide son verre, et je pose le mien sans le porter à mes lèvres, car je n'avais jamais bu de vin pur, et l'odeur de ce liquide m'était désagréable. J'en fis l'aveu à mon *mentor*, qui s'écria alors d'une voix de stentor : « Garçon !... apporte une limonade à ce garçon qui ne boit jamais de vin !... » Et de grands éclats de rire retentissent dans toute la salle !... Je fus très mortifié, mais je ne pus me résoudre à goûter de ce vin et n'osai cependant demander de l'eau : je dînai donc sans boire !...

L'apprentissage de la vie de soldat est fort dur en tout temps. Il l'était surtout à l'époque dont je parle. J'eus donc quelques pénibles moments à passer. Mais ce qui me parut intolérable fut l'obligation de coucher avec un autre housard, car le règlement n'accordait alors qu'un lit pour deux soldats. Seuls, les sous-officiers couchaient isolément. La première nuit que je passai à la caserne, je venais de me coucher, lorsqu'un grand escogriffe de housard qui arrivait une heure après les autres s'approche de mon lit, et voyant qu'il y avait déjà quelqu'un, décroche la lampe et la met sous mon nez pour m'examiner de plus près, puis il se déshabille. Tout en le voyant faire, j'étais loin de penser qu'il avait la prétention de se placer auprès de moi; mais bientôt je fus détrompé, lorsqu'il me dit durement : « Pousse-toi, conscrit! » Puis il entre dans le lit, se couche de manière à en occuper les trois quarts et se met à ronfler sur le plus haut ton! Il m'était impossible de fermer l'œil, surtout à cause de l'odeur affreuse que répandait un gros paquet placé par mon camarade sous le traversin pour s'exhausser la tête. Je ne pouvais comprendre ce que ce pouvait être. Pour m'en assurer, je coule tout doucement la main vers cet objet et trouve un tablier en cuir, tout imprégné de la poix dont se servent les cordonniers pour cirer leur fil!... Mon aimable camarade de lit était l'un des garçons du bottier du régiment! J'éprouvai un tel dégoût que je me levai, m'habillai et allai à l'écurie me coucher sur une botte de paille. Le lendemain, je fis part de ma mésaventure à Pertelay, qui en rendit compte au sous-lieutenant du peloton. Celui-ci était un homme bien élevé; il se nommait Leisteinschneider (en allemand, lapidaire). Il devint, sous l'Empire, colonel, premier aide de camp de Bessières, et fut tué. M. Leisteinschneider, comprenant combien il devait m'être pénible de coucher avec un bottier, prit sur lui de me faire donner un lit dans la chambre des sous-officiers, ce qui me causa un très grand plaisir.

Bien que la Révolution eût introduit un grand relâchement dans la tenue des troupes, le 1ᵉʳ de housards avait toujours conservé la sienne aussi exacte que lorsqu'il était Berchery; aussi, sauf les dissemblances physiques imposées par la nature, tous les cavaliers devaient se ressembler par leur tenue, et comme les régiments de housards portaient alors non seulement une queue, mais encore de longues tresses en cadenettes sur les tempes, et avaient des moustaches retroussées, on exigeait que tout ce qui appartenait au corps eût moustaches, queue et tresses. Or, comme je n'avais rien de tout cela, mon *mentor* me conduisit chez le perruquier de l'escadron, où je fis emplette d'une fausse queue et de cadenettes qu'on attacha à mes cheveux déjà passablement longs, car je les avais laissés pousser depuis mon enrôlement. Cet accoutrement m'embarrassa d'abord; cependant je m'y habituai en peu de jours, et il me plaisait, parce que je me figurais qu'il me donnait l'air d'un *vieux housard;* mais il n'en fut pas de même des moustaches : je n'en avais pas plus qu'une jeune fille, et comme une figure imberbe aurait déparé les rangs de l'escadron, Pertelay, se conformant à l'usage de Bercheny, prit un pot de cire noire et me fit avec le pouce deux énormes crocs qui, couvrant la lèvre supérieure, me montaient presque jusqu'aux yeux. Et comme à cette époque les shakos n'avaient pas de visière, il arrivait que pendant les revues, ou lorsque j'étais en vedette, positions dans lesquelles on doit garder une immobilité complète, le soleil d'Italie, dardant ses rayons brûlants sur ma figure, pompait les parties humides de la cire avec laquelle on m'avait fait des moustaches, et cette cire en se desséchant tirait mon épiderme d'une façon très désagréable! cependant je ne sourcillais pas! J'étais housard! Ce mot avait pour moi quelque chose de magique; d'ailleurs, embrassant la carrière militaire, j'avais fort bien compris que mon premier devoir était de me conformer aux règlements.

Mon père et une partie de sa division étaient encore à Nice lorsqu'on apprit les événements du 18 brumaire, le renversement du Directoire et l'établissement du Consulat. Mon père avait trop méprisé le Directoire pour le regretter, mais il craignait qu'enivré par le pouvoir, le général Bonaparte, après avoir rétabli l'ordre en France, ne se bornât pas au modeste titre de Consul, et il nous prédit que dans peu de temps il voudrait se faire *roi*. Mon père ne se trompa que de titre ; Napoléon se fit empereur quatre ans après.

Quelles que fussent ses prévisions pour l'avenir, mon père se félicitait de ne pas s'être trouvé à Paris au 18 brumaire, et je crois que s'il y eût été, il se serait fortement opposé à l'entreprise du général Bonaparte. Mais à l'armée, à la tête d'une division placée devant l'ennemi, il voulut se renfermer dans l'obéissance *passive* du militaire. Il repoussa donc les propositions que lui firent plusieurs généraux et colonels de marcher sur Paris à la tête de leurs troupes : « Qui, leur dit-il, défendra les frontières si nous les abandonnons, et que deviendra la France si à la guerre contre les étrangers nous joignons les calamités d'une guerre civile ? » Par ces sages observations, il maintint les esprits exaltés ; cependant, il n'en fut pas moins très affecté du coup d'État qui venait d'avoir lieu. Il idolâtrait sa patrie, et eût voulu qu'on pût la sauver sans l'asservir au joug d'un maître.

J'ai dit qu'en me faisant faire le service de simple housard, mon père avait eu pour but principal de me faire perdre cet air d'écolier un peu niais, dont le court séjour que j'avais fait dans le monde parisien ne m'avait pas débarrassé. Le résultat passa ses espérances, car vivant au milieu des housards tapageurs, et ayant pour mentor une espèce de *pandour* qui riait des sottises que je faisais, je me mis à hurler avec les loups, et de crainte qu'on se moquât de ma timidité, je devins un vrai diable. Je ne l'étais cependant pas encore assez pour être reçu dans une sorte de confrérie qui, sous le nom de *clique*, avait des adeptes dans tous les escadrons du 1ᵉʳ de housards.

La *clique* se composait des plus mauvaises têtes comme des plus braves soldats du régiment. Les membres de la *clique* se soutenaient entre eux envers et contre tous, surtout devant l'ennemi. Ils se donnaient entre eux le nom de *loustics* et se reconnaissaient à une échancrure pratiquée au moyen d'un couteau dans l'étain du premier bouton de la rangée de droite de la pelisse et du dolman. Les officiers connaissaient l'existence de la *clique*; mais comme ses plus grands méfaits se bornaient à marauder adroitement quelques poules et moutons, ou à faire quelques niches aux habitants, et que d'ailleurs les loustics étaient toujours les premiers au feu, les chefs fermaient les yeux sur la *clique*.

J'étais si étourneau, que je désirais très vivement faire partie de cette société de tapageurs; il me semblait que cela me poserait d'une façon convenable parmi mes camarades; mais j'avais beau fréquenter la salle d'armes, apprendre à tirer la pointe, la contre-pointe, le sabre, le pistolet et le mousqueton, donner en passant des coups de coude à tout ce qui se trouvait sur mon chemin, laisser traîner mon sabre et placer mon shako sur l'oreille, les membres de la *clique*, me regardant comme un enfant, refusaient de m'admettre parmi eux. Une circonstance imprévue m'y fit recevoir à l'unanimité, et voici comment.

L'armée d'Italie occupait alors la Ligurie et se trouvait étendue sur un long cordon de plus de soixante lieues de long, dont la droite était au golfe de la Spezzia, au delà de Gênes, le centre à Finale et la gauche à Nice et au Var, c'est-à-dire à la frontière de France. Nous avions ainsi la mer à dos et faisions face au Piémont, qu'occupait l'armée autrichienne dont nous étions séparés par la branche de l'Apennin qui s'étend du Var à Gavi. Dans cette fausse position, l'armée française était exposée à être coupée en deux, ainsi que cela advint quelques mois après; mais n'anticipons pas sur les événements.

Mon père ayant reçu l'ordre de réunir sa division à Savone, petite ville située au bord de la mer à dix lieues en deçà de Gênes, plaça son quartier général dans l'évêché. L'infanterie fut répartie dans les bourgs et villages voisins, pour observer les vallées par où débouchent les routes et chemins qui conduisent au Piémont. Le 1ᵉʳ de housards, qui de Nice s'était rendu à Savone, fut placé au bivouac dans une plaine appelée la *Madona*. Les avant-postes ennemis étaient à Dego, à quatre ou cinq lieues de nous, sur le revers opposé de l'Apennin, dont les cimes étaient couvertes de neige, tandis que Savone et ses environs jouissaient de la température la plus douce. Notre bivouac eût été charmant, si les vivres y eussent été plus abondants; mais il n'existait point encore de grande route de Nice à Gênes; la mer était couverte de croiseurs anglais, l'armée ne vivait donc que de ce que lui portaient par la Corniche quelques détachements de mulets, ou de ce qui provenait du chargement de petites embarcations qui se glissaient inaperçues le long des côtes. Ces ressources précaires suffisaient à peine pour fournir au jour le jour le grain nécessaire pour soutenir les troupes; mais, heureusement, le pays produit beaucoup de vin, ce qui soutenait les soldats et leur faisait supporter les privations avec plus de résignation. Or donc, un jour que par un temps délicieux maître Pertelay, mon *mentor*, se promenait avec moi sur les rivages de la mer, il aperçoit un cabaret situé dans un charmant jardin planté d'orangers et de citronniers, sous lesquels étaient placées des tables entourées de militaires de toutes armes, et me propose d'y entrer. Bien que je n'eusse pu vaincre ma répugnance pour le vin, je le suis par complaisance.

Il est bon de dire qu'à cette époque, le ceinturon des cavaliers n'était muni d'aucun *crochet*, de sorte que quand nous allions à pied, il fallait tenir le fourreau du sabre dans la main gauche, en laissant le bout traîner par terre. Cela faisait du bruit sur le pavé et donnait un air *tapageur*. Il n'en avait pas fallu davantage pour me faire adopter ce genre. Mais voilà qu'en entrant dans le jardin public dont je viens de parler, le bout du fourreau de mon sabre touche le pied d'un énorme canonnier à cheval, qui se prélassait étendu sur une chaise, les jambes en avant. L'artillerie à cheval, qu'on nommait alors *artillerie volante*, avait été formée au commencement des guerres de la Révolution, avec des hommes de bonne volonté pris dans les compagnies de grenadiers, qui avaient profité de cette occasion pour se débarrasser des plus turbulents.

Les *canonniers volants* étaient renommés pour leur courage, mais aussi pour leur amour des querelles. Celui dont le bout de mon sabre avait touché le pied me dit d'une voix de stentor et d'un ton fort brutal : « Housard !... ton sabre traîne beaucoup trop !... » J'allais continuer de marcher sans rien dire, lorsque maître Pertelay, me poussant le coude, me souffle tout bas : « Réponds-lui : Viens le relever! » Et moi de dire au canonnier : « Viens le relever. — Ce sera facile », réplique celui-ci. — Et Pertelay de me souffler de nouveau : « C'est ce qu'il faudra voir! » A ces mots, le canonnier, ou plutôt ce Goliath, car il avait près de six pieds de haut, se dresse sur son séant d'un air menaçant... mais mon *mentor* s'élance entre lui et moi. Tous les canonniers qui se trouvent dans le jardin prennent aussitôt parti pour leur camarade, mais une foule de housards viennent se ranger auprès de Pertelay et de moi. On s'échauffe, on crie, on parle tous à la fois, je crus qu'il y allait avoir une mêlée générale; cependant, comme les housards étaient au moins deux contre un, ils furent les plus calmes. Les artilleurs comprirent que s'ils dégaînaient, ils auraient le dessous, et l'on finit par faire comprendre au géant qu'en frôlant son pied du bout de mon sabre, je ne l'avais nullement insulté, et que l'affaire devait en rester là entre nous deux; mais comme, dans le tumulte, un trompette d'artillerie d'une vingtaine d'années était venu me dire des injures, et que dans mon indignation je lui avais donné une si rude poussée qu'il était allé tomber la tête la première dans un fossé plein de boue, il fut convenu que ce garçon et moi, nous nous battrions au sabre.

Nous sortons donc du jardin, suivis de tous les assistants, et nous voilà auprès du rivage de la mer, sur un sable fin et solide, disposés à ferrailler. Pertelay savait que je tirais passablement le sabre; cependant il me donne quelques avis sur la manière dont je dois attaquer mon adversaire, et attache la poignée de mon sabre à ma main avec un gros mouchoir qu'il roule autour de mon bras.

C'est ici le moment de vous dire que mon père avait le duel en horreur, ce qui, outre ses réflexions sur ce barbare usage, provenait, je crois, de ce que dans sa jeunesse, lorsqu'il était dans les gardes du corps, il avait servi de témoin à un camarade qu'il aimait beaucoup et qui fut tué dans un combat singulier dont la cause était des plus futiles. Quoi qu'il en soit, lorsque mon père prenaît un commandement, il prescrivait à la gendarmerie d'arrêter et de conduire devant lui tous les militaires qu'elle surprendrait croisant le fer.

Bien que le trompette d'artillerie et moi connussions cet ordre, nous n'en avions pas moins mis dolman bas et sabre au poing! Je tournais le dos à la ville de Savone, mon adversaire y faisait face, et nous allions commencer à nous escrimer, lorsque je vois le trompette s'élancer de côté, ramasser son dolman et se sauver en courant!...
« Ah! lâche! m'écriai-je, tu fuis!... » Et je veux le poursuivre, lorsque deux mains de fer me saisissent par derrière au collet!... Je tourne la tête... et me trouve entre huit ou dix gendarmes!... Je compris alors pourquoi mon antagoniste s'était sauvé, ainsi que tous les assistants que je voyais s'éloigner à toutes jambes, y compris maître Pertelay, car chacun avait peur d'être arrêté et conduit devant le général.

Me voilà donc prisonnier et désarmé. Je passe mon dolman et suis d'un air fort penaud mes gardiens, auxquels je ne dis pas mon nom, et qui me conduisent à l'évêché, où logeait mon père. Celui-ci était en ce moment avec le général Suchet (depuis maréchal), qui était venu à Savone pour conférer avec lui d'affaires de service. Ils se promenaient dans une galerie qui donne sur la cour. Les gendarmes me conduisent au général Marbot sans se douter que je suis son fils. Le brigadier explique le motif de mon arrestation. Alors mon père, prenant un air des plus sévères, me fait une très vive remontrance. Cette admonestation faite, mon père dit au brigadier : « Conduisez ce housard à la citadelle. » Je me retirai donc sans mot dire, et sans que le général Suchet, qui ne me connaissait pas, se fût douté que la scène à laquelle il venait d'assister se fût passée entre le père et le fils. Ce ne fut que le lendemain que le général Suchet connut la parenté des personnages, et depuis il m'a souvent parlé en riant de cette scène. Arrivé à la citadelle, vieux monument génois situé auprès du port, on m'enferma dans une immense salle qui recevait le jour par une lucarne donnant sur la mer. Je me remis peu à peu de mon émotion : la réprimande que je venais de subir me paraissait méritée; cependant j'étais moins affecté d'avoir désobéi au général que d'avoir fait de la peine à mon père. Je passai donc le reste de la journée assez tristement.

Le soir, un vieil invalide des troupes génoises m'apporta une cruche d'eau, un morceau de pain de munition et une botte de paille sur laquelle je m'étendis sans pouvoir manger. Je ne pus dormir, d'abord parce que j'étais trop ému, ensuite à cause des évolutions que faisaient autour de moi de gros rats qui s'emparèrent bientôt de mon pain. J'étais dans l'obscurité, livré à mes tristes réflexions, lorsque, vers dix heures, j'entends ouvrir les verrous de ma prison. J'aperçois Spire, l'ancien et fidèle serviteur de mon père. J'appris par lui qu'après mon envoi à la citadelle, le colonel Ménard, le capitaine Gault et tous les officiers de mon père lui ayant demandé ma grâce, le général l'avait accordée et l'avait chargé, lui Spire, de venir me chercher et de porter au gouverneur du fort l'ordre de mon élargissement. On me conduisit devant ce gouverneur, le général Buget, excellent homme qui avait perdu un bras à la guerre. Il me connaissait et aimait beaucoup mon père. Il crut donc, après m'avoir rendu mon sabre, devoir me faire une longue morale que j'écoutai assez patiemment, mais qui me fit penser que j'allais en subir une autre bien plus sévère de la part de mon père. Je ne me sentais pas le courage de la supporter et résolus de m'y soustraire si je le pouvais. Enfin, on nous conduit au delà des portes de la citadelle;

la nuit était sombre, Spire marchait devant moi avec une lanterne, et tout en cheminant dans les rues étroites et tortueuses de la ville, le bonhomme, enchanté de me ramener, faisait l'énumération de tout le confortable qui m'attendait au quartier général; mais, par exemple, disait-il, tu dois t'attendre à une sévère réprimande de ton père!... Cette dernière phrase fixa mes irrésolutions, et, pour laisser à la colère de mon père le temps de se calmer, je me décide à ne pas paraître devant lui avant quelques jours, et à retourner rejoindre mon bivouac à la Madona. J'aurais bien pu m'esquiver sans faire aucune niche au pauvre Spire; mais, de crainte qu'il ne me poursuivît à la clarté de la lumière qu'il portait, je fais d'un coup de pied voler sa lanterne à dix pas de lui et je me sauve en courant, pendant que le bonhomme, cherchant sa lanterne à tâtons, s'écrie : « Ah! petit coquin... je vais le dire à ton père; il a, ma foi, bien fait de te mettre avec ces bandits de housards de Bercheny! belle école de garnements!... »

Après avoir erré quelque temps dans les rues solitaires, je retrouvai enfin le chemin de la Madona et j'arrivai au bivouac du régiment. Tous les housards me croyaient en prison. Dès qu'on me reconnut à la lueur des feux, on m'environne, on m'interroge et l'on rit aux éclats lorsque je raconte comment je me suis débarrassé de l'homme de confiance chargé de me conduire chez le général. Les membres de la *clique,* surtout, sont charmés de ce trait de résolution et décident à l'unanimité que je suis admis dans leur société, qui justement se préparait à faire cette nuit même une expédition, pour aller jusqu'aux portes de Dego enlever un troupeau de bœufs appartenant à l'armée autrichienne. Les généraux français, ainsi que les chefs de corps, étaient obligés de paraître ignorer les courses que les soldats faisaient au delà des avant-postes afin de se procurer des vivres, puisqu'on ne pouvait s'en procurer régulièrement. Dans chaque régiment, les plus braves soldats avaient donc formé des bandes de maraudeurs qui savaient, avec un talent merveilleux, connaître les lieux où l'on préparait les vivres pour les ennemis, et employer la ruse et l'audace pour s'en emparer.

Un fripon de maquignon étant venu prévenir la *clique* du 1er de housards qu'un troupeau de bœufs qu'il avait vendu aux Autrichiens parquait dans une prairie à un quart de lieue de Dego, soixante housards, armés seulement de leurs mousquetons, partirent pour les enlever. Nous fîmes plusieurs lieues dans la montagne, par des chemins détournés et affreux, afin d'éviter la grande route, et nous surprîmes cinq Croates commis à la garde du troupeau, endormis sous un hangar. Enfin, pour qu'ils n'allassent pas donner l'éveil à la garnison de Dego, nous les attachâmes, et les laissant là, nous enlevâmes le troupeau sans coup férir. Nous rentrâmes au bivouac harassés, mais ravis d'avoir fait une bonne niche à nos ennemis, et ensuite de nous être procuré des vivres.

Je n'ai cité ce fait que pour faire connaître l'état de misère dans lequel se trouvait déjà l'armée d'Italie, et pour montrer à quel point de désorganisation un tel abandon peut jeter les troupes, dont les chefs sont obligés non seulement de tolérer de semblables expéditions, mais de profiter des vivres qu'elles procurent, sans avoir l'air de savoir d'où ils proviennent.

## CHAPITRE IX

Comment je devins d'emblée maréchal des logis. — J'enlève dix-sept housards de Barco.

Heureux dans ma carrière militaire, je n'ai point passé par le grade de brigadier, car de simple housard je devins d'emblée maréchal des logis, et voici comment.

A la gauche de la division de mon père, se trouvait celle que commandait le général Séras, dont le quartier général était à Finale. Cette division, qui occupait la partie de la Ligurie où les montagnes sont le plus escarpées, n'était composée que d'infanterie, la cavalerie ne pouvant se mouvoir que par petits détachements dans les rares passages qui sur ce point séparent le littoral de la Méditerranée d'avec le Piémont. Le général Séras, ayant reçu du général en chef Championnet l'ordre de pousser avec la plus forte partie de sa division une reconnaissance en avant du mont Santo-Giacomo, au delà duquel se trouvent quelques vallées, écrivit à mon père pour le prier de lui prêter pour cette expédition un détachement de cinquante housards. Cela ne pouvait se refuser. Mon père acquiesça donc à la demande du général Séras et désigna le lieutenant Leisteinschneider pour commander ce détachement, dont mon peloton faisait partie. Nous partîmes de la Madona pour nous rendre à Finale. Il n'y avait alors au bord de la mer qu'un fort mauvais chemin nommé *la Corniche*. Le lieutenant s'étant démis le pied à la suite d'une chute de cheval, le militaire le plus élevé en grade était après lui le maréchal des logis Canon, beau jeune homme, ayant beaucoup de moyens, d'instruction, et surtout d'assurance.

Le général Séras, à la tête de sa division, se porta le lendemain sur le mont Santo-Giacomo, que nous trouvâmes couvert de neige et sur lequel nous bivouaquâmes. On devait, le jour suivant, marcher en avant avec la presque certitude de trouver les ennemis; mais quel en serait le nombre?... C'est ce que le général ignorait complètement, et comme les ordres du général en chef lui prescrivaient de reconnaître la position des Autrichiens sur ce point de la ligne, mais avec défense d'engager le combat s'il trouvait les ennemis en force, le général Séras avait réfléchi qu'en portant sa division d'infanterie en avant au milieu des montagnes, où souvent on n'aperçoit les colonnes que lorsqu'on se trouve en face d'elles au détour d'une gorge, il pourrait être amené, malgré lui, à un combat sérieux contre des forces supérieures et obligé de faire une retraite dangereuse. Il avait donc résolu de marcher avec précaution et de lancer à deux ou trois lieues en avant de lui un détachement qui pût sonder le pays et surtout faire quelques prisonniers, dont il espérait tirer d'utiles renseignements, car les paysans ne savaient ou ne voulaient rien dire. Mais, comme le général sentait aussi qu'un détachement d'infanterie serait compromis s'il l'envoyait trop loin, et que, d'ailleurs, des hommes à pied lui apporteraient trop tard les nouvelles qu'il désirait ardemment savoir, ce fut aux cinquante housards qu'il donna la mission d'aller à la découverte et d'explorer le pays. Or, comme la contrée est fort entrecoupée, il remit une carte à notre sous-officier, lui donna toutes les instructions écrites et de vive voix, en présence du détachement, et nous fit partir deux heures avant le jour, en nous répétant qu'il fallait *absolument* marcher jusqu'à ce que nous ayons joint les avant-postes ennemis, auxquels il désirait vivement qu'on pût enlever quelques prisonniers.

M. Canon disposa parfaitement son détachement. Il plaça une petite avant-garde, mit des éclaireurs sur les flancs, et prit enfin toutes les précautions d'usage dans la guerre de partisans. Arrivés à deux lieues du camp que nous venons de quitter, nous trouvons une grande auberge. Notre sous-officier questionne le maître, et apprend qu'à une forte heure de marche nous rencontrerons un corps autrichien, dont il ne peut déterminer la force, mais il sait que le régiment qui est en tête est composé de housards très méchants, qui ont maltraité plusieurs habitants de la contrée.

Ces renseignements pris, nous continuons notre marche. Mais à peine étions-nous à quelques centaines de pas, que M. Canon se tord sur son cheval, en disant qu'il souffre horriblement, et qu'il lui est impossible d'aller plus loin, et il remet le commandement du détachement au sous-officier Pertelay aîné, le plus ancien après lui. Mais celui-ci fait observer qu'étant Alsacien, il ne sait pas lire le français, et ne pourra par conséquent rien connaître à la carte qu'on lui donne, ni rien comprendre aux instructions écrites données par le général : il ne veut donc pas du commandement. Tous les autres sous-officiers, anciens Bercheny aussi peu lettrés que Pertelay, refusent pour les mêmes motifs ; il en est de même des brigadiers. En vain, pour les décider, je crus devoir offrir de lire les instructions du général et d'expliquer notre marche sur la carte à celui des sous-officiers qui voudrait prendre le commandement ; ils refusèrent de nouveau, et, à ma grande surprise, toutes ces vieilles moustaches me répondirent : « Prends-le toi-même, nous te suivrons et t'obéirons parfaitement. »

Tout le détachement exprimant le même désir, je compris que si je refusais, nous n'irions pas plus loin, et que l'honneur du régiment serait compromis, car enfin il fallait bien que l'ordre du général Séras fût exécuté, surtout lorsqu'il s'agissait peut-être d'éviter une mauvaise affaire à sa division. J'acceptai donc le commandement, mais ce ne fut qu'après avoir demandé à M. Canon s'il se trouvait en état de le reprendre. Alors il recommence à se plaindre, nous quitte et retourne à l'auberge. J'avoue que je le croyais réellement indisposé ; mais les hommes du détachement, qui le connaissaient mieux, se livrèrent sur son compte à des railleries fort blessantes.

Je crois pouvoir dire sans jactance que la nature m'a accordé une bonne dose de courage. J'ajouterai même qu'il fut un temps où je me complaisais au milieu des dangers. Les treize blessures que j'ai reçues à la guerre et quelques actions d'éclat en sont, je pense, une preuve suffisante. Aussi, en prenant le commandement des cinquante hommes qu'une circonstance aussi extraordinaire plaçait sous mes ordres, moi simple housard, âgé de dix-sept ans, je résolus de prouver à mes camarades que, si je n'avais encore ni expérience ni talents militaires, j'avais au moins de la valeur. Je me mis donc résolument à leur tête, et marchai dans la direction où je savais que nous trouverions l'ennemi. Nous cheminions depuis longtemps, lorsque nos éclaireurs aperçoivent un paysan qui cherche à se cacher. Ils courent à lui, l'arrêtent et l'amènent. Je le questionnai ; il venait, paraît-il, de quatre ou cinq lieues de là, et prétendait n'avoir rencontré aucune troupe autrichienne. J'étais certain qu'il mentait, par crainte ou par astuce, car nous devions être très près des cantonnements ennemis.

Je me souvins alors d'avoir lu dans le *Parfait partisan*, dont mon père m'avait donné un exemplaire, que pour faire parler les habitants du pays qu'on parcourt à la guerre, il faut quelquefois les effrayer. Je grossis donc ma voix, et, tâchant de donner à ma figure juvénile un air farouche, je m'écriai : « Comment, coquin, tu viens
« de traverser un pays occupé par un gros corps d'armée
« autrichienne, et tu prétends n'avoir rien vu?... Tu es
« un espion!... Allons, qu'on le fusille à l'instant! »

Je fais mettre pied à terre à quatre housards, en leur faisant signe de ne faire aucun mal à cet homme, qui, se voyant saisi par les cavaliers dont les carabines venaient d'être armées devant lui, fut pris d'une telle frayeur, qu'il me jura de dire tout ce qu'il savait. Il était domestique d'un couvent, on l'avait chargé de porter une lettre aux parents du prieur, en lui recommandant, s'il rencontrait les Français, de ne pas leur dire où étaient les Autrichiens ; mais puisqu'il était forcé de tout avouer, il nous déclara qu'il y avait à une lieue de nous plusieurs régiments ennemis cantonnés dans les villages, et qu'une centaine de housards de *Barco* se trouvaient dans un hameau que nous apercevions à une très petite distance. Questionné sur la manière dont ces housards se gardaient, le paysan répondit qu'ils avaient en avant des maisons une grand'garde composée d'une douzaine d'hommes à pied, placés dans un jardin entouré de haies, et qu'au moment où il avait traversé le hameau, le reste des housards se préparait à conduire les chevaux à l'abreuvoir, dans un petit étang situé de l'autre côté des habitations.

Après avoir entendu ces renseignements, je pris à l'instant ma résolution, qui fut d'éviter de passer devant la grand'garde qui, se trouvant retranchée derrière les haies, ne pouvait être attaquée par des cavaliers, tandis que le feu de ses carabines me tuerait peut-être quelques hommes et avertirait de l'approche des Français. Il fallait donc tourner le hameau, gagner l'abreuvoir et tomber à l'improviste sur les ennemis. Mais par où passer pour ne pas être aperçu? J'ordonnai donc au paysan de nous conduire, en faisant un détour, et lui promis de le laisser aller dès que nous serions de l'autre côté du hameau que j'apercevais. Cependant, comme il ne voulait pas marcher, je le fis prendre au collet par un housard, tandis qu'un autre lui tenait le bout d'un pistolet sur l'oreille. Force lui fut donc d'obéir!

Il nous guida fort bien; de grandes haies masquaient notre mouvement. Nous tournons complètement le village et apercevons, au bord du petit étang, l'escadron autrichien faisant tranquillement boire ses chevaux. Tous les cavaliers portaient leurs armes, selon l'usage des avant-postes; mais les chefs des Barco avaient négligé une précaution très essentielle à la guerre, qui consiste à ne faire boire et débrider qu'un certain nombre de chevaux à la fois, et à ne laisser entrer les pelotons dans l'eau que les uns après les autres, afin d'en avoir toujours la moitié sur le rivage, prêts à repousser l'ennemi. Se confiant à l'éloignement des Français et à la surveillance du poste placé en tête du village, le commandant ennemi avait jugé inutile de prendre cette précaution : ce fut ce qui le perdit.

Dès que je fus à cinq cents pas du petit étang, je fis lâcher notre guide, qui se sauva à toutes jambes, pendant que, le sabre à la main, et après avoir défendu à mes camarades de crier avant le combat, je me lance au triple galop sur les housards ennemis, qui ne nous aperçurent qu'un instant avant que nous fussions sur la rive de l'étang! Les berges de l'étang étaient presque partout trop élevées pour que les chevaux pussent les gravir, et il n'existait de passage praticable que celui qui servait d'abreuvoir au village : il est vrai qu'il était fort large. Mais plus de cent cavaliers étaient agglomérés sur ce point, ayant tous la bride au bras et la carabine au crochet, enfin dans une quiétude si parfaite que plusieurs chantaient. Qu'on juge de leur surprise! Je les fais assaillir tout d'abord par un feu de mousquetons qui en tue quelques-uns, en blesse beaucoup et met aussi une grande quantité de leurs chevaux à bas. Le tumulte est complet! Néanmoins, le capitaine, ralliant autour de lui les hommes qui se trouvent le plus près du rivage, veut forcer le passage pour sortir de l'eau et faire sur nous un feu qui, bien que mal nourri, blessa cependant deux hommes. Les ennemis fondent ensuite sur nous; mais Pertelay ayant tué d'un coup de sabre leur capitaine, les Barco sont refoulés dans l'étang. Plusieurs veulent s'éloigner de la mousqueterie et gagnent l'autre rive; plusieurs perdent pied, un bon nombre d'hommes et de chevaux se noient, et ceux des cavaliers autrichiens qui parviennent de l'autre côté de l'étang, ne pouvant faire franchir la berge à leurs chevaux, les abandonnent, et, s'accrochant aux arbres du rivage, se sauvent en désordre dans la campagne. Les douze hommes de la grand'garde accourent au bruit; nous les sabrons, et ils fuient aussi. Cependant une trentaine d'ennemis restaient encore dans l'étang; mais craignant de pousser leurs chevaux au large, voyant que la pièce d'eau n'avait pas d'autre issue abordable que celle que nous occupions, ils nous crièrent qu'ils se rendaient, ce que j'acceptai, et à mesure qu'ils parvenaient au rivage, je leur faisais jeter leurs armes à terre. La plupart de ces hommes et de ces chevaux étaient blessés; mais comme je voulais cependant avoir un trophée de notre victoire, je fis choisir dix-sept cavaliers et autant de chevaux en bon état, que je plaçai au milieu de mon détachement; puis, abandonnant tous les autres Barco, je m'éloignai au galop, en contournant de nouveau le village.

Bien me prit de faire prompte retraite, car, ainsi que je l'avais prévu, les fuyards avaient couru prévenir les cantonnements voisins, auxquels le bruit de la fusillade avait déjà donné l'éveil. Tous prirent les armes, et une demi-heure après, il y avait plus de quinze cents cavaliers sur les rives du petit étang, et plusieurs milliers de fantassins suivaient de près; mais nous étions déjà à deux lieues de là, nos blessés ayant pu soutenir le galop. Nous nous arrêtâmes un instant sur le haut d'une colline pour les panser, et nous rîmes beaucoup, en voyant au loin plusieurs colonnes ennemies se mettre sur nos traces, car nous avions la certitude qu'elles ne pouvaient nous joindre, parce que, craignant de tomber dans une embuscade, elles n'avançaient que fort lentement et en tâtonnant. Nous étions donc hors de danger. Je donnai à Pertelay deux housards des mieux montés et le fis partir au galop pour aller prévenir le général Séras du résultat de notre mission; puis, remettant le détachement dans l'ordre le plus parfait, nos prisonniers toujours au centre et bien surveillés, je repris au petit trot le chemin de l'auberge.

Il me serait impossible de décrire la joie de mes camarades et les félicitations qu'ils m'adressaient pendant le trajet; tous se résumaient en ces mots qui, selon eux, exprimaient le *nec plus ultra* des éloges : « Tu es vraiment digne de servir dans les housards de Bercheny, le premier régiment du monde! »

Cependant, que s'était-il passé à Santo-Giacomo pendant que je faisais mon expédition? Après plusieurs heures d'attente, le général Séras, impatient d'avoir des nouvelles, aperçoit, du haut de la montagne, de la fumée à l'horizon; son aide de camp place l'oreille sur un tambour posé à terre, et par ce moyen usité à la guerre, il entend le bruit lointain de la mousqueterie. Le général Séras, inquiet, et ne doutant plus que le détachement de cavalerie ne soit aux prises avec l'ennemi, prend un régiment d'infanterie pour se porter avec lui jusqu'à l'auberge. Arrivé là, il voit sous le hangar un cheval de housard attaché au râtelier : c'était celui du maréchal des logis Canon. L'aubergiste paraît, le général le questionne et apprend que le sous-officier de housards n'a pas dépassé l'auberge, et qu'il est depuis plusieurs heures dans la salle à manger. Le général y entre, et que trouve-t-il? M. Canon endormi au coin du feu, et ayant devant lui un énorme jambon, deux bouteilles vides et une tasse de café! On réveille le pauvre maréchal des logis; il veut encore s'excuser en parlant de son indisposition subite; mais les restes accusateurs du formidable déjeuner qu'il venait de faire, ne permettaient pas de croire à sa maladie; aussi le général Séras le traita-t-il fort rudement. Sa colère s'augmentait à la pensée qu'un détachement de cinquante cavaliers, confié à la direction d'un simple soldat, avait probablement été détruit par l'ennemi, lorsque Pertelay et les deux housards qui l'accompagnaient arrivèrent au galop, annonçant notre triomphe et la prochaine arrivée de dix-sept prisonniers. Comme le général Séras, malgré cet heureux résultat, accablait encore M. Canon de reproches, Pertelay lui dit avec sa rude franchise : « Ne le grondez pas, mon général; il est si poltron que, s'il nous eût conduits, jamais l'expédition n'eût réussi! » Cette manière d'arranger les choses aggrava naturellement la position déjà si fâcheuse de M. Canon, que le général fit aussitôt arrêter.

J'arrivai sur ces entrefaites. Le général Séras cassa le pauvre M. Canon, et lui fit ôter ses galons en présence du régiment d'infanterie et des cinquante housards; puis, venant à moi, dont il ignorait le nom, il me dit : « Vous avez parfaitement rempli une mission qu'on ne confie ordinairement qu'à des officiers; je regrette que les pouvoirs d'un général de division n'aillent pas jusqu'à pouvoir faire un sous-lieutenant; le général en chef seul a cette faculté, je lui demanderai ce grade pour vous, mais en attendant je vous nomme *maréchal des logis.* » Et il ordonna à son aide de camp de me faire reconnaître devant le détachement. Pour remplir cette formalité, l'aide de camp dut me demander mon nom, et ce fut seulement alors que le général Séras apprit que j'étais le fils de son camarade le général Marbot. Je fus bien aise de cette aventure, puisqu'elle devait prouver à mon père que la faveur n'avait pas décidé ma promotion.

## CHAPITRE X

Nous rejoignons le général Championnet en Piémont. — Le général Macard. — Combats entre Coni et Mondovi. — Nous enlevons six pièces de canon. — Je suis nommé sous-lieutenant. — Je deviens aide de camp de mon père envoyé à Gênes, puis à Savone.

Les renseignements que le général Séras tira des prisonniers l'ayant déterminé à se porter en avant, le lendemain, il envoya l'ordre à sa division de descendre des hauteurs de San-Giacomo et de venir bivouaquer le soir même auprès de l'auberge. Les prisonniers furent expédiés sur Finale; quant aux chevaux, ils appartenaient de droit aux housards. Ils étaient tous bons, mais, suivant l'usage du temps, qui avait pour but de favoriser les officiers mal montés, un *cheval de prise* n'était jamais vendu que cinq louis. C'était un prix convenu, et l'on payait au comptant. Dès que le camp fut établi, la vente commença. Le général Séras, les officiers de son état-major, les colonels et chefs de bataillon des régiments de sa division, eurent bientôt enlevé nos dix-sept chevaux, qui produisirent la somme de 85 louis. Elle fut remise à mon détachement, qui, n'ayant pas reçu de solde depuis plus de six mois, fut enchanté de cette bonne aubaine, dont les housards m'attribuèrent le mérite.

J'avais quelques pièces d'or sur moi; aussi, pour payer ma bienvenue comme sous-officier, non seulement je ne voulus pas prendre la part qui me revenait sur la vente des chevaux de prise, mais j'achetai à l'aubergiste trois moutons, un énorme fromage et une pièce de vin, avec lesquels mon détachement fit bombance. Ce jour, l'un des plus beaux de ma vie, était le 10 frimaire an VIII.

Le lendemain et les jours suivants, la division du général Séras eut avec l'ennemi divers petits engagements pendant lesquels je continuai à commander mes cinquante housards, à la satisfaction du général dont j'éclairais la division.

Le général Séras, dans son rapport au général Championnet, fit un éloge pompeux de ma conduite, dont il rendit également compte à mon père; aussi lorsque, quelques jours après, je ramenai le détachement à Savone, mon père me reçut-il avec les plus grandes démonstrations de tendresse. J'étais ravi! Je rejoignis le bivouac, où tout le régiment était réuni; mon détachement m'y avait devancé. Les cavaliers racontèrent ce que nous avions fait, et toujours en me donnant la plus belle part du succès. Je fus donc reçu avec acclamation par les officiers et soldats, ainsi que par mes nouveaux camarades les sous-officiers, qui m'offrirent les galons de maréchal des logis.

Ce fut ce jour-là que je vis pour la première fois Pertelay jeune, qui revenait de Gênes, où il avait été détaché plusieurs mois. Je me liai avec cet excellent homme et regrettai de ne l'avoir pas eu pour *mentor* au début de ma carrière, car il me donna de bons conseils qui me rendirent plus calme et me firent rompre avec les *gaillards de la clique*.

Le général en chef Championnet, voulant faire quelques opérations dans l'intérieur du Piémont, vers Coni et Mondovi, et n'ayant que fort peu de cavalerie, prescrivit à mon père de lui envoyer le 1er de housards qui, du reste, ne pouvait plus rester à la Madona, faute de fourrages. Je me séparai avec bien du regret de mon père et partis avec le régiment.

Nous suivîmes la Corniche jusqu'à Albenga, traversâmes l'Apennin malgré la neige, et entrâmes dans les fertiles plaines du Piémont. Le général en chef soutint dans les environs de Fossano, de Novi et de Mondovi, une suite de combats dont les uns furent favorables et les autres contraires.

Dans quelques-uns de ces combats, j'eus l'occasion de voir le général de brigade Macard, soldat de fortune, que la tourmente révolutionnaire avait porté presque sans transition du grade de *trompette-major* à celui d'officier général ! Le général Macard, véritable type de ces officiers créés par le hasard et par leur courage, et qui, tout en déployant une valeur très réelle devant l'ennemi, n'en étaient pas moins incapables par leur manque d'instruction d'occuper convenablement les postes élevés, était remarquable par une particularité très bizarre. Ce singulier personnage, véritable colosse d'une bravoure extraordinaire, ne manquait pas de s'écrier lorsqu'il allait charger à la tête de ses troupes : « Allons, je vais m'habiller en bête !... » Il ôtait alors son habit, sa veste, sa chemise, et ne gardait que son chapeau empanaché, sa culotte de peau et ses grosses bottes !... Ainsi nu jusqu'à la ceinture, le général Macard offrait aux regards un torse presque aussi velu que celui d'un ours, ce qui donnait à sa personne l'aspect le plus étrange ! Une fois habillé en bête, comme il le disait lui-même avec raison, le général Macard se lançait à corps perdu, le sabre au poing, sur les cavaliers ennemis, en jurant comme un païen ; mais il parvenait rarement à les atteindre, car à la vue si singulière et si terrible à la fois de cette espèce de géant à moitié nu, couvert de poils et dans un si étrange équipage, qui se précipitait sur eux en poussant des hurlements affreux, les ennemis se sauvaient de tous côtés, ne sachant trop s'ils avaient affaire à un homme ou à quelque animal féroce extraordinaire.

Le général Macard était nécessairement d'une complète ignorance, ce qui amusait quelquefois beaucoup les officiers plus instruits que lui placés sous ses ordres. Un jour, l'un de ceux-ci vint lui demander la permission d'aller à la ville voisine se commander une paire de bottes. « Parbleu, lui dit le général Macard, cela arrive bien, et puisque tu vas chez un bottier, mets-toi là, prends-moi mesure, et commande-m'en aussi une paire. » L'officier, fort surpris, répond au général qu'il ne peut lui prendre mesure, ignorant absolument comme il fallait s'y prendre pour cela, et n'ayant jamais été bottier.

« Comment, s'écrie le général, je te vois quelquefois passer des journées entières à crayonner et à tirer des lignes vis-à-vis des montagnes, et lorsque je te demande ce que tu fais là, tu me réponds : « Je prends la mesure « de ces montagnes. » Donc, puisque tu mesures des objets éloignés de toi de plus d'une lieue, que viens-tu me conter que tu ne saurais me prendre mesure d'une paire de bottes, à moi qui suis là sous ta main ?... Allons, prends-moi vite cette mesure sans faire de façon ! »

L'officier assure que cela lui est impossible, le général insiste, jure, se fâche, et ce ne fut qu'à grand'peine que d'autres officiers, attirés par le bruit, parvinrent à faire cesser cette scène ridicule. Le général ne voulut jamais comprendre qu'un officier qui mesurait des montagnes ne pût prendre mesure d'une paire de bottes à un homme !...

Ne croyez pas par cette anecdote que tous les officiers généraux de l'armée d'Italie fussent du genre du brave général Macard. Loin de là, elle comptait un grand nombre d'hommes distingués par leur instruction et leurs manières; mais à cette époque, elle renfermait encore quelques chefs qui, ainsi que je l'ai dit tout à l'heure, étaient fort déplacés dans les rangs supérieurs de l'armée. Ils en furent évincés peu à peu.

Le 1ᵉʳ de housards prit part à tous les combats qui se livrèrent à cette époque dans le Piémont, et fut sur le point d'éprouver de très grandes pertes dans les rencontres avec la grosse cavalerie autrichienne. Après plusieurs marches et contremarches et une suite de petits engagements presque journaliers, le général en chef Championnet, ayant réuni la gauche et le centre de son armée entre Coni et Mondovi, attaqua, le 10 nivôse, plusieurs divisions de l'armée ennemie. Le combat eut lieu dans une plaine entrecoupée de monticules et de bouquets de bois.

Le 1ᵉʳ de housards, attaché à la brigade du général Beaumont, fut placé à l'extrémité de l'aile droite française. Vous savez que la quantité de cavaliers et d'officiers qui entre dans la composition d'un escadron est déterminée par les règlements. Notre régiment, ayant souffert dans les affaires précédentes, au lieu de mettre quatre escadrons en ligne, ne put en mettre ce jour-là que trois; mais cela fait, il restait une trentaine d'hommes hors les rangs, dont cinq sous-officiers. J'étais du nombre, ainsi que les deux Pertelay. On nous forma en deux pelotons, dont le brave et intelligent Pertelay jeune eut le commandement. Le général Beaumont, qui connaissait sa capacité, le chargea d'éclairer le flanc droit de l'armée, en lui donnant, sans autre instruction, l'ordre d'agir pour le mieux suivant les circonstances. Nous nous éloignons donc du régiment et allons explorer la contrée. Pendant ce temps, le combat s'engage vivement entre les deux corps d'armée. Une heure après, nous revenions sur les nôtres sans avoir rien rencontré sur les flancs, lorsque Pertelay jeune aperçoit en face de nous, et par conséquent à l'extrémité gauche de la ligne ennemie, une batterie de huit pièces dont le feu faisait beaucoup de ravages dans les rangs français.

Par une imprudence impardonnable, cette batterie autrichienne, afin d'avoir un tir plus assuré, s'était portée sur un petit plateau situé à sept ou huit cents pas en avant de la division d'infanterie à laquelle elle appartenait. Le commandant de cette artillerie se croyait en sûreté, parce que le point qu'il occupait dominant toute la ligne française, il pensait que si quelque troupe s'en détachait pour venir l'attaquer, il l'apercevrait, et aurait le temps de regagner la ligne autrichienne. Il n'avait pas considéré qu'un petit bouquet de bois, placé fort près du point qu'il occupait, pouvait recéler quelque parti français. Il n'en contenait point encore, mais Pertelay jeune résolut d'y conduire son peloton et de fondre de là sur la batterie autrichienne. Pour cacher son mouvement aux artilleurs ennemis, Pertelay jeune, sachant très bien qu'à la guerre on ne fait aucune attention à un cavalier isolé, nous expliqua son dessein, qui était de nous faire aller individuellement prendre un détour par un chemin creux pour nous rendre les uns après les autres derrière le bois placé à gauche de la batterie ennemie, puis de nous élancer de là tous à la fois sur elle, sans crainte de ses boulets, puisque nous arriverions par le flanc des pièces que nous enlèverions et conduirions à l'armée française. Le mouvement s'exécute sans que les artilleurs autrichiens le remarquent. Nous partons un à un, et nous gagnons par une marche circulaire le derrière du petit bois, où nous reformons le peloton. Pertelay jeune se met à notre tête, nous traversons le bois et nous nous élançons le sabre à la main sur la batterie ennemie, au moment où elle faisait un feu terrible sur nos troupes! Nous sabrons une partie des artilleurs; le reste se cache sous les caissons, où nos sabres ne peuvent les atteindre.

Selon les instructions données par Pertelay jeune, nous ne devions ni tuer, ni blesser les soldats du train, mais les forcer, la pointe du sabre au corps, à pousser leurs chevaux en avant et à conduire les pièces jusqu'à ce que nous ayons atteint la ligne française. Cet ordre fut parfaitement exécuté pour six pièces, dont les conducteurs restés à cheval obéirent à ce qu'on leur prescrivit; mais ceux des deux autres canons, soit par frayeur, soit par résolution, se jetèrent à bas de leurs chevaux, et bien que quelques housards prissent ces animaux par la bride, ils ne voulurent pas marcher. Les bataillons ennemis peu éloignés arrivent au pas de course au secours de leur batterie; les minutes étaient des heures pour nous; aussi Pertelay jeune, satisfait d'avoir pris six pièces, ordonna-t-il d'abandonner les autres et de nous diriger au galop avec notre capture sur l'armée française.

Cette mesure était prudente, elle devint fatale à notre brave chef, car à peine eûmes-nous commencé notre retraite, que les artilleurs et leurs chefs, sortant de dessous les caissons où ils avaient trouvé un asile assuré contre nos sabres, chargent à mitraille les deux pièces que nous n'avions pu enlever, et nous envoient une grêle de biscaïens dans les reins!...

Vous concevez que trente cavaliers, six pièces attelées chacune de six chevaux conduits par trois soldats du train, tout cela, marchant en désordre, présente une grande surface; aussi les biscaïens portèrent-ils presque tous. Nous eûmes deux sous-officiers et plusieurs housards tués ou blessés, ainsi qu'un ou deux conducteurs; quelques chevaux furent aussi mis hors de combat, de sorte que la plupart des attelages, se trouvant désorganisés, ne pouvaient plus marcher. Pertelay jeune, conservant le plus grand sang-froid, ordonne de couper les traits des chevaux tués ou hors de service, de remplacer par des housards les conducteurs morts ou blessés, et de continuer rapidement notre course. Mais les quelques minutes que nous avions perdues à faire cet arrangement avaient été utilisées par le chef de la batterie autrichienne; il nous lance une seconde bordée de mitraille, qui nous cause de nouvelles pertes. Cependant nous étions si acharnés, si résolus à ne pas abandonner les six pièces que nous venions de prendre, que nous parvenons encore à tout réparer tant bien que mal et à nous remettre en marche. Déjà nous allions toucher la ligne française, et nous nous trouvions hors de la portée de la mitraille, lorsque l'officier d'artillerie ennemie fait changer les projectiles et nous envoie deux boulets, dont l'un fracasse les reins du pauvre Pertelay jeune!

Cependant notre attaque sur la batterie autrichienne et son résultat avaient été aperçus par l'armée française, dont les généraux portèrent les lignes en avant. Les ennemis reculèrent, ce qui permit aux débris du peloton du 1ᵉʳ de housards de revenir sur le terrain où nos malheureux camarades étaient tombés. Près d'un tiers du détachement était tué ou blessé. Nous étions cinq sous-officiers au commencement de l'action, trois avaient péri : il ne restait plus que Pertelay aîné et moi. Le pauvre garçon était blessé et souffrait encore plus moralement que physiquement, car il adorait son frère, que nous regrettions tous aussi bien vivement! Pendant que nous lui rendions les derniers devoirs et relevions les blessés, le général Championnet arriva auprès de nous avec le général Suchet, son chef d'état-major. Le général en chef avait vu la belle conduite du peloton. Il nous réunit auprès des six pièces que nous venions d'enlever, et après avoir donné les plus grands éloges au courage avec lequel nous avions débarrassé l'armée française d'une batterie qui lui faisait éprouver de très grandes pertes, il ajouta que pour nous récompenser d'avoir ainsi sauvé la vie à un grand nombre de nos camarades, et contribué au succès de la journée, il voulait user du pouvoir que lui donnait un décret récent du premier Consul, qui venait d'instituer des *armes d'honneur*, et qu'il accordait au peloton trois sabres d'honneur et une sous-lieutenance, nous autorisant à désigner nous-mêmes ceux qui devraient recevoir ces récompenses. Nous regrettions encore plus vivement la perte du brave Pertelay jeune, qui aurait fait un si bon officier! Pertelay aîné, un brigadier et un housard obtinrent des sabres d'honneur qui, trois ans après, donnèrent droit à la croix de la *Légion d'honneur*. Il restait à désigner celui d'entre nous qui aurait une *sous-lieutenance*. Tous mes camarades prononcèrent mon nom, et le général en chef, se rappelant ce que le général Séras lui avait écrit sur la conduite que j'avais tenue à San-Giacomo, me nomma sous-lieutenant!... Il n'y avait qu'un mois que j'étais maréchal des logis. Je dois avouer cependant que dans l'attaque et l'enlèvement des pièces, je n'avais rien fait de plus que mes camarades; mais, ainsi que je l'ai déjà dit, aucun de ces bons Alsaciens ne se sentait en état de commander et d'être officier. Ils me désignèrent donc à l'unanimité, et le général en chef voulut bien tenir compte de la proposition que le général Séras avait faite précédemment en ma faveur; peut-être aussi, je dois le dire, fut-il bien aise de faire plaisir à mon père. Ce fut du moins ainsi que celui-ci apprécia mon prompt avancement, car dès qu'il en fut informé, il m'écrivit pour me défendre d'accepter. J'obéis; mais comme mon père avait écrit dans le même sens au général Suchet, chef d'état-major, celui-ci lui ayant répondu que le général en chef se trouverait certainement blessé qu'un de ses généraux de division eût la prétention de désapprouver les nominations qu'il avait faites en vertu de pouvoirs à lui conférés par le gouvernement, mon père m'autorisa à accepter, et je fus reconnu sous-lieutenant le 10 nivôse an VII (décembre 1799).

Je fus un des derniers officiers promus par le général Championnet, qui, n'ayant pu se maintenir en Piémont devant des forces supérieures, se vit contraint de repasser l'Apennin et de ramener l'armée dans la Ligurie. Ce général éprouva tant de douleur, en voyant une partie de ses troupes se débander, parce qu'on ne lui donnait plus le moyen de les nourrir, qu'il mourut le 25 nivôse, quinze jours après m'avoir fait officier. Mon père, se trouvant le plus ancien général de division, fut provisoirement investi du commandement en chef de l'armée d'Italie, dont le quartier général était à Nice. Il s'y rendit et s'empressa de renvoyer en Provence le peu de cavalerie qui restait encore, car il n'existait plus aucune provision de fourrages en Ligurie. Le 1er de housards rentra donc en France, mais mon père me retint pour remplir auprès de lui les fonctions d'aide de camp.

Pendant notre séjour à Nice, mon père reçut du ministre de la guerre l'ordre d'aller prendre le commandement de l'avant-garde de l'armée du Rhin, où son chef d'état-major, le colonel Ménard, devait le suivre. Nous fûmes tous fort satisfaits de cette nouvelle situation, car la misère avait jeté les troupes de l'armée d'Italie dans un tel désordre qu'il paraissait impossible de se maintenir en Ligurie; mon père n'était pas fâché de s'éloigner d'une armée en décomposition, qui allait ternir ses lauriers par une honteuse retraite, dont le résultat serait de se faire rejeter en France derrière le Var. Mon père se prépara donc à partir dès que le général Masséna, nommé pour le remplacer, serait arrivé, et il dépêcha pour Paris M. Gault, son aide de camp, afin d'y acheter des cartes et faire divers préparatifs pour notre campagne sur le Rhin. Mais le destin en avait décidé autrement, et la tombe de mon malheureux père était marquée sur la terre d'Italie !

Masséna, en arrivant, ne trouva plus que l'ombre d'une armée : les troupes sans paye, presque sans habits et sans chaussures, ne recevant que le quart de la ration, mouraient d'inanition ou bien d'une épidémie affreuse, résultat des privations intolérables dont elles étaient accablées ; les hôpitaux étaient remplis et manquaient de médicaments. Aussi des bandes de soldats, et même des régiments entiers, abandonnaient journellement leur poste, se dirigeant vers le pont du Var, dont ils forçaient le passage pour se rendre en France et se répandre dans la Provence, quoiqu'ils se déclarassent prêts à revenir quand on leur donnerait du pain ! Les généraux ne pouvaient lutter contre tant de misère ; leur découragement augmentait chaque jour, et tous demandaient des congés ou se retiraient sous prétexte de maladie.

Masséna avait bien l'espoir d'être rejoint en Italie par plusieurs des généraux qui l'avaient aidé à battre les Russes en Helvétie, entre autres par Soult, Oudinot et Gazan ; mais aucun d'eux n'était encore arrivé, et il fallait pourvoir au besoin pressant.

Masséna, né à la Turbie, bourgade de la petite principauté de Monaco, était l'Italien le plus rusé qui ait existé. Il ne connaissait pas mon père, mais à la première vue il jugea que c'était un homme au cœur magnanime, aimant sa patrie par-dessus tout, et pour l'engager à rester, il l'attaqua par son endroit sensible, la générosité et le dévouement au pays, lui exposant combien il serait beau à lui de continuer à servir dans l'armée d'Italie malheureuse, plutôt que d'aller sur le Rhin, où les affaires de la France étaient en bon état. Il ajouta que, du reste, il prenait sur lui l'inexécution des ordres que le gouvernement avait adressés à mon père, si celui-ci consentait à ne pas partir. Mon père, séduit par ces discours, et ne voulant pas laisser le nouveau général en chef dans l'embarras, consentit à rester avec lui. Il ne mettait pas en doute que son chef d'état-major, le colonel Ménard, son ami, ne renonçât aussi à aller sur le Rhin, puisque lui restait en Italie; mais il en fut autrement. Ménard s'en tint à l'ordre qu'il avait reçu, bien qu'on l'assurât qu'on le ferait annuler s'il y consentait. Mon père fut très sensible à cet abandon. Ménard se hâta de regagner Paris, où il se fit accepter comme chef d'état-major du général Lefebvre.

Mon père se rendit à Gênes, où il prit le commandement des trois divisions dont se composait l'aile droite de l'armée. Malgré la misère, le carnaval fut assez gai dans cette ville; les Italiens aiment tant le plaisir! Nous étions logés au palais Centurione, où nous passâmes la fin de l'hiver 1799 à 1800. Mon père avait laissé Spire à Nice, avec le gros de ses bagages. Il prit le colonel Sacleux pour chef d'état-major; c'était un homme fort estimable, bon militaire, d'un caractère fort doux, mais grave et sérieux. Celui-ci avait pour secrétaire un charmant jeune homme nommé Colindo, fils du banquier Trepano, de Parme, qu'il avait recueilli à la suite d'aventures trop longues à raconter. Il fut pour moi un excellent ami.

Au commencement du printemps de 1800, mon père apprit que le général Masséna venait de donner le commandement de l'aile droite au général Soult, nouvellement arrivé et bien moins ancien que lui, et il reçut l'ordre de retourner à Savone se remettre à la tête de son ancienne division, la troisième. Mon père obéit, quoique son amour-propre fût blessé de cette nouvelle destination.

## CHAPITRE XI

Combats de Cadibona et de Montenotte. — Retraite de l'aile droite de l'armée sur Gênes. — Mon père est blessé. — Siège et résistance de Gênes. — Ses conséquences. — Mon ami Trepano. — Mort de mon père. — Famine et combats. — Rigueur inflexible de Masséna.

Cependant, de bien grands événements se préparaient autour de nous en Italie. Masséna avait reçu quelques renforts, rétabli un peu d'ordre dans son armée, et la célèbre campagne de 1800, celle qui amena le mémorable siège de Gênes et la bataille de Marengo, allait s'ouvrir. Les neiges dont étaient couvertes les montagnes qui séparaient les deux armées étant fondues, les Autrichiens nous attaquèrent, et leurs premiers efforts portèrent sur la troisième division de l'aile droite, qu'ils voulaient séparer du centre et de la gauche en la rejetant de Savone sur Gênes. Dès que les hostilités recommencèrent, mon père et le colonel Sacleux envoyèrent à Gênes tous les non-combattants; Colindo était de ce nombre. Quant à moi, je nageais dans la joie, animé que j'étais par la vue des troupes en marche, les mouvements bruyants de l'artillerie et le désir qu'a toujours un jeune militaire d'assister à des opérations de guerre. J'étais loin de me douter que cette guerre deviendrait si terrible et me coûterait bien cher!

La division de mon père, très vivement attaquée par des forces infiniment supérieures, défendit pendant deux jours les célèbres positions de Cadibona et de Montenotte; mais enfin, se voyant sur le point d'être tournée, elle dut se retirer sur Voltri et de là sur Gênes, où elle s'enferma avec les deux autres divisions de l'aile droite.

J'entendais tous les généraux instruits déplorer la nécessité qui nous forçait à nous séparer du centre et de l'aile gauche; mais j'étais alors si peu au fait de la guerre, que je n'en étais nullement affecté. Je comprenais bien que nous avions été battus; mais comme j'avais pris de ma main, en avant de Montenotte, un officier de housards de Barco, et m'étais emparé de son panache que j'avais fièrement attaché à la têtière de la bride de mon cheval, il me semblait que ce trophée me donnait quelque ressemblance avec les chevaliers du moyen âge, revenant chargés des dépouilles des infidèles. Ma vanité puérile fut bientôt rabattue par un événement affreux. Pendant la retraite, et au moment où mon père me donnait un ordre à porter, il reçut une balle dans la jambe gauche, celle qui déjà avait été blessée d'une balle à l'armée des Pyrénées. La commotion fut si forte, que mon père serait tombé de cheval s'il ne se fût appuyé sur moi. Je l'éloignai du champ de bataille; on le pansa, je voyais couler son sang et je me mis à pleurer... Il chercha à me calmer et me dit qu'un guerrier devait avoir plus de fermeté... On transporta mon père à Gênes, au palais Centurione, qu'il avait occupé pendant le dernier hiver. Nos trois divisions étant entrées dans Gênes, les Autrichiens en firent le blocus par terre et les Anglais par mer.

Je ne me sens pas le courage de décrire ce que la garnison et la population de Gênes eurent à souffrir pendant les deux mois que dura ce siège mémorable. La famine, la guerre et un terrible typhus firent des ravages immenses!... La garnison perdit dix mille hommes sur seize mille, et l'on ramassait tous les jours dans les rues sept à huit cents cadavres d'habitants de tout âge, de tout sexe et de toute condition, qu'on portait derrière l'église de Carignan dans une énorme fosse remplie de chaux vive. Le nombre de ces victimes s'éleva à plus de trente mille, presque toutes mortes de faim !...

Pour comprendre jusqu'à quel point le manque de vivres se fit sentir parmi les habitants, il faut savoir que l'ancien gouvernement génois, pour contenir la population de la ville, s'était de temps immémorial emparé du monopole des grains, des farines et du pain, lequel était confectionné dans un immense établissement garni de canons et gardé par des troupes, de sorte que lorsque le doge ou le Sénat voulaient prévenir ou punir une révolte, ils fermaient les fours de l'État et prenaient le peuple par la famine. Bien qu'à l'époque où nous étions la Constitution génoise eût subi de grandes modifications, et que l'aristocratie n'y eût que fort peu de prépondérance, il n'y avait cependant pas une seule boulangerie particulière, et l'ancien usage de faire le pain aux fours publics s'était perpétué. Or, ces fours publics, qui alimentaient habituellement une population de plus de cent vingt mille âmes, restèrent fermés pendant quarante-cinq jours, sur soixante que dura le siège ! les riches n'ayant pas plus que les pauvres le moyen de se procurer du pain !... Le peu de légumes secs et de riz qui se trouvait chez les marchands avait été enlevé à des prix énormes dès le commencement du siège. Les troupes seules recevaient une faible ration d'un quart de livre de chair de cheval et d'un quart de livre de ce qu'on appelait du pain, affreux mélange composé de farines avariées, de son, d'amidon, de poudre à friser, d'avoine, de graine de lin, de noix rances et autres substances de mauvaise qualité, auxquelles on donnait un peu de solidité en y mêlant quelques parties de cacao; chaque pain étant d'ailleurs intérieurement soutenu par de petits morceaux de bois, sans quoi il serait tombé en poudre. Le général Thibauld, dans son journal du siège, compare ce pain à de la tourbe mélangée d'huile!...

Pendant quarante-cinq jours, on ne vendit au public ni pain ni viande. Les habitants les plus riches purent (et seulement vers le commencement du siège) se procurer quelque peu de morue, des figues et autres denrées sèches, ainsi que du sucre. L'huile, le vin et le sel ne manquèrent jamais; mais que sont ces denrées sans aliments solides? Tous les chiens et les chats de la ville furent mangés. Un rat se vendait fort cher. Enfin, la misère devint si affreuse, que lorsque les troupes françaises faisaient une sortie, les habitants les suivaient en foule hors des portes, et là, riches et pauvres, femmes, enfants et vieillards, se mettaient à couper de l'herbe, des orties et des feuilles qu'ils faisaient ensuite cuire avec du sel... Le gouvernement génois fit faucher l'herbe qui croissait sur les remparts, puis il la faisait cuire sur les places publiques et la distribuait ensuite aux malheureux malades qui n'avaient pas la force d'aller chercher eux-mêmes et de préparer ce grossier aliment. Nos troupes elles-mêmes faisaient cuire des orties et toutes sortes d'herbes avec de la chair de cheval. Les familles les plus riches et les plus distinguées leur enviaient cette viande, toute dégoûtante qu'elle fût, car la pénurie des fourrages avait rendu presque tous les chevaux malades, et l'on distribuait même la chair de ceux qui mouraient d'étisie!...

Pendant la dernière partie du siège, l'exaspération du peuple génois était à craindre. On l'entendait s'écrier qu'en 1746 leurs pères avaient massacré une armée autrichienne, qu'il fallait essayer de se débarrasser de même de l'armée française, et qu'en définitive il valait mieux mourir en combattant, que de mourir de faim après avoir vu succomber leurs femmes et leurs enfants. Ces symptômes de révolte étaient d'autant plus effrayants, que s'ils se fussent réalisés, les Anglais par mer et les Autrichiens par terre seraient indubitablement accourus joindre leurs efforts à ceux des insurgés pour nous accabler.

Au milieu de dangers si imminents et de calamités de tous genres, le général en chef Masséna restait impassible et calme, et pour éviter toute tentative d'émeute, il fit proclamer que les troupes françaises avaient ordre de faire feu sur toute réunion d'habitants qui s'élèverait à plus de *quatre* hommes. Nos régiments bivouaquaient constamment sur les places et dans les rues principales, dont les avenues étaient munies de canons chargés à mitraille. Ne pouvant se réunir, les Génois furent dans l'impossibilité de se révolter.

Vous vous étonnerez sans doute que le général Masséna mît tant d'obstination à conserver une place dont il ne pouvait nourrir la population et sustenter à peine la garnison. Mais Gênes pesait alors d'un poids immense dans les destinées de la France. Notre armée était coupée; le centre et l'aile gauche s'étaient retirés derrière le Var, tandis que Masséna s'était enfermé dans Gênes pour retenir devant cette place une partie de l'armée autrichienne, l'empêchant ainsi de porter toutes ses forces sur la Provence. Masséna savait que le premier Consul réunissait à Dijon, à Lyon et à Genève, une armée de réserve, avec laquelle il se proposait de passer les Alpes par le Saint-Bernard, afin de rentrer en Italie, de surprendre les Autrichiens et de tomber sur leurs derrières, pendant qu'ils ne s'occupaient que du soin de prendre Gênes. Nous avions donc un immense intérêt à conserver cette ville le plus longtemps possible, ainsi que le prescrivaient les ordres du premier Consul, dont les prévisions furent justifiées par les événements. Mais revenons à ce qui m'advint pendant ce siège mémorable.

En apprenant qu'on avait transporté à Gênes mon père blessé, Colindo Trepano accourut auprès de son lit de douleur, et c'est là que nous nous retrouvâmes. Il m'aida de la manière la plus affectueuse à soigner mon père, et je lui en sus d'autant plus de gré, qu'au milieu des calamités dont nous étions environnés, mon père n'avait personne auprès de lui. Tous les officiers d'état-major reçurent l'ordre d'aller faire le service auprès du général en chef. Bientôt on refusa des vivres à nos domestiques, qui furent contraints de prendre un fusil et de se ranger parmi les combattants pour avoir droit à la chétive ration que l'on distribuait aux soldats. On ne fit exception que pour un jeune valet de chambre nommé Oudin et pour un jeune jockey qui soignait nos chevaux; mais Oudin nous abandonna dès qu'il eut appris que mon père était atteint du typhus. Cette affreuse maladie, ainsi que la peste avec laquelle elle a beaucoup d'analogie, se jette presque toujours sur les blessés et sur les individus déjà malades. Mon père en fut atteint, et dans le moment où il avait le plus besoin de soins, il n'avait auprès de lui que moi, Colindo et le jockey Bastide. Nous suivions de notre mieux les prescriptions du docteur, nous ne dormions ni jour ni nuit, étant sans cesse occupés à frictionner mon père avec de l'huile camphrée et à le changer de lit et de linge. Mon père ne pouvait prendre d'autre nourriture que du bouillon, et je n'avais pour en faire que de la mauvaise chair de cheval; mon cœur était déchiré!...

La Providence nous envoya un secours. Les grands bâtiments des fours publics étaient contigus aux murs du palais que nous habitions; les terrasses se touchaient.

Celle des fours publics était immense; on y faisait le mélange et le broiement des grenailles de toute espèce qu'on ajoutait aux farines avariées pour faire le pain de la garnison. Le jockey Bastide avait remarqué que lorsque les ouvriers de la manutention avaient quitté la terrasse, elle était envahie par de nombreux pigeons qui, nichés dans les divers clochers de la ville, avaient l'habitude de venir ramasser le peu de grains que le criblage avait répandus sur les dalles. Bastide, qui était d'une rare intelligence, franchissant le petit espace qui séparait les deux terrasses, alla tendre sur celle des fours publics des lacets et autres engins, avec lesquels il prenait des pigeons dont nous faisions du bouillon pour mon père, qui le trouvait excellent en comparaison de celui de cheval.

Aux horreurs de la famine et du typhus, se joignaient celles d'une guerre acharnée et incessante, car les troupes françaises combattaient toute la journée du côté de terre contre les Autrichiens, et dès que la nuit mettait un terme à leurs attaques, les flottes anglaise, turque et napolitaine, que l'obscurité dérobait au tir des canons du port et des batteries de la côte, s'approchaient de la ville, sur laquelle elles lançaient une immense quantité de bombes, qui faisaient des ravages affreux!... Aussi, pas un instant de repos!...

Le bruit du canon, les cris des mourants, pénétraient jusqu'à mon père et l'agitaient au dernier point : il regrettait de ne pouvoir se mettre à la tête des troupes de sa division. Cet état moral empirait sa position; sa maladie s'aggravait de jour en jour; il s'affaiblissait visiblement. Colindo et moi ne le quittions pas un instant. Enfin, une nuit, pendant que j'étais à genoux auprès de son lit pour imbiber sa blessure, il me parla avec toute la plénitude de sa raison, puis, sentant sa fin

approcher, il plaça sa main sur ma tête, l'y promena d'une façon caressante en disant : « Pauvre enfant, que va-t-il devenir, seul et sans appui, au milieu des horreurs de ce terrible siège?... » Il balbutia encore quelques paroles, parmi lesquelles je démêlai le nom de ma mère, laissa tomber ses bras et ferma les yeux!...

Quoique bien jeune, et depuis peu de temps au service, j'avais vu beaucoup de morts sur le terrain de divers combats et surtout dans les rues de Gênes; mais ils étaient tombés en plein air, encore couverts de leurs vêtements, ce qui donne un aspect bien différent de celui d'un homme qui meurt dans son lit, et je n'avais jamais été témoin de ce dernier et triste spectacle. Je crus donc que mon père venait de céder au sommeil. Colindo comprit la vérité, mais n'eut pas le courage de me la dire, et je ne fus tiré de mon erreur que plusieurs heures après, lorsque M. Lachèze étant arrivé, je lui vis relever le drap du lit sur la figure de mon père, en disant : « C'est une perte affreuse pour sa famille et ses amis!... » Alors seulement je compris l'étendue de mon malheur... Ma douleur fut si déchirante qu'elle toucha même le général en chef Masséna, dont le cœur n'était cependant pas facile à émouvoir, surtout dans les circonstances présentes, où il avait besoin de tant de fermeté. La position critique dans laquelle il se trouvait lui fit prendre à mon égard une mesure qui me parut *atroce*, et que cependant je prendrais aussi moi-même si je commandais dans une ville assiégée.

Pour éviter tout ce qui aurait pu affaiblir le moral des troupes, le général Masséna avait défendu la pompe des funérailles, et comme il savait que je n'avais pas voulu quitter la dépouille mortelle de mon père bien-aimé, qu'il pensait que mon projet était de l'accompagner jusqu'à sa tombe, et qu'il craignait que les troupes ne s'attendrissent en voyant un jeune officier, à peine au sortir de l'enfance, suivre en sanglotant la bière de son père, général de division, victime de la terrible guerre que nous soutenions, Masséna vint le lendemain avant le jour dans la chambre où gisait mon père, et, me prenant par la main, il me conduisit sous un prétexte quelconque dans un salon éloigné, pendant que sur son ordre douze grenadiers, accompagnés seulement d'un officier et du colonel Sacleux, enlevèrent la bière en silence et allèrent la déposer dans la tombe provisoire, sur les remparts du côté de la mer. Ce ne fut qu'après que cette triste cérémonie fut terminée, que le général Masséna m'en instruisit en m'expliquant les motifs de sa décision... Non, je ne pourrai exprimer le désespoir dans lequel cela me jeta !... Il me semblait que je perdais une seconde fois mon pauvre père que l'on venait d'enlever à mes derniers soins !... Mes plaintes furent vaines, et il ne me restait plus que d'aller prier sur la tombe de mon père. J'ignorais où elle était, mais mon ami Colindo avait suivi de loin le convoi, et il me conduisit... Ce bon jeune homme me donna en cette circonstance les preuves d'une touchante sympathie, quand chaque individu ne pensait qu'à sa position personnelle.

Presque tous les officiers d'état-major de mon père avaient été tués ou emportés par le typhus. Sur *onze* que nous étions avant la campagne, il n'en restait plus que *deux* : le commandant R*** et moi ! Mais R*** ne s'occupait que de lui et, au lieu de servir d'appui au fils de son général, il continua d'habiter seul en ville. M. Lachèze m'abandonna aussi !... Il n'y eut que le bon colonel Sacleux qui me donna quelques marques d'intérêt ; mais le général en chef lui ayant donné le commandement d'une brigade, il était constamment hors des murs, occupé à repousser les ennemis. Je restai donc seul dans l'immense palais Centurione, avec Colindo, Bastide et le vieux concierge.

Une semaine s'était à peine écoulée depuis que j'avais eu le malheur de perdre mon père, lorsque le général en chef Masséna, qui avait besoin d'un grand nombre d'officiers autour de lui (car il en faisait tuer ou blesser quelques-uns presque tous les jours), me fit ordonner d'aller faire auprès de lui le service d'aide de camp, ainsi que le faisaient R*** et tous les officiers des généraux morts ou hors d'état de monter à cheval. J'obéis... Je suivis toute la journée le général en chef dans les combats, et, lorsque je n'étais pas retenu au quartier général, je rentrais, et la nuit venue, Colindo et moi, passant au milieu des mourants et des cadavres d'hommes, de femmes et d'enfants qui encombraient les rues, nous allions prier au tombeau de mon père.

La famine augmentait d'une façon effrayante dans la place. Un ordre du général en chef prescrivait de ne laisser à chaque officier qu'un seul cheval, tous les autres devaient être envoyés à la boucherie. Mon père en avait laissé plusieurs; il m'aurait été très pénible de savoir qu'on allait tuer ces pauvres bêtes. Je leur sauvai la vie en proposant à des officiers d'état-major de les leur donner en échange de leurs montures usées que je livrai à la boucherie. Ces chevaux furent plus tard payés par l'État sur la présentation de l'ordre de livraison; je conservai un de ces ordres comme monument curieux; il porte la signature du général Oudinot, chef d'état-major de Masséna.

La perte cruelle que je venais d'éprouver, la position dans laquelle je me trouvais et la vue des scènes vraiment horribles auxquelles j'assistais tous les jours, avaient en peu de temps mûri ma raison plus que ne l'auraient fait plusieurs années de bonheur. Je compris que la misère et les calamités du siège rendant égoïstes tous ceux qui, quelques mois auparavant, comblaient mon père de prévenances, je devais trouver en moi-même assez de courage et de ressources, non seulement pour me suffire, mais pour servir d'appui à Colindo et à Bastide. Le plus important était de trouver le moyen de les nourrir, puisqu'ils ne recevaient pas de vivres des magasins de l'armée. J'avais bien, comme officier, deux rations de chair de cheval et deux rations de pain, mais tout cela réuni ne faisait qu'une livre pesant d'une très mauvaise nourriture, et nous étions trois!... Nous ne prenions plus que très rarement des pigeons, dont le nombre avait infiniment diminué. En ma qualité d'aide de camp du général en chef, j'avais bien mon couvert à sa table, sur laquelle on servait une fois par jour du pain, du cheval rôti et des pois chiches; mais j'étais tellement courroucé de ce que le général Masséna m'avait privé de la triste consolation d'accompagner le cercueil de mon père, que je ne pouvais me résoudre à aller prendre place à sa table, quoique tous mes camarades y fussent et qu'il m'y eût engagé une fois pour toutes. Mais enfin, le désir de secourir mes deux malheureux commensaux me décida à aller manger chez le général en chef. Dès lors, Colindo et Bastide eurent chacun un quart de livre de pain et autant de chair de cheval. Moi-même, je ne mangeais pas suffisamment, car à la table du général en chef les portions étaient extrêmement exiguës, et je faisais un service très pénible; aussi sentais-je mes forces s'affaiblir, et il m'arrivait souvent d'être obligé de m'étendre à terre pour ne pas tomber en défaillance.

La Providence vint encore à notre secours. Bastide était né dans le Cantal, et avait rencontré l'hiver d'avant un autre Auvergnat de sa connaissance établi à Gênes, où il faisait un petit commerce. Il alla le voir et fut frappé, en entrant chez lui, de sentir l'odeur que répand la boutique d'un épicier. Il en fit l'observation à son ami, en lui disant : « Tu as des provisions?... » Celui-ci en convint en lui demandant le secret, car les provisions de tout genre qu'on découvrait chez les particuliers étaient enlevées et transportées dans les magasins de l'armée. L'intelligent Bastide offrit alors de lui faire acheter la portion de denrées qu'il aurait de trop par quelqu'un qui le solderait sur-le-champ et garderait un secret inviolable, et il vint m'informer de sa découverte. Mon père avait laissé quelques milliers de francs. J'achetai donc et fis porter de nuit chez moi beaucoup de morue, de fromage, de figues, de sucre, de chocolat, etc., etc. Tout cela fut *horriblement cher*; l'Auvergnat eut presque tout mon argent, mais je m'estimai trop heureux d'en passer par où il voulut, car, d'après ce que j'entendais dire journellement au quartier général, le siège devait être encore fort long, et la famine aller toujours en augmentant, ce qui, malheureusement, se réalisa. Ce qui doublait le bonheur que j'avais eu de me procurer des subsistances, c'était la pensée que je sauvais la vie de mon ami Colindo qui, sans cela, serait littéralement mort de faim, car il ne connaissait dans l'armée que moi et le colonel Sacleux, qui ne tarda pas à être frappé d'un affreux malheur; voici en quelles circonstances :

Le général Masséna, attaqué de toutes parts, voyant ses troupes moissonnées par des combats continuels et par la famine, obligé de contenir une population immense que la faim poussait au désespoir, se trouvait dans une position des plus critiques, et sentait que pour maintenir le bon ordre dans l'armée, il fallait y établir une discipline de fer. Aussi tout officier qui n'exécutait pas ponctuellement ses ordres était-il impitoyablement destitué, en vertu des pouvoirs que les lois d'alors conféraient aux généraux en chef. Plusieurs exemples de ce genre avaient déjà été faits, lorsque, dans une sortie que nous poussâmes à six lieues de la place, la brigade commandée par le colonel Sacleux ne s'étant pas trouvée, à l'heure indiquée, dans une vallée dont elle devait fermer le passage aux Autrichiens, ceux-ci s'échappèrent, et le général en chef, furieux de voir manquer le résultat de ses combinaisons, destitua le pauvre colonel Sacleux, en le signalant dans un ordre du jour. Sacleux avait bien pu ne pas comprendre ce qu'on attendait de lui, mais il était fort brave. Certainement, il se serait, dans son désespoir, fait sauter la cervelle, s'il n'avait eu à cœur de rétablir son honneur. Il prit un fusil, et se plaça dans les rangs comme *soldat*... Il vint un jour nous voir; Colindo et moi eûmes le cœur navré, en voyant cet excellent homme habillé en simple fantassin. Nous fîmes nos adieux à Sacleux, qui, après la reddition de la place, fut réintégré dans son grade de colonel par le premier Consul, à la demande de Masséna lui-même, que Sacleux avait forcé, par son courage, à revenir sur son compte. Mais l'année suivante, Sacleux, voyant la paix faite en Europe, et voulant se laver complètement du reproche qui lui avait été adressé si injustement, demanda à aller faire la guerre à Saint-Domingue, où il fut tué au moment où il allait être nommé général de brigade!... Il est des hommes qui, malgré leur mérite, ont une destinée bien cruelle : celui-ci en est un exemple.

## CHAPITRE XII

Épisodes du siège. — Capture de trois mille Autrichiens. — Leur horrible fin sur les pontons. — Attaques constantes par terre et par mer.

Je ne puis parler que très succinctement des opérations du siège ou blocus que nous soutenions. Les fortifications de Gênes ne consistaient, à cette époque, du côté de la terre, qu'en une simple muraille flanquée de tours; mais ce qui rendait la place très susceptible d'une bonne défense, c'est qu'elle est entourée, à peu de distance, par des montagnes dont les sommets et les flancs sont garnis de forts et de redoutes. Les Autrichiens attaquaient constamment ces positions; dès qu'ils en enlevaient une, nous marchions pour la reprendre, et le lendemain ils cherchaient encore à s'en emparer; s'ils y parvenaient, nous allions les en chasser derechef. Enfin, c'était une navette continuelle, avec des chances différentes, mais, en résultat, nous finissions par rester maîtres du terrain. Ces combats étaient souvent très vifs. Dans l'un d'eux, le général Soult, qui était le bras droit de Masséna, gravissait à la tête de ses colonnes le *Monte-Corona*, pour reprendre le fort de ce nom que nous avions perdu la veille, lorsqu'une balle lui brisa le genou au moment où les ennemis, infiniment plus nombreux que nous, descendaient en courant du haut de la montagne. Il était impossible que le peu de troupes que nous avions sur ce point pût résister à une telle avalanche. Il fallut donc battre en retraite. Les soldats portèrent quelque temps le général Soult sur leurs fusils, mais les douleurs intolérables qu'il éprouvait le décidèrent à ordonner qu'on le déposât au pied d'un arbre, où son frère et un de ses aides de camp restèrent seuls auprès de lui, pour le préserver de la fureur des premiers ennemis qui arriveraient sur lui. Heureusement, il se trouva parmi ceux-ci des officiers qui eurent beaucoup d'égards pour leur illustre prisonnier. La capture du général Soult ayant exalté le courage des Autrichiens, ils nous poussèrent très vivement jusqu'au mur d'enceinte qu'ils se préparaient à attaquer, lorsqu'un orage affreux vint assombrir le ciel d'azur que nous avions eu depuis le commencement du siège. La pluie tombait à torrents. Les Autrichiens s'arrêtèrent, et la plupart d'entre eux cherchèrent à s'abriter dans les cassines ou sous des arbres. Alors le général Masséna, dont le principal mérite consistait à mettre à profit toutes les circonstances imprévues de la guerre, parle à ses soldats, ranime leur ardeur, et les faisant soutenir par quelques troupes venues de la ville, il leur fait croiser la baïonnette et les ramène au plus fort de l'orage contre les Autrichiens vainqueurs jusque-là, mais qui, surpris de tant d'audace, se retirent en désordre. Masséna les poursuivit si vigoureusement qu'il parvint à couper un corps de trois mille grenadiers, qui mirent bas les armes.

Ce n'était pas la première fois que nous faisions de nombreux prisonniers, car le total de ceux que nous avions enlevés depuis le commencement du siège se montait à plus de huit mille; mais n'ayant pas de quoi les nourrir, le général en chef les avait toujours renvoyés, à condition qu'ils ne serviraient pas contre nous avant six mois. Les officiers avaient tenu religieusement leur promesse; quant aux malheureux soldats qui, rentrés dans le camp autrichien, ignoraient l'engagement que leurs chefs avaient pris pour eux, on les incorporait dans d'autres régiments et on les forçait à combattre encore contre les Français. S'ils retombaient entre nos mains, ce qui arrivait souvent, nous les rendions de nouveau; on les incorporait derechef dans d'autres bataillons, et il y eut ainsi une grande quantité de ces hommes qui, de leur propre aveu, furent pris quatre ou cinq fois pendant le siège. Le général Masséna, indigné d'un tel manque de loyauté de la part des généraux autrichiens, décida cette fois que les trois mille grenadiers qu'il venait de prendre seraient retenus, officiers et soldats, et pour que le soin de les garder n'augmentât pas le service des troupes, il fit placer ces malheureux prisonniers sur des vaisseaux rasés, au milieu du port, et fit braquer sur eux une partie des canons du môle; puis il envoya un parlementaire au général Ott, qui commandait le corps autrichien devant Gênes, pour lui reprocher son manque de bonne foi et le prévenir qu'il ne se croyait tenu de donner aux prisonniers que la *moitié* de la ration que recevait un soldat français, mais qu'il consentait à ce que les Autrichiens s'entendissent avec les Anglais, pour que des barques apportassent tous les jours des vivres aux prisonniers et ne les quittassent qu'après les leur avoir vu manger, afin qu'on ne crût pas que lui, Masséna, se servît de ce prétexte pour faire entrer des vivres pour ses propres troupes. Le général autrichien, espérant qu'un refus amènerait Masséna à lui rendre ses trois mille hommes qu'il comptait probablement faire combattre encore contre nous, refusa la proposition philanthropique qui lui était faite; alors Masséna exécuta ce qu'il avait annoncé.

La ration des Français se composait d'un quart de

livre d'un pain affreux et d'une égale quantité de chair de cheval : les prisonniers ne reçurent donc que la moitié de chacune de ces denrées; ils n'avaient par conséquent par jour qu'un quart de livre pesant pour toute nourriture!... Ceci avait lieu quinze jours avant la fin du siège. Ces pauvres diables restèrent tout ce temps-là au même régime. En vain, tous les deux ou trois jours, le général Masséna renouvelait-il son offre au général ennemi, celui-ci n'accepta jamais, soit par obstination, soit que l'amiral anglais (lord Keith) ne voulût pas consentir à fournir ses chaloupes, de crainte, disait-on, qu'elles ne rapportassent le typhus à bord de la flotte. Quoi qu'il en soit, les malheureux Autrichiens *hurlaient* de rage et de faim sur les pontons. C'était vraiment affreux!... Enfin, après avoir mangé leurs brodequins, havresacs, gibernes et même peut-être quelques cadavres, ils moururent presque tous d'inanition!... Il n'en restait guère que sept à huit cents, lorsque, la place ayant été remise à nos ennemis, les soldats autrichiens, en entrant dans Gênes, coururent vers le port et donnèrent à manger à leurs compatriotes avec si peu de précaution, que tous ceux qui avaient survécu jusque-là périrent...

J'ai voulu rapporter cet horrible épisode, d'abord comme un nouvel exemple des calamités que la guerre entraîne après elle, et surtout pour flétrir la conduite et le manque de bonne foi du général autrichien, qui contraignit ses malheureux soldats faits prisonniers et rendus sur parole à reprendre les armes contre nous, bien qu'il se fût engagé à les renvoyer en Allemagne.

— Dans les divers combats qui signalèrent le siège de Gênes, je courus de bien grands dangers. Je me bornerai à citer les deux principaux.

J'ai déjà dit que les Autrichiens et les Anglais se

relayaient pour nous tenir constamment sous les armes. En effet, les premiers nous attaquaient dès l'aurore du côté de terre, nous combattaient toute la journée et allaient se reposer la nuit, pendant que la flotte de lord Keith venait nous bombarder, et tâchait de s'emparer du port à la faveur de l'obscurité, ce qui forçait la garnison à une grande surveillance de ce côté et l'empêchait de prendre le moindre repos. Or, une nuit que le bombardement était encore plus violent que de coutume, le général en chef Masséna, prévenu qu'à la lueur des feux de Bengale allumés sur la plage, on apercevait de nombreuses embarcations anglaises chargées de troupes s'avançant vers les môles du port, monta sur-le-champ à cheval avec tout son état-major et l'escadron de ses guides qui l'accompagnait partout. Nous étions au moins cent cinquante à deux cents cavaliers, lorsque, passant sur une petite place nommée Campetto, le général en chef s'arrêta pour parler à un officier qui revenait du port, et comme chacun se pressait autour de lui, un cri se fait entendre : « Gare la bombe! »

Tous les yeux se portent en l'air, et l'on voit un énorme bloc de fer rouge prêt à tomber sur ce groupe d'hommes et de chevaux resserrés dans un très petit espace. Je me trouvais placé le long du mur du grand hôtel dont la porte était surmontée d'un balcon de marbre. Je pousse mon cheval dessous, et plusieurs de mes voisins firent de même; mais ce fut précisément sur le balcon que tomba la bombe. Elle le réduisit en morceaux, puis rebondissant sur le pavé, elle éclata avec un bruit affreux au milieu de la place qu'elle éclaira momentanément de ses lugubres flammes, auxquelles succéda la plus complète obscurité... On s'attendait à de grandes pertes; le plus profond silence régnait. Il fut nterrompu par la voix du général Masséna qui demandait si quelqu'un était blessé... Personne ne répondit, car, par un hasard vraiment miraculeux, pas un des nombreux éclats de la bombe n'avait frappé les hommes ni les chevaux agglomérés sur la petite place! Quant aux personnes qui, comme moi, étaient sous le balcon, elles furent couvertes de poussière, de fragments de dalles et de colonnes, mais sans avoir été blessées.

J'ai dit qu'habituellement les Anglais ne nous bombardaient que la nuit; mais cependant, un jour qu'ils célébraient je ne sais quelle fête, leur flotte pavoisée s'approcha de la ville en plein midi et s'amusa à nous envoyer une grande quantité de projectiles. Celle de nos batteries qui avait le plus d'avantage pour répondre à ce feu était placée près du môle, sur un gros bastion en forme de tour nommé la *Lanterne*. Le général en chef me chargea de porter au commandant de cette batterie l'ordre de ne tirer qu'après avoir bien fait pointer, et de réunir tous ses feux sur un brick anglais, qui était venu insolemment jeter l'ancre à peu de distance de la *Lanterne*. Nos artilleurs tirèrent avec tant de justesse qu'une de nos bombes de cinq cents, tombant sur le brick anglais, le perça depuis le pont jusqu'à la quille, et il s'enfonça en un clin d'œil dans la mer. Cela irrita tellement l'amiral anglais qu'il fit avancer immédiatement toutes ses bombardes contre la *Lanterne*, sur laquelle elles ouvrirent un feu très violent. Ma mission remplie, j'aurais dû retourner auprès de Masséna; mais on dit avec raison que les jeunes militaires, ne connaissant pas le danger, l'affrontent avec plus de sang-froid que ne le font les guerriers expérimentés. Le spectacle dont j'étais témoin m'intéressait vivement. La plate-forme de la *Lanterne*, garnie de dalles en pierres, était tout au plus grande comme une cour de moyenne étendue et était armée de

8

douze bouches à feu, dont les affûts étaient énormes. Bien qu'il soit très difficile à un navire en mer de lancer des bombes avec justesse sur un point qui présente aussi peu de surface que la plate-forme d'une tour, les Anglais en firent cependant tomber plusieurs sur la *Lanterne*. Au moment où elles arrivaient, les artilleurs s'abritaient derrière et dessous les grosses pièces de bois des affûts. Je faisais comme eux, mais cet asile n'était pas sûr, parce que la plate-forme présentant une grande résistance aux bombes qui ne pouvaient s'enfoncer, elles roulaient rapidement sur les dalles, sans qu'on pût prévoir la direction qu'elles prendraient, et leurs éclats passaient dessous et derrière les affûts en serpentant sur tous les points de la plate-forme. Il était donc absurde de rester là, lorsque, ainsi que moi, on n'y était pas obligé ; mais j'éprouvais un *plaisir affreux,* si on peut s'exprimer ainsi, à courir çà et là avec les artilleurs dès qu'une bombe tombait, et à revenir ensuite avec eux aussitôt qu'elle avait éclaté et que ses débris étaient immobiles. C'était un jeu qui pouvait me coûter cher. Un canonnier eut les jambes brisées, d'autres soldats furent blessés très grièvement, car les éclats de bombe, énormes morceaux de fer, font d'affreux ravages sur tout ce qu'ils touchent. L'un d'eux coupa en deux une grosse poutre d'affût contre laquelle j'allais m'abriter. Cependant je restais toujours sur la plate-forme, lorsque le colonel Mouton, qui devint plus tard maréchal comte de Lobau, et qui, ayant servi sous les ordres de mon père, me portait intérêt, m'ayant aperçu en passant auprès de la *Lanterne*, vint m'ordonner impérativement d'en sortir et d'aller auprès du général en chef où était mon poste. Il ajouta : « Vous êtes bien jeune encore, mais apprenez qu'à la guerre c'est une folie de s'exposer à des dangers inutiles : seriez-vous plus avancé lorsque vous vous seriez fait broyer une jambe, sans qu'il en résultât aucun avantage pour votre pays? »

Je n'ai jamais oublié cette leçon, dont j'ai remercié depuis le maréchal Lobau, et j'ai souvent pensé à la différence qu'il y aurait eu dans ma destinée si j'eusse eu une jambe emportée à l'âge de dix-sept ans!...

## CHAPITRE XIII

Bonaparte franchit le Saint-Bernard. — Masséna traite de l'évacuation de la place de Gênes. — Ma mission auprès de Bonaparte. — Bataille de Marengo. — Retour dans ma famille. — Extrême prostration morale.

La ténacité courageuse avec laquelle Masséna avait défendu la ville de Gênes allait avoir d'immenses résultats. Le chef d'escadron Franceschi, envoyé par Masséna auprès du premier Consul, était parvenu, tant en allant qu'en revenant, à passer de nuit au milieu de la flotte ennemie. Il rentra à Gênes le 6 prairial, en disant qu'il avait laissé Bonaparte descendant le grand Saint-Bernard à la tête de l'armée de réserve !... Le feld-maréchal Mélas était tellement convaincu de l'impossibilité de conduire une armée à travers les Alpes que, pendant qu'une partie de ses troupes, sous le général Ott, nous bloquait, il était parti avec le surplus pour aller, à cinquante lieues de là, attaquer le général Suchet sur le Var, pour pénétrer ensuite en Provence, donnant ainsi au premier Consul la facilité de pénétrer sans résistance en Italie; aussi l'armée de réserve était-elle entrée à Milan avant que les Autrichiens eussent cessé de traiter son existence de chimère. La résistance de Gênes avait donc opéré une puissante diversion en faveur de la France. Une fois en Italie, le premier Consul aurait désiré venir au plus tôt secourir la brave garnison de cette place, mais il fallait pour cela qu'il réunît toutes ses troupes, ainsi que les parcs d'artillerie et de munitions de guerre, dont le passage à travers les défilés des Alpes éprouvait de grandes difficultés. Ce retard donna au maréchal Mélas le temps d'accourir de Nice, avec ses principales forces, pour s'opposer au premier Consul, qui dès lors ne pouvait continuer sa marche sur Gênes avant d'avoir battu l'armée autrichienne.

Mais pendant que Bonaparte et Mélas faisaient dans le Piémont et dans le Milanais des marches et contremarches, pour se préparer à la bataille qui devait décider du sort de l'Italie et de celui de la France, la garnison de Gênes se trouvait réduite aux derniers abois. Le typhus faisait d'affreux ravages; les hôpitaux étaient devenus d'affreux charniers; la misère était à son comble. Presque tous les chevaux avaient été mangés, et bien que bon nombre de troupes ne reçussent depuis longtemps qu'une demi-livre de très mauvaise nourriture, la distribution du lendemain n'était pas assurée; il ne restait *absolument rien* lorsque, le 15 prairial, le général en chef réunit chez lui tous les généraux et les colonels, pour leur annoncer qu'il était déterminé à tenter de faire une trouée avec ce qui lui restait d'hommes valides, afin de gagner Livourne. Mais tous les officiers lui déclarèrent à l'unanimité que les troupes n'étaient plus en état de soutenir un combat, ni même une simple marche, si, avant le départ, on ne leur donnait assez de nourriture pour réparer leurs forces... et les magasins étaient absolument vides... Le général Masséna, considérant alors qu'après avoir exécuté les ordres du premier Consul en faisant son entrée en Italie, il était de son devoir de sauver les débris d'une garnison qui avait si vaillamment combattu, et que la patrie avait intérêt à conserver, prit enfin la résolution de traiter de l'évacuation de la place, car il ne voulut pas que le mot *capitulation* fût prononcé.

Depuis plus d'un mois, l'amiral anglais et le général Ott avaient fait proposer une entrevue au général Masséna, qui s'y était toujours refusé ; mais enfin, dominé par les circonstances, il fit dire à ces officiers qu'il acceptait. La conférence eut lieu dans la petite chapelle qui se trouve au milieu du pont de Conegliano et qui, par sa position, se trouvait entre la mer, les postes français et ceux des Autrichiens. Les états-majors français, autrichien et anglais occupaient les deux extrémités du pont. J'assistai à cette scène si pleine d'intérêt.

Les généraux étrangers donnèrent à Masséna des marques particulières de déférence, d'estime et de considération, et bien qu'il imposât des conditions défavorables pour eux, l'amiral Keith lui répétait à chaque instant : « Monsieur le général, votre défense est trop héroïque pour qu'on puisse rien vous refuser !... » Il fut donc convenu que la garnison ne serait pas prisonnière, qu'elle garderait ses armes, se rendrait à Nice, et pourrait, le lendemain de son arrivée dans cette ville, prendre part aux hostilités.

Le général Masséna, comprenant combien il était important que le premier Consul ne fût pas amené à faire quelque mouvement compromettant, par le vif désir qu'il devait avoir de venir secourir Gênes, demandait que le traité portât qu'il serait accordé passage, au travers de l'armée autrichienne, à deux officiers, qu'il se proposait d'envoyer au premier Consul, pour l'informer de l'évacuation de la place par les troupes françaises. Le général Ott s'y opposait, parce qu'il comptait partir bientôt avec vingt-cinq mille hommes du corps de blocus, pour aller joindre le feld-maréchal Mélas, et qu'il ne voulait pas que les officiers français, envoyés par le général Masséna, prévinssent le premier Consul de sa marche. Mais l'amiral Keith leva cette difficulté. On allait signer le traité, lorsque plusieurs coups de canon se firent entendre dans le lointain, au milieu des montagnes!... Masséna posa la plume en s'écriant : « Voilà le premier Consul qui arrive avec son armée!... » Les généraux étrangers restent stupéfaits, mais, après une longue attente, on reconnut que le bruit provenait du tonnerre, et Masséna se résolut à conclure.

Les regrets portaient non seulement sur la perte du complément de gloire que la garnison et son chef auraient acquis, s'ils eussent pu conserver Gênes jusqu'à l'arrivée du premier Consul; mais Masséna aurait désiré, en résistant quelques jours encore, retarder d'autant le départ du corps du général Ott. Il prévoyait bien que le général devait se rendre vers le feld-maréchal Mélas, auquel il serait d'une grande utilité pour la bataille que celui-ci allait livrer au premier Consul. Cette crainte, bien que fondée, ne se réalisa pas, car le général Ott ne put rejoindre la grande armée autrichienne que le lendemain de la bataille de Marengo, dont le résultat eût été bien différent pour nous, si les Autrichiens, que nous eûmes tant de peine à vaincre, eussent eu vingt-cinq mille hommes de plus à nous opposer. Ainsi, non seulement la puissante diversion que Masséna avait faite en défendant Gênes avait ouvert le passage des Alpes et livré le Milanais à Bonaparte, mais encore elle le débarrassa de vingt-cinq mille ennemis le jour de la bataille de Marengo.

Les Autrichiens prirent possession, le 16 prairial, de la ville de Gênes, dont le siège avait duré deux mois complets!...

Notre général en chef attachait tant d'importance à ce que le premier Consul fût prévenu en temps opportun du traité qu'il venait de conclure, qu'il avait demandé un sauf-conduit pour *deux* aides de camp, afin que si l'un des deux tombait malade, l'autre pût porter sa dépêche, et comme il pouvait être utile que l'officier chargé de cette mission parlât italien, le général Masséna la confia au commandant Graziani, Piémontais ou Romain au service de la France; mais notre général en chef, le plus soupçonneux de tous les hommes, craignant qu'un étranger se laissât gagner par les Autrichiens et ne fît pas toute la diligence possible, m'adjoignit à lui, en me recommandant, en particulier, de hâter sa marche jusqu'à ce que nous eussions joint le premier Consul. Cette recommandation était inutile. M. Graziani était un homme rempli de bons sentiments et qui comprenait l'importance de sa mission.

Nous partîmes le 16 prairial de Gênes, où je laissai Colindo que je comptais y venir prendre sous peu de jours, car on savait que l'armée du premier Consul était peu éloignée. M. Graziani et moi le joignîmes le lendemain soir à Milan.

Le général Bonaparte me parla avec intérêt de la perte que je venais de faire et me promit de me servir de père si je me conduisais bien, et il a tenu parole. Il ne pouvait se lasser de nous questionner, M. Graziani et moi, sur ce qui s'était passé dans Gênes, ainsi que sur la force et la marche des corps autrichiens que nous avions traversés pour venir à Milan. Il nous retint auprès de lui et nous fit prêter des chevaux de ses écuries, car nous avions voyagé sur des mulets de poste.

Nous suivîmes le premier Consul à Montebello et puis sur le champ de bataille de Marengo, où nous fûmes employés à porter ses ordres. Je n'entrerai dans aucun détail sur cette mémorable bataille, où il ne m'advint rien de fâcheux; on sait que nous fûmes sur le point d'être battus, et nous l'aurions été probablement, si les 25,000 hommes du corps d'Ott fussent arrivés sur le terrain pendant l'action. Aussi le premier Consul, qui craignait de les voir paraître à chaque instant, était-il fort soucieux et ne redevint gai que lorsque notre cavalerie et l'infanterie du général Desaix, dont il ignorait encore la mort, eurent décidé la victoire en enfonçant la colonne des grenadiers autrichiens du général Zach. S'apercevant alors que le cheval que je montais était légèrement blessé à la cuisse, le premier Consul me prit par l'oreille et me dit en riant : « Je te prêterai mes chevaux pour les faire arranger ainsi! » Le commandant Graziani étant mort en 1812, je suis le seul officier français qui ait assisté au siège de Gênes, ainsi qu'à la bataille de Marengo.

Après cette mémorable affaire, je revins à Gênes, que les Autrichiens évacuaient par suite du traité conclu à la suite de notre victoire. J'y retrouvai Colindo et le commandant R\*\*\*. Je visitai la tombe de mon père, puis nous nous embarquâmes sur un brick français, qui en vingt-quatre heures nous transporta à Nice. Au bout de quelques jours, un vaisseau livournais amena la mère de Colindo qui venait chercher son fils. Cet excellent jeune homme et moi avions traversé ensemble de bien rudes épreuves qui avaient cimenté notre attachement; mais nos destinées étant différentes, il fallut nous séparer, malgré de vifs regrets.

J'ai dit plus haut que vers le milieu du siège, l'aide de camp Franceschi, porteur des dépêches du général Masséna au premier Consul, était parvenu en France, en passant la nuit au milieu de la flotte anglaise. On apprit par lui la mort de mon père. Alors, ma mère avait fait nommer un conseil de tutelle qui avait envoyé au vieux Spire, demeuré à Nice avec la voiture et les équipages de mon père, l'ordre de tout vendre et de revenir à Paris tout de suite, ce qu'il avait fait. Rien ne me retenait donc plus sur les rives du Var, et j'avais hâte de rejoindre ma bonne mère; mais la chose n'était pas facile, car à cette époque les voitures publiques étaient peu nombreuses : celle de Nice à Lyon ne partait que tous les deux jours, et elle était même retenue pour plusieurs semaines par une foule d'officiers blessés ou malades, venant comme moi de Gênes.

Pour sortir de l'embarras dans lequel cela nous jetait, le commandant R***, deux colonels, une douzaine d'officiers et moi, nous décidâmes de former une petite caravane afin de gagner Grenoble à pied, en traversant les contreforts des Alpes, par Grasse, Sisteron, Digne et Gap. Des mulets portaient nos petits bagages, ce qui nous permettait de faire huit ou dix lieues par jour. Bastide était avec moi et me fut d'un grand secours, car j'étais peu habitué à faire d'aussi longues routes à pied, et il faisait extrêmement chaud. Après huit jours d'une marche très difficile, nous parvînmes à Grenoble, où nous trouvâmes des voitures pour nous transporter à Lyon. Je revis avec peine cette ville et l'hôtel où j'avais logé avec mon père dans un temps plus heureux. Je désirais et redoutais de me retrouver auprès de ma mère et de mes frères. Il me semblait qu'ils allaient me demander compte de ce que j'avais fait de leur époux et de leur père! Je revenais *seul,* et je l'avais laissé dans un tombeau sur la terre étrangère! Ma douleur était des plus vives; j'aurais eu besoin d'un ami qui la comprît et la partageât, tandis que le commandant R***, heureux, après tant de privations, d'avoir enfin retrouvé l'abondance et la bonne chère, était d'une gaieté folle qui me perçait le cœur. Aussi je résolus de partir sans lui pour Paris; mais il prétendit, lorsque je n'avais aucun besoin de lui, qu'il était de son *devoir* de me ramener dans les bras de ma mère, et je fus obligé de subir sa compagnie jusqu'à Paris, où nous nous rendîmes par la malle-poste.

Il est des scènes que les gens de cœur comprennent et qu'il est impossible de décrire. Je ne chercherai donc pas à peindre ce qu'eut de déchirant ma première entrevue avec ma mère désolée et mes deux frères : vous pouvez vous en faire une idée !

Adolphe ne se trouvait pas à Paris, il était à Rennes auprès de Bernadotte, général en chef de l'armée de l'Ouest. Ma mère possédait une assez jolie maison de campagne à Carrière, auprès de la forêt de Saint-Germain. J'y passai deux mois avec elle, mon oncle de Canrobert, revenu d'émigration, et un vieux chevalier de Malte, M. d'Estresse, ancien ami de mon père. Mes jeunes frères, M. Gault, venaient se joindre à nous quelquefois, et malgré les prévenances et les témoignages d'attachement que tous me prodiguaient, je tombai dans une sombre mélancolie, et ma santé n'était plus bonne. J'avais tant souffert moralement et physiquement !... Je devins incapable d'aucun travail. La lecture, que j'ai toujours tant aimée, me devint insupportable. Je passais une grande partie de la journée seul, dans la forêt, où je me couchais sous l'ombrage et me plongeais dans de bien tristes réflexions !... Le soir, j'accompagnais ma mère, mon oncle et le vieux chevalier dans leur promenade habituelle sur les bords de la Seine, mais je ne prenais que fort peu de part à leur conversation et leur cachais mes tristes pensées, qui se reportaient toujours sur mon malheureux père, mourant faute de soins !... Bien que mon état alarmât ma mère, Canrobert et M. d'Estresse, ils eurent le bon esprit de ne pas l'aggraver par des observations qui ne font qu'irriter une âme malade, mais ils cherchèrent à éloigner insensiblement les tristes souvenirs qui déchiraient mon cœur en faisant avancer les vacances de mes deux jeunes frères, qui vinrent s'établir à la campagne. La présence de ces deux enfants, que j'aimais beaucoup, fut une bonne diversion à ma douleur, par le soin que je pris à leur rendre le séjour de Carrière agréable. Je les conduisis à Versailles, à Maisons, à Marly, et leur naïve satisfaction ranimait insensiblement mon âme qui venait d'être si cruellement froissée par la douleur. Qui m'eût dit alors que ces deux enfants si beaux, si pleins de vie, auraient bientôt cessé d'exister?

## CHAPITRE XIV

Je suis nommé aide de camp *à la suite* à l'état-major de Bernadotte. — État-major de Bernadotte. — Nous formons à Tours la réserve de l'armée de Portugal.

La fin de l'automne de l'année 1800 approchait; ma mère revint à Paris, mes jeunes frères rentrèrent au collège, et je reçus l'ordre d'aller joindre à Rennes le général en chef Bernadotte. Il avait été le meilleur ami de mon père, qui, dans bien des circonstances, lui avait rendu des services en tous genres. Pour en témoigner sa reconnaissance à ma famille, Bernadotte m'avait écrit qu'il m'avait réservé auprès de lui une place d'aide de camp. J'avais trouvé sa lettre à Nice en revenant de Gênes, ce qui m'avait déterminé à refuser l'offre de Masséna de me prendre pour aide de camp titulaire, en m'autorisant à aller passer quelques mois avec ma mère avant de revenir auprès de lui à l'armée d'Italie. Mon père avait exigé que mon frère continuât les études nécessaires pour entrer à l'École polytechnique; Adolphe n'était donc pas encore militaire quand nous eûmes le malheur de perdre notre père; mais en apprenant cette triste nouvelle, son esprit se révolta à la pensée que son frère cadet était déjà officier et venait de faire la guerre, tandis qu'il était encore sur les bancs. Il renonça aux études exigées pour les armes savantes et préféra passer sur-le-champ dans l'infanterie, ce qui lui permettait de quitter l'école. Une bonne occasion s'offrit à lui. Le gouvernement venait d'ordonner la création d'un nouveau régiment qui se formait dans le département de la Seine. Les officiers de ce corps devaient être proposés par le général Lefebvre, qui, ainsi que vous l'avez vu plus haut, avait remplacé mon père dans le commandement de la division de Paris. Le général Lefebvre saisit avec empressement l'occasion d'être utile au fils de l'un de ses anciens camarades, mort en servant son pays; il nomma donc mon frère sous-lieutenant dans ce nouveau corps. Jusque-là tout allait bien; mais, au lieu d'aller joindre sa compagnie, et sans même attendre mon retour de Gênes, Adolphe s'empressa de se rendre à Rennes auprès de Bernadotte, qui, sans autre considération, donna la place à celui des deux frères qui arriva le premier, comme s'il se fût agi d'un prix à la course!... De sorte que, en rejoignant à Rennes l'état-major de l'armée de l'Ouest, j'appris que mon frère avait reçu le brevet d'aide de camp *titulaire* auprès du général en chef, et que je n'étais qu'aide de camp *à la suite*, c'est-à-dire provisoire. Cela me désappointa beaucoup, car si je m'y fusse attendu, j'aurais accepté la proposition du général Masséna, mais il n'était plus temps! En vain le général Bernadotte m'assura qu'il obtiendrait que le nombre de ses aides de camp fût augmenté, je ne l'espérais pas et compris que sous peu on me ferait aller ailleurs. Jamais je n'ai approuvé que deux frères servissent ensemble dans le même état-major ou dans le même régiment, parce qu'ils se nuisent toujours l'un à l'autre. Vous verrez que dans le cours de notre carrière il en fut souvent ainsi.

L'état-major de Bernadotte était alors composé d'officiers qui parvinrent presque tous à des grades élevés. Quatre d'entre eux étaient déjà colonels, savoir :

Gérard, Maison, Willatte et Maurin. Le plus remarquable était incontestablement Gérard. Il avait beaucoup de moyens, de la bravoure et un grand instinct de la guerre. Se trouvant sous les ordres du maréchal Grouchy le jour de la bataille de Waterloo, il lui donna d'excellents conseils qui auraient pu nous assurer la victoire. Maison devint maréchal, puis ministre de la guerre sous les Bourbons. Willatte fut général de division sous la Restauration; il en fut de même de Maurin. Les autres aides de camp de Bernadotte étaient les chefs d'escadron Chalopin, tué à Austerlitz; Mergey, qui devint général de brigade; le capitaine Maurin, frère du colonel, devint lui-même général de brigade, de même que le sous-lieutenant Willatte. Mon frère Adolphe, qui fut général de brigade, complétait les aides de camp titulaires; enfin, Maurin, frère des deux premiers, qui devint colonel, et moi, étions tous deux aides de camp surnuméraires. Ainsi, sur onze aides de camp attachés à l'état-major de Bernadotte, deux parvinrent au grade de maréchal, trois à celui de lieutenant général, quatre furent maréchaux de camp, et un mourut sur le champ de bataille.

Dans l'hiver de 1800, le Portugal, soutenu par l'Angleterre, ayant déclaré la guerre à l'Espagne, le gouvernement français résolut de soutenir celle-ci. En conséquence, il envoya des troupes à Bayonne, à Bordeaux, et réunit à Tours les compagnies de grenadiers de nombreux régiments disséminés en Bretagne et en Vendée. Ce corps d'élite, fort de 7 à 8,000 hommes, devait former la réserve de l'armée dite de Portugal, dont Bernadotte était destiné à avoir le commandement. Ce général devait porter son quartier général à Tours, où l'on envoya ses chevaux et ses équipages, ainsi que tous ceux destinés aux officiers attachés à sa personne;

mais le général, tant pour prendre les derniers ordres du premier Consul que pour reconduire Mme Bernadotte, devait se rendre à Paris, et comme en pareil cas il est d'usage que pendant l'absence du général les officiers de son état-major obtiennent la permission d'aller faire leurs adieux à leurs parents, il fut décidé que tous les aides de camp *titulaires* pourraient se rendre à Paris, et que les *surnuméraires* accompagneraient les équipages à Tours, afin de surveiller les domestiques, les payer chaque mois, s'entendre avec les commissaires des guerres pour les distributions de fourrages et la répartition des logements de ce grand nombre d'hommes et de chevaux. Cette désagréable corvée tomba donc sur le lieutenant Maurin et sur moi, qui n'avions pas l'avantage d'être aides de camp *titulaires*. Nous fîmes au plus fort de l'hiver et à cheval, par un temps affreux, les huit longues journées d'étape qui séparent Rennes de Tours, où nous eûmes toutes sortes de peine à établir le quartier général. On nous avait dit qu'il n'y resterait tout au plus que quinze jours, mais nous y restâmes six grands mois à nous ennuyer horriblement, tandis que nos camarades se divertissaient dans la capitale. Ce fut là un avant-goût des désagréments que j'éprouvai à être aide de camp surnuméraire. Ainsi se termina l'année 1800, pendant laquelle j'avais éprouvé tant de peines morales et physiques.

La ville de Tours était alors fort bien habitée; on aimait à s'y divertir, et bien que je reçusse de nombreuses invitations, je n'en acceptai aucune. L'attention que j'apportais à surveiller la grande quantité d'hommes et de chevaux me donnait heureusement beaucoup d'occupation; sans quoi l'isolement dans lequel je vivais m'eût été insupportable. Le nombre des chevaux du général en chef et des officiers de son état-major s'élevait à plus de quatre-vingts, et tous étaient à ma disposition. J'en montais deux ou trois chaque jour, et je faisais aux environs de Tours de longues promenades, qui, bien que solitaires, avaient un grand charme pour moi et me donnaient de douces distractions.

## CHAPITRE XV

Séjour à Brest et à Rennes. — Je suis nommé au 25° de chasseurs et envoyé à l'armée de Portugal. — Voyage de Nantes à Bordeaux et à Salamanque. — Nous formons avec le général Leclerc l'aile droite de l'armée espagnole. — 1802. — Retour en France.

Cependant, le premier Consul avait changé ses dispositions relativement à l'armée de Portugal. Il en confia le commandement au général Leclerc, son beau-frère, et maintint Bernadotte dans celui de l'armée de l'Ouest. En conséquence, l'état-major que mon frère et les autres aides de camp venaient de rejoindre à Tours reçut ordre de retourner en Bretagne et de se transporter à Brest, où le général en chef allait se rendre. Il y a loin de Tours à Brest, surtout lorsqu'on marche par journées d'étape; mais comme on était dans la belle saison, que nous étions nombreux et jeunes, le voyage fut fort gai. Ne pouvant monter à cheval, par suite d'une blessure accidentelle reçue à la hanche, je me plaçai dans l'une des voitures du général en chef. Nous retrouvâmes celui-ci à Brest.

La rade de Brest contenait alors non seulement un très grand nombre de vaisseaux français, mais encore la flotte espagnole, commandée par l'amiral Gravina, qui fut tué plus tard à la bataille de Trafalgar, où les flottes de France et d'Espagne combinées combattirent celle de l'Angleterre, commandée par le célèbre Nelson, qui périt dans cette journée. A l'époque où nous arrivâmes à Brest, les deux flottes alliées étaient destinées à transporter en Irlande le général Bernadotte et de nombreuses troupes de débarquement, tant françaises qu'espagnoles ; mais en attendant qu'on fît cette expédition, qui ne se réalisa pas, la présence de tant d'officiers de terre et de mer rendait la ville de Brest fort animée. Le général en chef, les amiraux et plusieurs généraux recevaient tous les jours. Les troupes des deux nations vivaient dans la meilleure intelligence, et je fis connaissance de plusieurs officiers espagnols.

Nous nous trouvions fort bien à Brest, lorsque le général en chef jugea à propos de retransporter le quartier général à Rennes, ville fort triste, mais plus au centre du commandement. A peine y fûmes-nous établis, que ce que j'avais prévu arriva. Le premier Consul restreignit le nombre des aides de camp que le général en chef devait conserver. Il ne pouvait avoir qu'un colonel, cinq officiers de grade inférieur, et plus d'officiers *provisoires*. En conséquence, je fus averti que j'allais être placé dans un régiment de cavalerie légère. J'en eusse pris mon parti si c'eût été pour retourner au 1er de housards, où j'étais connu, et dont je portais l'uniforme ; mais il y avait plus d'un an que j'avais quitté le corps ; le colonel m'avait fait remplacer, et le ministre m'envoya une commission pour aller servir dans le 25e de chasseurs à cheval, qui venait d'entrer en Espagne et se rendait sur les frontières du Portugal, vers Salamanque et Zamora. Je sentis alors plus amèrement le tort que m'avait fait le général Bernadotte, car, sans ses promesses trompeuses, je serais entré comme aide de camp en pied auprès du maréchal Masséna, en Italie, ou j'eusse repris ma place au 1er de housards.

J'étais donc fort mécontent ; mais il fallait obéir !... Une fois les premiers mouvements de mauvaise humeur passés, — il passent vite à cet âge, — il me tardait de me mettre en route pour m'éloigner du général Bernadotte dont je croyais avoir à me plaindre. J'avais très peu d'argent, mon père en avait souvent prêté à ce général, surtout lorsqu'il fit l'acquisition de la terre de Lagrange; mais bien qu'il sût que le fils de son ami, à peine remis d'une récente blessure, allait traverser une grande partie de la France, la totalité de l'Espagne, et devait en outre renouveler ses uniformes, il ne m'offrit pas de m'avancer un sou, et pour rien au monde je ne le lui aurais demandé. Mais fort heureusement pour moi, ma mère avait à Rennes un vieil oncle, M. de Verdal (de Gruniac), ancien major au régiment de Penthièvre-infanterie. C'était auprès de lui que ma mère avait passé les premières années de la Révolution. Ce vieillard était un peu original, mais fort bon : non seulement il m'avança l'argent dont j'avais grand besoin, mais il m'en donna même de sa propre bourse.

Bien qu'à cette époque les chasseurs portassent le dolman des housards, si ce n'est qu'il était vert, je fus assez peu raisonnable pour verser quelques larmes, quand il me fallut quitter l'uniforme de Bercheny et renoncer à la dénomination de housard pour devenir chasseur!... Mes adieux au général Bernadotte furent assez froids. Il me donna des lettres de recommandation pour Lucien Bonaparte, alors ambassadeur de France à Madrid, ainsi que pour le général Leclerc, commandant de notre armée de Portugal.

Le jour de mon départ, tous les aides de camp se réunirent pour me donner à déjeuner; puis je me mis en route le cœur fort gros. J'arrivai à Nantes après deux jours de marche, brisé de fatigue, souffrant de mon côté, et bien persuadé que je ne pourrais jamais supporter le cheval pendant les quatre cent cinquante lieues que j'avais à faire pour parvenir aux frontières du Portugal. Je trouvai précisément chez un ancien camarade de Sorèze, qui habitait Nantes, un officier espagnol nommé don Raphaël, qui rejoignait le dépôt de son régiment en Estramadure, et il fut convenu que je le guiderais jusqu'aux Pyrénées, et que là il prendrait la direction du voyage que nous devions faire ensemble.

Nous traversâmes en diligence toute la Vendée, dont presque tous les bourgs et villages portaient encore les traces de l'incendie, bien que la guerre civile fût terminée depuis deux ans. Ces ruines faisaient peine à voir. Nous visitâmes la Rochelle, Rochefort et Bordeaux. De Bordeaux à Bayonne, on allait dans des espèces de berlines à quatre places qui ne marchaient jamais qu'au pas dans les sables des Landes; aussi mettions-nous souvent pied à terre, et, marchant gaiement, nous allions nous reposer sous quelque groupe de pins; alors, assis à l'ombre, don Raphaël prenait sa mandoline et chantait. Nous mîmes ainsi cinq ou six jours pour gagner Bayonne.

Avant de passer les Pyrénées, je devais me présenter chez le général commandant à Bayonne. Il se nommait Ducos. C'était un excellent homme qui avait servi sous mon père. Il voulait, par intérêt pour moi, retarder de quelques jours mon entrée en Espagne, parce qu'il venait d'apprendre qu'une bande de voleurs avait détroussé des voyageurs non loin de la frontière. De tout temps, même avant les guerres de l'Indépendance et les guerres civiles, le caractère aventureux et paresseux des Espagnols leur a donné un goût décidé pour le brigandage, et ce goût était entretenu par le morcellement du pays en plusieurs royaumes, qui, ayant formé jadis des États indépendants, ont chacun conservé leurs lois, leurs usages et leurs frontières respectives. Quelques-uns de ces anciens États sont soumis aux droits de douane, tandis que d'autres, tels que la Biscaye et la Navarre, en sont exempts. Il en résulte que les habitants des provinces jouissant de la franchise du commerce cherchent constamment à introduire des marchandises prohibées dans celles dont les frontières sont gardées par des lignes de douaniers bien armés et fort braves. Les contrebandiers, de leur côté, ont de temps immémorial fourni des bandes qui agissent au moyen de la *force*, lorsque la ruse ne suffit pas, et leur métier n'a rien de déshonorant aux yeux des Espagnols, qui le considèrent comme une guerre juste contre l'abus des droits de douane. Préparer les expéditions, aller à la découverte, se garder militairement, se cacher dans les montagnes, y coucher, fumer et dormir, telle est la vie des contrebandiers, que les grands bénéfices d'une seule opération mettent à même de vivre largement sans rien faire pendant plusieurs mois. Cependant, lorsque les douaniers espagnols, avec lesquels ils ont de fréquents engagements, les ont battus et ont pris leurs convois de marchandises, les contrebandiers espagnols, réduits aux abois, ne reculent pas devant la pensée de se faire voleurs de grands chemins, profession qu'ils exerçaient alors avec une certaine magnanimité, car jamais ils n'assassinaient les voyageurs, et ils leur laissaient habituellement de quoi poursuivre leur route. C'est ainsi qu'ils venaient d'agir vis-à-vis d'une famille anglaise, et le général Ducos, désirant nous éviter le désagrément d'être dépouillés, avait résolu de retarder notre départ; mais don Raphaël lui ayant fait observer qu'il connaissait assez les habitudes des voleurs espagnols, pour être certain que le moment le plus favorable pour voyager dans une province était celui où les bandes venaient d'y commettre quelque délit, parce qu'elles s'en éloignent momentanément, le général autorisa notre départ.

A l'époque dont je parle, les chevaux de trait étaient inconnus en Espagne, où toutes les voitures, même celles du Roi, étaient traînées par des mules. Les diligences n'existaient pas, et il n'y avait dans les postes que des chevaux de selle, de sorte que les plus grands seigneurs, ayant des voitures à eux, étaient forcés, lorsqu'ils voyageaient, de louer des mules de trait et de marcher à petites journées. Les voyageurs aisés prenaient des voiturins qui ne faisaient que dix lieues par jour. Les gens du peuple se joignaient à des caravanes d'âniers qui transportaient les bagages à l'instar de nos rouliers, mais personne ne marchait isolément, tant à cause des voleurs que par le mépris qu'inspirait cette dernière manière de voyager. Après notre arrivée à Bayonne, don Raphaël, étant devenu le directeur de notre voyage, me dit que, n'étant ni assez grands seigneurs pour louer pour nous seuls une voiture avec attelage de mules, ni assez gueux pour aller avec les âniers, il nous restait à choisir de courir la poste à franc étrier ou de prendre place dans un voiturin. Le franc étrier, dont j'ai depuis tant fait usage, ne pouvait me convenir par l'impossibilité de pouvoir porter nos effets avec nous; il fut donc arrêté que nous irions par le voiturin.

Don Raphaël traita avec un individu qui, moyennant 800 francs par tête, s'engagea à nous transporter à Salamanque, en nous logeant et nourrissant à ses frais. Je trouvais cela bien cher, car c'était le double de ce qu'un pareil voyage eût coûté en France, et puis je venais de dépenser beaucoup d'argent pour me rendre à Bayonne. Mais c'était le *prix*, et il n'y avait pas moyen de faire autrement pour rejoindre mon nouveau régiment. J'acceptai donc.

Nous partîmes dans un immense et vieux carrosse, dont trois places étaient occupées par un habitant de

Cadix, sa femme et sa fille. Un prieur de Bénédictins de l'Université de Salamanque complétait le chargement.

Tout devait être nouveau pour moi dans ce voyage. D'abord l'attelage, qui m'étonna beaucoup. Il se composait de six mules superbes dont, à mon grand étonnement, les deux du timon étaient les seules qui eussent des brides et des rênes; les quatre autres allaient en liberté, guidées par la voix du voiturier et de son *zagal*, ou garçon d'attelage. Le premier, perché magistralement sur un énorme siège, donnait gravement ses ordres au zagal, qui, leste comme un écureuil, faisait quelquefois plus d'une lieue à pied en courant à côté des mules allant au grand trot; puis, en un clin d'œil, il grimpait sur le siège à côté de son maître, pour redescendre et remonter encore, et cela vingt fois pendant la journée, tournant autour de la voiture et de l'attelage pour s'assurer que rien n'était dérangé, et faisant ce manège en chantant continuellement, afin d'encourager ses mules, qu'il appelait chacune par son nom; mais il ne les frappait jamais, sa voix suffisait pour ranimer celle des mules qui ralentissait son train.

Les manœuvres et surtout les chants de cet homme m'amusaient beaucoup. Je prenais aussi un vif intérêt à ce qui se disait dans la voiture, car, bien que je ne parlasse pas espagnol, ce que je savais de latin et d'italien me mettait à même de comprendre mes compagnons de voyage, auxquels je répondais en français. Ils l'entendaient passablement. Les cinq Espagnols, même les deux dames et le moine, allumèrent bientôt leurs cigares. Quel dommage que je n'eusse pas encore l'habitude de fumer! Nous étions tous de belle humeur. Don Raphaël, les dames et même le gros Bénédictin chantaient en chœur. Nous partions ordinairement le matin. On s'arrêtait de une heure à trois heures pour dîner, faire reposer les mules et laisser passer la forte chaleur, pendant laquelle on dormait, ce que les Espagnols appelaient *faire la sieste*. Puis on gagnait la couchée. Les repas étaient assez abondants, mais la cuisine espagnole me parut tout d'abord d'un goût atroce ; cependant, je finis par m'y habituer. Mais je ne pus jamais me faire aux horribles lits qu'on nous offrait le soir dans les *posadas* ou auberges. Ils étaient vraiment dégoûtants, et don Raphaël, qui venait de passer un an en France, était forcé d'en convenir. Pour obvier à cet inconvénient, le jour de mon entrée en Espagne, je demandai à coucher sur une botte de paille. Malheureusement, j'appris qu'une botte de paille était chose inconnue en ce pays, parce qu'au lieu de battre les gerbes, on les fait fouler sous les pieds des mules, ce qui réduit la paille en petits brins à peine longs comme la moitié du doigt. Mais j'eus la bonne idée de faire remplir un grand sac de toile avec cette paille hachée ; puis, le plaçant dans une grange, je me couchai dessus, enveloppé dans mon manteau, et évitai ainsi la vermine dont les lits et les chambres étaient infestés. Le matin, je vidai mon sac, qui fut placé dans la voiture, de sorte que, à chaque couchée, je le faisais remplir et avais une paillasse propre. Mon invention fut imitée par don Raphaël.

Nous traversâmes les provinces de Navarre, de Biscaye et d'Alava, pays de hautes montagnes ; puis nous passâmes l'Èbre et entrâmes dans les immenses plaines de Castille. Nous vîmes Burgos, Valladolid, et arrivâmes enfin, après quinze jours de marche, à Salamanque. Ce fut là que je me séparai, non sans regret, de mon bon compagnon de voyage don Raphaël, que je devais retrouver plus tard, dans ces mêmes contrées, pendant la guerre de l'Indépendance. Le général Leclerc se trouvait à Salamanque; il me reçut parfaitement et me proposa même de rester auprès de lui comme aide de camp à la suite; mais je venais de faire une expérience qui m'avait démontré que si le service de l'état-major offre plus de liberté et d'agrément que celui des troupes, ce n'est que lorsqu'on s'y trouve comme aide de camp *titulaire*, sans quoi, toutes les corvées tombent sur vous, et vous n'avez qu'une position très précaire. Je refusai donc la faveur que le général en chef voulait m'accorder, et demandai à aller faire le service dans mon régiment. Bien me prit d'avoir eu tant de raison, car l'année suivante, le général, ayant eu le commandement de l'expédition de Saint-Domingue, emmena un lieutenant qui, sur mon refus, était entré à son état-major, et tous les officiers, ainsi que le général, moururent de la fièvre jaune.

Je trouvai le 25ᵉ de chasseurs à Salamanque. Le colonel, M. Moreau, était un vieil officier fort bon. Il me reçut très bien, mes nouveaux camarades aussi, et au bout de quelques jours je fus au mieux avec tous. On m'introduisit dans la société de la ville, car alors la position de Français était on ne peut plus agréable en Espagne, et entièrement opposée à ce qu'elle fut depuis. En effet, en 1801, nous étions alliés aux Espagnols. Nous venions combattre pour eux contre les Portugais et les Anglais; aussi nous traitaient-ils *en amis*. Les officiers français étaient logés chez les habitants les plus riches; c'était à qui en aurait; on les recevait partout, on les accablait d'invitations. Ainsi admis familièrement dans l'intérieur des Espagnols, nous pûmes, en peu de temps, beaucoup mieux connaître leurs mœurs que ne purent le faire, en plusieurs années, les officiers qui ne vinrent dans la Péninsule qu'à l'époque de la guerre de l'Indépendance. Je logeais chez un professeur de l'Université, qui m'avait placé dans une très jolie chambre donnant sur la belle place de Salamanque. Le service que je faisais au régiment étant peu fatigant me laissait quelques loisirs; j'en profitai pour étudier la langue espagnole, qui est, à mon avis, la plus majestueuse et la plus belle de l'Europe. Ce fut à Salamanque que je vis pour la première fois le célèbre général Lasalle, alors colonel du 10ᵉ de housards. Il me vendit un cheval.

Les quinze mille Français envoyés dans la Péninsule avec le général Leclerc formaient l'aile droite de la grande armée espagnole, que commandait le prince de la Paix, et se trouvaient ainsi sous ses ordres. Il vint nous passer en revue. Ce favori de la reine d'Espagne était alors le roi de fait. Il me parut fort satisfait de sa personne, bien qu'il fût petit et d'une figure sans distinction; mais il ne manquait ni de grâce ni de moyens. Il mit notre corps d'armée en mouvement, et notre régiment alla à Toro, puis à Zamora. Je regrettai d'abord Salamanque, mais nous fûmes aussi très bien dans ces autres villes, surtout à Zamora, où je logeai chez un riche négociant dont la maison avait un superbe jardin, dans lequel une nombreuse société se réunissait le soir pour faire de la musique et passer une partie de la nuit à causer au milieu des bosquets de grenadiers, de myrtes et de citronniers. Il est difficile de bien apprécier les beautés de la nature lorsqu'on ne connaît pas les délicieuses nuits des pays méridionaux!...

Il fallut cependant s'arracher à l'agréable vie que nous menions pour aller attaquer les Portugais. Nous entrâmes donc sur leur territoire. Il y eut quelques petits combats qui furent tous à notre avantage. Le corps français se porta sur Visen, pendant que l'armée espagnole descendait le Tage et pénétrait dans l'Alentejo.

Nous comptions entrer bientôt en vainqueurs à Lisbonne; mais le prince de la Paix, qui avait appelé sans réflexion les troupes dans la Péninsule, s'effraya aussi sans réflexion de leur présence, et, pour s'en débarrasser, conclut avec le Portugal, à l'insu du premier Consul, un traité de paix qu'il eut l'adresse de faire ratifier par l'ambassadeur de France, Lucien Bonaparte, ce qui irrita vivement le premier Consul; et de ce jour data l'inimitié des deux frères.

Les troupes françaises restèrent encore quelques mois en Portugal, où nous commençâmes l'année 1802; puis nous retournâmes en Espagne, et revînmes successivement dans nos charmantes garnisons de Zamora, Toro et Salamanque, où nous étions toujours si bien reçus.

Cette fois, je traversai l'Espagne à cheval avec mon régiment, et n'eus plus à redouter les horribles lits des posadas, puisque nous étions logés chaque soir chez les propriétaires les plus aisés. Les marches par étapes, lorsqu'on les fait avec un régiment et par le beau temps, ne manquent pas d'un certain charme. On change constamment de lieux sans quitter ses camarades; on voit le pays dans ses plus grands détails; on cause tout le long de la route; on dîne ensemble, tantôt bien, tantôt mal, et l'on est à même d'observer les mœurs des habitants. Notre plus grand plaisir était de voir le soir les Espagnols, se réveillant de leur torpeur, danser le fandango et les boléros avec une agilité et une grâce parfaites, qui se trouvent même chez les villageois. Souvent le colonel leur offrait sa musique; mais ils préféraient, avec raison, la guitare, les castagnettes et la voix d'une femme, cet accompagnement laissant à leur danse le caractère national. Ces bals improvisés en plein air par la classe ouvrière, tant dans les villes que dans les campagnes, avaient un tel charme pour nous, bien que simples spectateurs, que nous avions peine à nous en éloigner. Après plus d'un grand mois de route, nous repassâmes la Bidassoa, et bien que je n'eusse qu'à me louer de mon séjour en Espagne, je revis la France avec plaisir.

## CHAPITRE XVI

Aventure de route de Bayonne à Toulouse. — Amusant épisode d'inspection.

A cette époque, les régiments faisaient eux-mêmes leurs remontes, et le colonel avait été autorisé à acheter une soixantaine de chevaux, qu'il espérait se procurer en détail dans la Navarre française, en conduisant son régiment à Toulouse, où nous devions tenir garnison. Mais, pour mes péchés, nous arrivâmes à Bayonne le jour même de la foire de cette ville. Il s'y trouvait grand nombre de maquignons. Le colonel traita avec l'un d'eux, qui nous livra de suite les chevaux dont le corps avait besoin. On ne pouvait les payer au comptant, parce que les fonds annoncés par le ministre ne devaient arriver que dans huit jours. Le colonel ordonna donc qu'un officier resterait à Bayonne pour recevoir cet argent et le remettre au fournisseur. Je fus désigné pour cette maudite corvée, qui me valut plus tard une aventure fort désagréable, mais, pour le moment, je n'y voyais que la privation de l'agrément que j'aurais eu en voyageant avec mes camarades. Cependant, malgré la vive contrariété que j'éprouvais, il fallut obéir. Pour faciliter ma rentrée au corps, le colonel décida que mon cheval partirait avec le régiment, et qu'après avoir rempli ma mission, je prendrais la diligence de Toulouse. Je connaissais à Bayonne plusieurs élèves de Sorèze, qui me firent passer le temps agréablement. Les fonds envoyés par le ministre arrivent; je touche et paye. Me voilà dégagé de tout soin, et je me prépare à rejoindre mon régiment.

Je possédais un dolman en nankin, tressé de même, avec boutons en argent. J'avais fait faire ce costume de fantaisie lorsque j'étais à l'état-major de Bernadotte, où il était de mode d'être ainsi vêtu lorsqu'on voyageait par la chaleur. Je résolus de le prendre pour faire le trajet de Bayonne à Toulouse, puisque je n'étais pas avec la troupe. J'enferme donc mon uniforme dans ma malle et la fais porter à la diligence, où j'avais retenu, et malheureusement *payé*, ma place d'avance. Cette voiture partant à cinq heures du matin, je chargeai le garçon de l'hôtel où je logeais, de venir me réveiller à quatre heures, et le drôle m'ayant bien promis d'être exact, je m'endormis dans la sécurité la plus complète; mais il m'oublia, et lorsque j'ouvris les yeux, le soleil dardait ses rayons dans ma chambre : il était plus de huit heures!... Quel contretemps! J'en demeurai pétrifié!... Puis, après avoir bien pesté, un peu juré, et maudit le garçon négligent, je compris qu'il fallait prendre une résolution. La diligence ne partait que tous les deux jours, premier inconvénient; mais il n'était pas le plus grave, car la caisse du régiment avait payé ma place, puisque j'étais resté en arrière pour affaire de service; mais elle n'était pas tenue de la payer une seconde fois, et j'avais eu l'étourderie de la solder jusqu'à Toulouse, de sorte que, si je prenais une nouvelle place, elle devait être à mes frais. Or les diligences étaient très chères alors, et j'avais très peu d'argent. Puis, que devenir pendant quarante-huit heures à Bayonne, quand tous mes effets étaient partis?... Je résolus de faire le trajet à pied, et sortant à l'instant de la ville, je pris fort résolument le chemin de Toulouse. J'étais vêtu à la légère, n'ayant d'autre charge que mon sabre porté sur l'épaule ; je fis donc assez lestement la première étape, et allai coucher à Peyrehorade..

Le lendemain, jour néfaste, je devais aller à Orthez, et j'avais déjà parcouru la moitié de l'étape, lorsque je fus assailli par l'un de ces orages épouvantables qu'on ne voit que dans le Midi. La pluie mêlée de grêle tombait vraiment à torrents et me fouettait la figure. La grande route, déjà mauvaise, devint un bourbier dans lequel j'avais toutes les peines du monde à marcher avec des bottes éperonnées. Le tonnerre abattit un noyer près de moi,... n'importe, j'avançais toujours avec une stoïque résignation. Mais voilà qu'au milieu des éclairs et de la tourmente, j'aperçois venir à moi deux gendarmes à cheval. Vous pouvez aisément vous figurer quelle mine j'avais, après avoir pataugé pendant deux heures dans la boue, avec mon pantalon et mon dolman de nankin !...

Les gendarmes appartenaient à la brigade de Peyrehorade, où ils retournaient ; mais il paraît qu'ils avaient bien déjeuné à Orthez, car ils paraissaient passablement gris. Le plus âgé me demanda mes papiers. Je remets ma feuille de route sur laquelle j'étais désigné comme sous-lieutenant au 25ᵉ de chasseurs à cheval. « Toi, sous-lieutenant ! s'écrie le gendarme, tu es trop jeune pour être déjà officier ! — Mais lisez donc le signalement, et vous verrez qu'il porte que je n'ai pas encore vingt ans ; d'ailleurs, il est exact de tous points. — C'est possible, mais tu l'as fait fabriquer, et la preuve, c'est que l'uniforme des chasseurs est vert et que tu as un dolman jaune ! Tu es un conscrit réfractaire, et je t'arrête ! — Soit ; mais quand nous serons à Orthez, devant votre lieutenant, il me sera facile de prouver que je suis officier, et que cette feuille de route a été faite pour moi. »

Je m'inquiétais fort peu de mon arrestation. Mais voilà que le vieux gendarme déclare qu'il n'entend pas retourner à Orthez, qu'il est de la brigade de Peyrehorade, et que c'est là que je vais le suivre. Je déclare que je n'en ferai rien, que c'était ce qu'il pouvait faire si je n'avais pas de papiers; mais que lui ayant produit une feuille de route, il n'a pas le droit de me faire rétrograder, et qu'il doit, selon les règlements, m'accompagner à Orthez où je me rends. Le moins âgé des gendarmes, qui était aussi le moins aviné, dit que j'ai raison; alors une contestation des plus vives s'élève entre ces deux cavaliers; ils s'accablent d'injures, et bientôt, au milieu de l'effroyable tempête qui nous environne, ils mettent le sabre à la main et se chargent avec fureur. Quant à moi, craignant de recevoir quelque blessure dans ce ridicule combat, je descendis dans un des immenses fossés qui bordent la route, et bien que j'y eusse de l'eau jusqu'à la ceinture, je grimpai dans le champ voisin, d'où je me mis à contempler mes deux gaillards qui s'escrimaient à qui mieux mieux.

Heureusement, les manteaux mouillés et lourds qu'ils portaient embarrassaient leurs bras, et les chevaux effrayés par le tonnerre s'éloignant l'un de l'autre, les combattants ne pouvaient se porter que des coups mal assurés. Enfin, le cheval du vieux gendarme s'étant abattu, cet homme roula dans le fossé, et après en être sorti couvert de fange, il s'aperçut que sa selle s'était brisée, et qu'il ne lui restait plus qu'à continuer sa route à pied, en déclarant à son camarade qu'il le rendait responsable de son prisonnier. Resté seul avec le plus raisonnable des deux gendarmes, je lui fis comprendre que si j'avais quelque chose à me reprocher, il me serait

10

facile de gagner la campagne, puisque j'étais séparé de
lui par un large fossé plein d'eau que son cheval ne
pouvait certainement pas franchir; mais que j'allais le
repasser et me rendre vers lui, puisqu'il convenait qu'on
ne devait pas me faire rétrograder. Je repris donc ma
route, escorté par le gendarme qui acheva de se dégriser.
Nous causâmes, et la manière dont je m'étais rendu lorsqu'il m'eût été si facile de me sauver, faisant comprendre à cet homme que je pourrais bien être ce que
je disais, il m'aurait laissé aller, n'eût été la responsabilité dont son camarade l'avait chargé. Enfin, il devint
tout à fait accommodant, et me déclara qu'il ne me conduirait pas à Orthez, et se bornerait à consulter le maire
de Puyoo, où nous allions passer. Mon entrée fut celle
d'un malfaiteur : tous les habitants que l'orage avait
ramenés au village se mirent aux fenêtres et sur leurs
portes pour voir le *criminel* conduit par un gendarme. Le
maire de Puyoo était un bon gros paysan très sensé, que
nous trouvâmes dans sa grange occupé à battre son blé.
Dès qu'il eut parcouru ma feuille de route, il dit gravement au gendarme : « Rendez sur-le-champ la liberté à
ce jeune homme que vous n'aviez pas le droit d'arrêter,
car un officier en voyage est désigné par ses papiers et
non par ses habits. » Salomon eût-il mieux jugé?

Le bon paysan ne se borna pas à cela : il voulut que
je restasse chez lui jusqu'à la fin de l'orage, et m'offrit à
goûter; puis, tout en causant, il me dit qu'il avait vu
jadis à Orthez un général qui se nommait Marbot. Je lui
répondis que c'était mon père et lui donnai son signalement. Alors ce brave homme, nommé Bordenave, redoublant de politesse, voulut faire sécher mes vêtements et
me retenir à coucher; mais je le remerciai et repris la
route d'Orthez, où j'arrivai à la nuit tombante, harassé
de fatigue et tout courbaturé.

Le lendemain, je ne pus qu'à grand'peine remettre mes bottes, tant à cause de leur humidité, que parce que j'avais les pieds gonflés. Je me traînai cependant jusqu'à Pau, où, n'en pouvant plus, je fus contraint de m'arrêter toute la journée. Je n'y trouvai d'autre moyen de transport que la malle-poste, et, bien que les places y fussent très chères, j'en pris une jusqu'à Gimont, où je fus reçu à bras ouverts par M. Dorignac, un ami de mon père, chez lequel j'avais passé plusieurs mois à ma sortie de Sorèze. Je me reposai quelques jours auprès de sa famille, puis une diligence me transporta à Toulouse. J'avais dépensé quatre fois le prix de la place que j'avais perdue par la négligence du garçon de l'hôtel de Bayonne !

A mon arrivée à Toulouse, j'allais m'occuper de trouver un logement, lorsque le colonel me prévint qu'il en avait loué un pour moi chez un vieux médecin de ses amis nommé M. Merlhes, dont je n'oublierai jamais le nom, car cet homme vénérable, ainsi que sa nombreuse famille, furent parfaits pour moi. Pendant les quinze jours que je passai chez eux, j'y fus traité plutôt en enfant de la maison qu'en locataire.

Le régiment était nombreux et bien monté. Nous manœuvrions très souvent, ce qui m'intéressait beaucoup, bien que j'y gagnasse quelquefois les arrêts du chef d'escadron Blancheville, excellent officier, vieux troupier, avec lequel j'appris à servir avec exactitude, et sous ce rapport, je lui dois beaucoup. Ce commandant qui, avant la Révolution, avait été aide-major dans les gendarmes de Lunéville, possédait une grande instruction. Il portait un grand intérêt aux jeunes officiers capables d'apprendre, et les forçait, bon gré, mal gré, à étudier leur métier. Quant aux autres, qu'il nommait *têtes dures*, il se contentait de hausser les épaules lorsqu'ils ne savaient pas leur théorie ou faisaient des fautes à la manœuvre; mais il ne les punissait jamais pour cela. Nous étions trois sous-lieutenants qu'il avait distingués : c'étaient MM. Gavoille, Demonts et moi; à ceux-là il ne passait pas un commandement inexact et nous mettait aux arrêts pour les fautes les plus légères. Comme il était fort bon en dehors du service, nous nous hasardâmes à lui demander pour quel motif il réservait sa sévérité pour nous : « Me croyez-vous assez sot, nous répondit-il, pour m'amuser à savonner la figure d'un nègre?... Messieurs tels et tels sont trop âgés et n'ont pas assez de moyens, pour que je m'occupe à perfectionner leur instruction. Quant à vous, qui avez tout ce qu'il faut pour parvenir, il vous faut étudier, et vous étudierez!... »

Je n'ai jamais oublié cette réponse, que je mis à profit lorsque je fus colonel. Il est de fait que le vieux Blancheville avait bien tiré l'horoscope des trois sous-lieutenants, car nous devînmes : Gaviolle lieutenant-colonel, Demonts général de brigade, et moi général de division.

A mon arrivée à Toulouse, j'avais troqué contre un charmant navarrais le cheval que j'avais acheté en Espagne; or, comme le préfet avait organisé des courses à l'occasion de je ne sais plus quelle fête, Gaviolle, très amateur de courses, y avait fait inscrire mon cheval. Un jour où j'entraînais mon animal sur le boulingrin, il s'engagea dans le cercle peu développé que formait cette allée, et, courant droit devant lui, avec la rapidité d'une flèche, il alla se frapper le poitrail contre l'angle aigu d'un mur de jardin; il tomba raide mort!... Mes camarades me crurent tué, ou du moins fortement blessé; mais, par un bonheur vraiment miraculeux, je n'avais pas la plus petite égratignure! Lorsqu'on me releva, et que j'aperçus mon pauvre cheval sans mouvement, j'éprouvai un vif chagrin... Je rentrai fort tristement au logis, me voyant dans l'obligation de me remonter et de demander pour cela de l'argent à ma mère, que je savais fort gênée. Le comte Defermont, ministre d'État et l'un de nos tuteurs, s'était opposé à la vente des propriétés qui nous restaient, parce que, prévoyant que la paix accroîtrait la valeur des terres, il pensait avec raison qu'il fallait les conserver et éteindre peu à peu les créances au moyen d'une sévère économie. C'est une des plus grandes obligations que nous eûmes à ce bon M. Defermont, l'ami le plus sincère de mon père ; aussi ai-je conservé une grande vénération pour sa mémoire.

Dès que ma demande d'un nouveau cheval fut soumise au conseil de tutelle, le général Bernadotte, qui en faisait partie, se mit à rire aux éclats, disant que le tour était excellent, le prétexte bien choisi, enfin donnant à entendre que ma réclamation était ce qu'on a appelé depuis une *carotte!*... Mais, heureusement, ma demande était appuyée d'une attestation du colonel, et M. Defermont ajouta qu'il me croyait incapable d'artifice pour avoir de l'argent. Il avait raison, car, bien que je n'eusse que 600 francs de pension, que ma solde ne fût que de 95 francs par mois et mon indemnité de logement de 12 francs, jamais je ne fis un sou de dettes... Je les ai toujours eues en horreur !

J'achetai un nouveau cheval, qui ne valut pas le navarrais ; mais les inspections générales rétablies par le premier Consul approchaient, et j'étais dans l'obligation d'être monté promptement, d'autant plus que nous devions être inspectés par le célèbre général Bourcier, qui avait une très grande réputation de sévérité. Je fus commandé pour aller au-devant de lui, avec un piquet de trente hommes. Il me reçut très bien, et me parla de mon père qu'il avait beaucoup connu, ce qui ne l'empêcha pas de me camper aux arrêts dès le lendemain. Voici à quel sujet; l'affaire est plaisante.

Un de nos capitaines, nommé B..., fort beau garçon, aurait été un des plus beaux hommes de l'armée, si ses mollets eussent été en harmonie avec le reste de sa personne; mais ses jambes ressemblaient à des échasses, ce qui était fort disgracieux avec le pantalon étroit, dit à la hongroise, que portaient alors les chasseurs. Pour parer à cet inconvénient, le capitaine B... s'était fait confectionner d'assez gros coussinets en forme de mollets, ce qui complétait sa belle tournure. Vous allez voir comment ces faux mollets me valurent des arrêts, mais ils n'en furent pas seuls la cause.

Les règlements prescrivaient aux officiers de laisser leurs chevaux à tous crins, comme ceux de la troupe. Notre colonel, M. Moreau, était toujours parfaitement monté; mais tous ses chevaux avaient la queue coupée, et comme il craignait que le général Bourcier, conservateur sévère des règlements, ne lui reprochât de donner un mauvais exemple à ses officiers, il avait, pour le temps de l'inspection, fait attacher à tous ses chevaux de fausses queues si bien ajustées, qu'il fallait le savoir pour ne pas les croire naturelles. C'est à merveille. Nous allons à la manœuvre, à laquelle le général Bourcier avait convoqué le général Suchet, inspecteur d'infanterie, ainsi que le général Gudin, commandant la division territoriale, qu'accompagnait un nombreux et brillant état-major.

La séance fut très longue : presque tous les mouvements, exécutés au galop, se terminèrent par plusieurs charges des plus rapides. Je commandais un peloton du centre, faisant partie de l'escadron de M. B..., auprès duquel le colonel vint se placer. Ils se trouvaient donc à deux pas devant moi, lorsque les généraux s'avancèrent pour complimenter M. Moreau de la belle exécution des manœuvres. Mais que vois-je alors?... L'extrême rapidité des mouvements que nous venions de faire avait dérangé la symétrie de l'accessoire ajouté à la tenue du capitaine et du colonel. La fausse queue du cheval de celui-ci s'étant en partie détachée, le tronçon, composé d'un tampon de filasse, traînait presque à terre en forme de quenouille, tandis que les faux crins se trouvaient en l'air, à quelques pieds plus haut, et s'étalaient en éventail sur la croupe du cheval, lequel paraissait avoir une énorme queue de paon! Quant aux faux mollets de M. B..., pressés par les quartiers de la selle, ils avaient glissé en avant sans qu'il s'en aperçût et se dessinaient en ronde bosse sur les os des jambes, ce qui produisait un effet des plus bizarres, pendant que le capitaine, se redressant fièrement sur son cheval, avait l'air de dire : « Regardez-moi, voyez comme je suis beau ! »

On a fort peu de gravité à vingt ans; la mienne ne put résister au grotesque spectacle que j'avais là sous les yeux, et, malgré la présence importante de trois généraux, je ne pus retenir un fou rire des plus éclatants. Je me tordais sur ma selle, je mordais la manche de mon dolman, rien n'y faisait! Je riais, je riais à en avoir mal au côté. Alors l'inspecteur général, ignorant le motif de mon hilarité, me fait sortir des rangs pour me rendre aux *arrêts forcés*. J'obéis ; mais obligé de passer entre les chevaux du colonel et du capitaine, mes yeux se reportèrent malgré moi sur cette maudite queue, ainsi que sur ces mollets d'un nouveau genre, et me voilà repris d'un rire inextinguible que rien ne put arrêter... Les généraux durent croire que j'étais devenu fou! Mais dès qu'ils furent partis, les officiers du régiment, s'approchant du colonel et du capitaine B..., surent bientôt à quoi s'en tenir, et rirent comme moi, mais du moins plus à leur aise.

Le commandant Blancheville se rendit le soir au cercle de Mme Gudin. Le général Bourcier, qui s'y trouvait, ayant parlé de ce qu'il appelait mon équipée, M. Blancheville expliqua les motifs de mes irrésistibles éclats de rire. A ce récit, les généraux, les dames et tout l'état-major rirent aux larmes, et leur gaieté redoubla en voyant entrer le beau capitaine B..., qui, ayant convenablement replacé ses faux mollets, venait se pavaner dans cette brillante société, sans se douter qu'il était une des causes de son hilarité. Le général Bourcier comprit que s'il n'avait pu s'empêcher de rire aux éclats, au simple exposé du tableau que j'avais eu sous les yeux, il était naturel qu'un jeune sous-lieutenant n'eût pu se contenir, lorsqu'il avait été témoin d'un spectacle aussi ridicule. Il leva donc mes arrêts, et m'envoya chercher à l'instant.

Dès que j'entrai dans le salon, l'inspecteur général et toute l'assemblée partirent d'un immense éclat de rire, auquel mes souvenirs du matin me firent prendre une large part, et la gaieté devint frénétique lorsqu'on vit M. B..., qui seul en ignorait la cause, aller de l'un à l'autre demander de quoi il s'agissait, tandis que chacun regardait ses mollets!

## CHAPITRE XVII

Concentration en Bretagne des troupes destinées à Saint-Domingue. — Evénements de Rennes. — Mon frère Adolphe, impliqué dans l'affaire, est incarcéré. — Mort de mon frère Théodore.

Mais arrivons à des faits sérieux. Le traité de Lunéville avait été suivi de la paix d'Amiens, qui mit un terme à la guerre que la France et l'Angleterre se faisaient. Le premier Consul résolut de profiter de la tranquillité de l'Europe et de la liberté rendue aux mers, pour envoyer un nombreux corps de troupes à Saint-Domingue, qu'il voulait arracher à la domination des noirs, commandés par Toussaint-Louverture. Toussaint, sans être en rébellion ouverte avec la métropole, affectait cependant de grands airs d'indépendance. Le général Leclerc devait commander l'expédition; il ne manquait pas de moyens, et avait bien fait la guerre en Italie, ainsi qu'en Égypte; mais son lustre principal provenait de ce qu'il avait épousé Pauline Bonaparte, sœur du premier Consul. Leclerc était fils d'un meunier de Pontoise, si l'on peut appeler meunier un très riche propriétaire d'immenses moulins, qui fait un commerce considérable. Ce meunier avait donné une brillante éducation à son fils, ainsi qu'à sa fille, qui épousa le général Davout.

Pendant que le général Leclerc faisait ses préparatifs de départ, le premier Consul réunissait en Bretagne les forces qu'il destinait à l'expédition, et ces troupes, selon l'usage, se trouvaient placées, jusqu'au jour de l'embarquement, sous les ordres du général en chef de l'armée de l'Ouest, Bernadotte.

On sait qu'il exista toujours une très grande rivalité entre les troupes des armées du Rhin et d'Italie. Les premières étaient très attachées au général Moreau et n'aimaient pas le général Bonaparte, dont elles avaient vu à regret l'élévation à la tête du gouvernement. De son côté, le premier Consul avait une grande prédilection pour les militaires qui avaient fait avec lui les guerres d'Italie et d'Égypte, et bien que son antagonisme avec Moreau ne fût pas encore entièrement déclaré, il comprenait qu'il était de son intérêt d'éloigner autant que possible les corps dévoués à celui-ci. En conséquence, les régiments destinés à l'expédition de Saint-Domingue furent presque tous pris parmi ceux de l'armée du Rhin. Ces troupes, ainsi séparées de Moreau, furent très satisfaites de se trouver en Bretagne sous les ordres de Bernadotte, ancien lieutenant de Moreau, et qui avait presque toujours servi sur le Rhin avec elles.

Le corps d'expédition devait être porté à quarante mille hommes. L'armée de l'Ouest proprement dite en comptait un nombre pareil. Ainsi, Bernadotte, dont le commandement s'étendait sur tous les départements compris entre l'embouchure de la Gironde et celle de la Seine, avait momentanément sous ses ordres une armée de quatre-vingt mille hommes, dont la majeure partie lui était plus attachée qu'au chef du gouvernement consulaire.

Si le général Bernadotte eût eu plus de caractère, le premier Consul aurait eu à se repentir de lui avoir donné un commandement si important; car, je puis le dire aujourd'hui, comme un *fait historique*, et sans nuire à personne, Bernadotte conspira contre le gouvernement dont Bonaparte était le chef. Je vais donner sur cette conspiration des détails d'autant plus intéressants qu'ils n'ont jamais été connus du public, ni peut-être même par le général Bonaparte.

Les généraux Bernadotte et Moreau, jaloux de la position élevée du premier Consul, et mécontents du peu de part qu'il leur donnait dans les affaires publiques, avaient résolu de le renverser et de se placer à la tête du gouvernement, en s'adjoignant un administrateur civil ou un magistrat éclairé. Pour atteindre ce but, Bernadotte, qui, il faut le dire, avait un talent tout particulier pour se faire aimer des officiers et des soldats, parcourut les provinces de son commandement, passant la revue des corps de troupes, et employant tous les moyens pour se les attacher davantage : cajoleries de tous genres, argent, demandes et promesses d'avancement, tout fut employé envers les subalternes, pendant qu'en secret il dénigrait auprès des chefs le premier Consul et son gouvernement. Après avoir désaffectionné la plupart des régiments, il devint facile de les pousser à la révolte, surtout ceux qui, destinés à l'expédition de Saint-Domingue, considéraient cette mission comme une déportation.

Bernadotte avait pour chef d'état-major un général de brigade nommé Simon, homme capable, mais sans fermeté. Sa position le mettant à même de correspondre journellement avec les chefs de corps, il en abusa pour faire de ses bureaux le centre de la conspiration. Un chef de bataillon nommé Fourcart, que vous avez connu vieux et pauvre sous-bibliothécaire chez le duc d'Orléans, chez lequel je l'avais placé par pitié pour ses trente années de misère, était alors attaché au général Simon, qui en fit son agent principal. Fourcart, allant de garnison en garnison, sous prétexte de service, organisa une ligue secrète, dans laquelle entrèrent presque tous les colonels, ainsi qu'une foule d'officiers supérieurs, qu'on excitait contre le premier Consul, en l'accusant d'aspirer à la royauté, ce à quoi, paraît-il, il ne pensait pas encore.

Il fut convenu que la garnison de Rennes, composée de plusieurs régiments, commencerait le mouvement, qui s'étendrait comme une traînée de poudre dans toutes les divisions de l'armée; et comme il fallait que dans cette garnison il y eût un corps qui se décidât le premier, pour enlever les autres, on fit venir à Rennes le 82ᵉ de ligne, commandé par le colonel Pinoteau, homme capable, très actif, très brave, mais à la tête un peu exaltée, quoiqu'il parût flegmatique. C'était une des créatures de Bernadotte et l'un des chefs les plus ardents de la conspiration. Il promit de faire déclarer son régiment, dont il était fort aimé.

Tout était prêt pour l'explosion, lorsque Bernadotte, manquant de résolution, et voulant, en vrai Gascon, tirer les marrons du feu avec la patte du chat, persuada au général Simon et aux principaux conjurés qu'il était indispensable qu'il se trouvât à Paris au moment où la déchéance des Consuls serait proclamée par l'armée de Bretagne, afin d'être en état de s'emparer sur-le-champ des rênes du gouvernement, de concert avec Moreau, avec lequel il allait conférer sur ce grave sujet; en réalité, Bernadotte ne voulait pas être compromis si l'affaire manquait, se réservant d'en profiter en cas de réussite, et le général Simon, ainsi que les autres conspirateurs, furent assez aveugles pour ne pas apercevoir cette ruse. On convint donc du jour de la levée de boucliers, et celui qui aurait dû la diriger, puisqu'il l'avait préparée, eut l'adresse de s'éloigner.

Avant le départ de Bernadotte pour Paris, on rédigea

une proclamation adressée au peuple français, ainsi qu'à l'armée. Plusieurs milliers d'exemplaires, préparés d'avance, devaient être affichés le jour de l'événement. Un libraire de Rennes, initié par le général Simon et par Fourcart au secret des conspirateurs, se chargea d'imprimer cette proclamation lui-même. C'était bien, pour que la publication pût avoir lieu promptement en Bretagne; mais Bernadotte désirait avoir à Paris un grand nombre d'exemplaires, qu'il était important de répandre dans la capitale et d'envoyer dans toutes les provinces, dès que l'armée de l'Ouest se serait révoltée contre le gouvernement, et comme on craignait d'être découvert en s'adressant à un imprimeur de Paris, voici comment fit Bernadotte pour avoir une grande quantité de ces proclamations sans se compromettre. Il dit à mon frère Adolphe, son aide de camp, qu'il venait de faire nommer lieutenant dans la légion de la Loire, qu'il l'autorisait à l'accompagner dans la capitale et qu'il l'engageait à y faire venir son cheval et son cabriolet, attendu que le séjour serait long. Mon frère, enchanté, remplit de divers effets les coffres de cette voiture, dont il confie la conduite à son domestique, qui devait venir à petites journées pendant qu'Adolphe s'en va par la diligence. Dès que mon frère est parti, le général Simon et le commandant Fourcart, retardant sous quelque prétexte le départ du domestique, ouvrent les coffres du cabriolet, dont ils retirent les effets, qu'ils remplacent par des paquets de proclamations; puis, ayant tout refermé, ils mettent en route le pauvre Joseph, qui ne se doutait pas de ce qu'il emmenait avec lui.

Cependant, la police du premier Consul, qui commençait à se bien organiser, avait eu vent qu'il se tramait quelque chose dans l'armée de Bretagne, mais sans savoir précisément ce qu'on méditait, ni quels étaient les instigateurs. Le ministre de la police crut devoir prévenir du fait le préfet de Rennes, qui était M. Mounier, célèbre orateur de l'Assemblée constituante. Par un hasard fort extraordinaire, le préfet reçut la dépêche le jour même où la conspiration devait éclater à Rennes pendant la parade, à midi, et il était déjà onze heures et demie !...

M. Mounier, auquel le ministre ne donnait aucun renseignement positif, crut qu'il ne pouvait mieux faire pour en obtenir que de s'adresser au chef d'état-major, en l'absence du général en chef. Il fait donc prier le général Simon de passer à son hôtel et lui montre la dépêche ministérielle. Le général Simon, croyant alors que tout est découvert, perd la tête comme un enfant, et répond au préfet qu'il existe en effet une vaste conspiration dans l'armée, que malheureusement il y a pris part, mais qu'il s'en repent; et le voilà qui déroule tout le plan des conjurés, dont il nomme les chefs, en ajoutant que dans quelques instants, les troupes réunies sur la place d'Armes vont, au signal donné par le colonel Pinoteau, proclamer la déchéance du gouvernement consulaire !... Jugez de l'étonnement de M. Mounier, qui se trouvait d'ailleurs fort embarrassé en présence du général coupable qui, d'abord troublé, pouvait revenir à lui, et se rappeler qu'il avait quatre-vingt mille hommes sous ses ordres, dont huit à dix mille se réunissaient au moment même, non loin de la préfecture !... La position de M. Mounier était des plus critiques; il s'en tira en habile homme.

Le général de gendarmerie Virion avait été chargé par le gouvernement de former à Rennes un corps de gendarmerie à pied, pour la composition duquel chaque régiment de l'armée avait fourni quelques grenadiers. Ces militaires, n'ayant aucune homogénéité entre eux, échappaient par conséquent à l'influence des colonels de l'armée de ligne et ne connaissaient plus que les ordres de leurs nouveaux chefs de la gendarmerie, qui eux-mêmes, d'après les règlements, obéissaient au préfet. M. Mounier mande donc sur-le-champ le général Virion, en lui faisant dire d'amener tous les gendarmes. Cependant, craignant que le général Simon ne se ravisât et ne lui échappât pour aller se mettre à la tête des troupes, il l'amadoue par de belles paroles, l'assurant que son repentir et ses aveux atténueront sa faute aux yeux du premier Consul, et l'engage à lui remettre son épée et à se rendre à la tour Labat, où vont le conduire les gendarmes à pied qui arrivaient dans la cour en ce moment. Voilà donc le premier moteur de la révolte en prison.

Pendant que ceci se passait à la préfecture, les troupes de ligne, réunies sur la place d'Armes, attendaient l'heure de la parade qui devait être celle de la révolte. Tous les colonels étaient dans le secret et avaient promis leur concours, excepté celui du 79e, M. Godard, qu'on espérait voir suivre le mouvement.

A quoi tiennent les destinées des empires!... Le colonel Pinoteau, homme ferme et déterminé, devait donner le signal, que son régiment, le 82e, déjà rangé en bataille sur la place, attendait avec impatience ; mais Pinoteau, de concert avec Fourcart, avait employé toute la matinée à préparer des envois de proclamations, et dans sa préoccupation, il avait oublié de se raser.

Midi sonne. Le colonel Pinoteau, prêt à se rendre à la parade, s'aperçoit que sa barbe n'est pas faite et se hâte de la couper. Mais pendant qu'il procède à cette opération, le général Virion, escorté d'un grand nombre d'officiers de gendarmerie, entre précipitamment dans sa chambre, fait saisir son épée, et lui déclarant qu'il est prisonnier, le fait conduire à la tour, où était déjà le général Simon!... Quelques minutes de retard, et le colonel Pinoteau, se trouvant à la tête de dix mille hommes, ne se serait pas laissé intimider par la capture du général Simon et aurait certainement accompli ses projets de révolte contre le gouvernement consulaire ; mais, surpris par le général Virion, que pouvait-il faire ? Il dut céder à la force.

Cette seconde arrestation faite, le général Virion et le préfet dépêchent à la place d'Armes un aide de camp chargé de dire au colonel Godard, du 79°, qu'ils ont à lui faire sur-le-champ une communication de la part du premier Consul, et, dès qu'il est arrivé près d'eux, ils lui apprennent la découverte de la conspiration, ainsi que l'arrestation du général Simon, du colonel Pinoteau; et l'engagent à s'unir à eux pour comprimer la rébellion. Le colonel Godard en prend l'engagement, retourne sur la place d'Armes sans faire part à personne de ce qui vient de lui être communiqué, commande par le flanc droit à son régiment, qu'il conduit vers la tour Labat, où il se réunit aux bataillons de gendarmes qui la gardaient. Il y trouve aussi le général Virion et le préfet, qui font distribuer des cartouches à ces troupes fidèles, et l'on attend les événements.

Cependant, les officiers des régiments qui stationnaient sur la place d'Armes, étonnés du départ subit du 79°, et ne concevant pas le retard du colonel Pinoteau, envoyèrent chez lui, et apprirent qu'il venait d'être conduit à la tour. Ils furent informés en même temps de l'arrestation du général Simon. Grande fut l'émotion !... Les officiers des divers corps se réunissent. Le commandant Fourcart leur propose de marcher à l'instant pour faire délivrer les deux prisonniers, afin d'exécuter ensuite le mouvement convenu. Cette proposition est reçue avec acclamation, surtout par le 82°, dont Pinoteau était adoré. On s'élance vers la tour Labat, mais on la trouve environnée par quatre mille gendarmes et les bataillons du 79°. Les assaillants étaient certainement plus nombreux, mais ils manquaient de cartouches, et en eussent-ils eu, qu'il aurait répugné à beaucoup d'entre eux de tirer sur leurs camarades pour amener un simple changement de personnes dans le gouvernement établi. Le général Virion et le préfet les haranguèrent pour les engager à rentrer dans le devoir. Les soldats hésitaient; ce que voyant les chefs, aucun d'eux n'osa donner le signal de l'attaque à la baïonnette, le seul moyen d'action qui restât. Insensiblement, les régiments se débandèrent, et chacun se retira dans sa caserne. Le commandant Fourcart, resté seul, fut conduit à la tour, ainsi que le pauvre imprimeur.

En apprenant que l'insurrection avait avorté à Rennes, tous les officiers des autres régiments de l'armée de Bretagne la désavouèrent; mais le premier Consul ne fut pas la dupe de leurs protestations. Il hâta leur embarquement pour Saint-Domingue et les autres îles des Antilles, où presque tous trouvèrent la mort, soit dans des combats, soit par la fièvre jaune.

Dès les premiers aveux du général Simon, et bien que la victoire ne fût pas encore assurée, M. Mounier avait expédié une estafette au gouvernement, et le premier Consul mit en délibération s'il ferait arrêter Bernadotte et Moreau. Cependant, il suspendit cette mesure faute de preuves; mais pour en avoir, il ordonna de visiter tous les voyageurs venant de Bretagne.

Pendant que tout cela se passait, le bon Joseph arrivait tranquillement à Versailles dans le cabriolet de mon frère, et grande fut sa surprise, lorsqu'il se vit empoigner par des gendarmes, qui, malgré ses protestations, le menèrent au ministère de la police. Vous pensez bien qu'en apprenant que la voiture conduite par cet homme appartenait à l'un des aides de camp de Bernadotte, le ministre Fouché en fit ouvrir les coffres, qu'il trouva pleins de proclamations, par lesquelles Bernadotte et Moreau, après avoir parlé du premier Consul en termes très violents, annonçaient sa chute et leur avènement au pouvoir. Bonaparte, furieux contre ces deux généraux, les manda près de lui. Moreau lui dit que n'ayant aucune autorité sur l'armée de l'Ouest, il déclinait toute responsabilité sur la conduite des régiments dont elle était composée; et l'on doit convenir que cette objection ne manquait pas de valeur, mais elle aggravait la position de Bernadotte, qui, en qualité de général en chef des troupes réunies en Bretagne, était responsable du maintien du bon ordre parmi elles. Cependant, non seulement son armée avait conspiré, mais son chef d'état-major était le meneur de l'entreprise, les proclamations des rebelles portaient la signature de Bernadotte, et l'on venait de saisir plus de mille exemplaires dans le cabriolet de son aide de camp!... Le premier Consul pensait que des preuves aussi évidentes allaient atterrer et confondre Bernadotte; mais il avait affaire à un triple Gascon, triplement astucieux. Celui-ci joua la surprise, l'indignation : « Il ne savait rien, absolument rien! Le « général Simon était un misérable, ainsi que Pinoteau! Il « défiait qu'on pût lui montrer l'original de la proclama-« tion signé de sa main! Était-ce donc sa faute à lui, si des « extravagants avaient fait imprimer son nom au bas d'une « proclamation qu'il désavouait de toutes les forces de « son âme, ainsi que les coupables auteurs de toutes ces « menées, dont il était le premier à demander la punition! »

Dans le fait, Bernadotte avait eu l'adresse de tout faire diriger par le général Simon, sans lui livrer un seul mot d'écriture qui pût le compromettre, se réservant de tout nier, au cas où, la conspiration manquant son effet, le général Simon viendrait à l'accuser d'y avoir participé. Le premier Consul, bien que convaincu de la culpabilité de Bernadotte, n'avait que des demi-preuves, sur lesquelles son conseil des ministres ne jugea pas qu'il fût possible de motiver un acte d'accusation contre un général en chef dont le nom était très populaire dans le pays et dans l'armée; mais on n'y regarda pas de si près avec mon frère Adolphe. Une belle nuit, on vint l'arrêter chez ma mère, et cela dans un moment où la pauvre femme était déjà accablée de douleur.

M. de Canrobert, son frère aîné, qu'elle était parvenue à faire rayer de la liste des émigrés, vivait paisiblement auprès d'elle, lorsque, signalé par quelques agents de police comme ayant assisté à des réunions dont le but était de rétablir l'ancien gouvernement, on le conduisit à la prison du Temple, où il fut retenu pendant onze mois! Ma mère s'occupait à faire toutes les démarches possibles pour démontrer son innocence et obtenir sa liberté, lorsqu'un affreux malheur vint encore la frapper.

Mes deux plus jeunes frères étaient élevés au prytanée français. Cet établissement possédait un vaste parc et une belle maison de campagne au village de Vanves, non loin des rives de la Seine, et dans la belle saison, les élèves allaient y passer les quelques jours de vacances. On faisait prendre des bains de rivière à ceux dont on avait été satisfait. Or, il arriva qu'une semaine, à la suite de quelque peccadille d'écoliers, le proviseur priva tout le collège du plaisir de la natation. Mon frère Théodore était passionné pour cet exercice; aussi résolut-il, avec quelques-uns de ses camarades, de s'en donner la joie, à l'insu de leurs régents. Pour cela, pendant que les élèves dispersés jouent dans le parc, ils gagnent un lieu isolé, escaladent le mur et, par une chaleur accablante, se dirigent en courant vers la Seine, dans laquelle ils s'élancent tout couverts de sueur. Mais à peine sont-ils dans l'eau, qu'ils entendent le tambour du collège donner le signal du dîner. Craignant alors que leur escapade ne soit signalée par leur absence du réfectoire, ils se hâtent de s'habiller, reprennent leur course, escaladent de nouveau le mur et arrivent haletants au moment où le repas commençait. Placés dans de telles conditions, ils eussent dû peu ou point manger; mais les écoliers ne prennent aucune précaution. Ceux-ci dévorèrent selon leur habitude; aussi furent-ils presque tous gravement malades, surtout Théodore, qui, atteint d'une fluxion de poitrine, fut transporté chez sa mère dans un état désespéré. Et ce fut lorsqu'elle allait du chevet de son fils mourant à la prison de son frère, qu'on vint arrêter son fils aîné!... Quelle position affreuse pour une mère!... Pour comble de malheur, le pauvre Théodore mourut!... Il avait dix-huit ans : c'était un excellent jeune homme, dont le caractère était aussi doux que le physique était beau. Je fus désolé en apprenant sa mort, car je l'aimais tendrement.

Les malheurs affreux dont ma mère était accablée coup sur coup augmentèrent l'intérêt que lui portaient les vrais amis de mon père. Au premier rang était le bon M. Defermont. Il travaillait presque tous les jours avec le premier Consul, et ne manquait presque jamais d'intercéder pour Adolphe et surtout pour sa mère désolée. Enfin, le général Bonaparte lui répondit un jour : « que
« bien qu'il eût mauvaise opinion du bon sens de Berna-
« dotte, il ne le croyait pas assez dénué de jugement
« pour supposer qu'en conspirant contre le gouverne-
« ment, il eût mis dans sa confidence un lieutenant de
« vingt et un ans; que, d'ailleurs, le général Simon
« déclarait que c'était lui et le commandant Fourcart qui
« avaient mis les proclamations dans le coffre du cabrio-

« let du jeune Marbot; que, par conséquent, s'il était
« coupable, il devait l'être bien peu, mais que lui, pre-
« mier Consul, ne voulait relâcher l'aide de camp de
« Bernadotte que lorsque celui-ci viendrait en personne
« l'en solliciter. »

En apprenant la résolution de Bonaparte, ma mère courut chez Bernadotte pour le prier de faire cette démarche. Il le promit solennellement; mais les jours et les semaines s'écoulaient sans qu'il en fît rien. Enfin, il dit à ma mère : « Ce que vous me demandez
« me coûte infiniment; n'importe! Je dois cela à la
« mémoire de votre mari, ainsi qu'à l'intérêt que je
« porte à vos enfants. J'irai donc ce *soir même* chez le
« premier Consul et passerai chez vous en sortant des
« Tuileries. J'ai la certitude que je pourrai enfin vous
« annoncer la liberté de votre fils. » On comprend avec quelle impatience ma mère attendit pendant cette longue journée! Chaque voiture qu'elle entendait faisait battre son cœur. Enfin, onze heures sonnent, et Bernadotte ne paraît pas! Ma mère se rend alors chez lui, et qu'apprend-elle?... Que le général Bernadotte et sa femme viennent de partir pour les eaux de Plombières, d'où ils ne reviendront que dans deux mois! Oui, malgré sa promesse, Bernadotte avait quitté Paris sans voir le premier Consul! Ma mère désolée écrivit au général Bonaparte. M. Defermont, qui s'était chargé de remettre sa lettre, ne put, tant il était indigné de la conduite de Bernadotte, s'empêcher de raconter au premier Consul comment il avait agi à notre égard. Le général Bonaparte s'écria : « Je le reconnais bien là!... »

M. Defermont, les généraux Mortier, Lefebvre et Murat insistèrent alors pour que mon frère fût élargi, en faisant observer que, si ce jeune officier avait ignoré la conspiration, il serait injuste de le retenir en prison, et que s'il en avait su quelque chose, on ne pouvait exiger de lui qu'il se portât accusateur de Bernadotte, dont il était l'aide de camp. Ce raisonnement frappa le premier Consul, qui rendit la liberté à mon frère et l'envoya à Cherbourg, dans le 49ᵉ de ligne, ne voulant plus qu'il fût aide de camp de Bernadotte. Mais Bonaparte, qui avait à son usage une mnémonique particulière, grava probablement dans sa tête les mots : *Marbot, aide de camp de Bernadotte, conspiration de Rennes;* aussi, jamais mon frère ne put rentrer en faveur auprès de lui, et quelque temps après, il l'envoya à Pondichéry.

Adolphe avait passé un mois en prison ; le commandant Fourcart y resta un an, fut destitué, et reçut l'ordre de sortir de France. Il se réfugia en Hollande, où il vécut misérablement pendant *trente ans* du prix des leçons de français qu'il était réduit à donner, n'ayant aucune fortune.

Enfin, en 1832, il pensa à retourner dans sa patrie, et pendant le siège d'Anvers, je vis un jour entrer dans ma chambre une espèce de vieux maître d'école bien râpé; c'était Fourcart! Je le reconnus. Il m'avoua qu'il ne possédait pas un rouge liard!... Je ne pus m'empêcher, en lui offrant quelques secours, de faire une réflexion philosophique sur les bizarreries du destin! Voilà un homme qui, en 1802, était déjà chef de bataillon et que son courage, joint à ses moyens, eût certainement porté au grade de général, si le colonel Pinoteau n'eût pas songé à faire sa barbe au moment où la conspiration de Rennes allait éclater! Je conduisis Fourcart au maréchal Gérard, qui se souvenait aussi de lui. Nous le présentâmes au duc d'Orléans, qui voulut bien lui donner dans sa bibliothèque un emploi de 2,400 francs d'appointements. Il y vécut une quinzaine d'années.

Quant au général Simon et au colonel Pinoteau, ils furent envoyés et détenus à l'île de Ré pendant cinq ou six ans. Enfin, Bonaparte, devenu empereur, les rendit à la liberté. Pinoteau végétait depuis quelque temps à Ruffec, sa ville natale, lorsqu'en 1808 l'Empereur, se rendant en Espagne, s'y arrêta pour changer de chevaux. Le colonel Pinoteau se présenta résolument à lui et lui demanda à rentrer au service. L'Empereur savait que c'était un excellent officier, il le mit donc à la tête d'un régiment qu'il conduisit parfaitement bien pendant les guerres d'Espagne, ce qui, au bout de plusieurs campagnes, lui valut le grade de général de brigade.

Le général Simon fut aussi remis en activité. Il commandait une brigade d'infanterie dans l'armée de Masséna, lorsque, en 1810, nous envahîmes le Portugal. Au combat de Busaco, où Masséna commit la faute d'attaquer de front l'armée de lord Wellington, postée sur le haut d'une montagne d'un accès fort difficile, le pauvre général Simon, voulant faire oublier sa faute et récupérer le temps qu'il avait perdu pour son avancement, s'élance bravement, à la tête de sa brigade, franchit tous les obstacles, gravit les rochers sous une grêle de balles, enfonce la ligne anglaise et entre le premier dans les retranchements ennemis. Mais là, un coup de feu tiré à bout portant lui fracasse la mâchoire, au moment où la deuxième ligne anglaise, repoussait nos troupes, qui furent rejetées dans la vallée avec des pertes considérables. Les ennemis trouvèrent le malheureux général Simon couché dans la redoute parmi les morts et les mourants. Il n'avait presque plus figure humaine. Wellington le traita avec beaucoup d'égards, et dès qu'il fut transportable, il l'envoya en Angleterre comme prisonnier de guerre. On l'autorisa plus tard à rentrer en France; mais son horrible blessure ne lui permettant plus de servir, l'Empereur lui donna une pension, et l'on n'entendit plus parler de lui.

## CHAPITRE XVIII

Séjour à l'école de Versailles. — Biographie des frères de ma mère.

Après le malheur qui venait de la frapper, ma mère désirait vivement réunir auprès d'elle les trois fils qui lui restaient. Mon frère ayant reçu l'ordre de faire partie de l'expédition envoyée par le gouvernement aux grandes Indes, sous le commandement du général Decaen, put obtenir la permission de venir passer deux mois auprès de ma mère; Félix était au prytanée, et une circonstance heureuse me rapprocha moi-même de Paris.

L'école de cavalerie était alors à Versailles; chaque régiment y envoyait un officier et un sous-officier qui, après avoir perfectionné leur instruction, retournaient la propager dans les corps auxquels ils appartenaient. Or, il arriva qu'au moment où j'allais solliciter la permission de me rendre à Paris, le lieutenant du régiment détaché à l'école de cavalerie ayant terminé son cours, notre colonel me proposa d'aller le remplacer, ce que j'acceptai avec joie, car cela me donnait non seulement la faculté de revoir ma mère, mais encore la certitude de passer un an ou dix-huit mois à peu de distance d'elle. Mes préparatifs furent bientôt faits. Je vendis mon cheval, et prenant la diligence, je m'éloignai du 25ᵉ de chasseurs, dans lequel je ne devais plus rentrer; mais comme je l'ignorais alors, les adieux que je fis à mes camarades furent bien moins pénibles. A mon arrivée à Paris, je trouvai ma mère très affligée, tant à cause de la perte cruelle que nous venions de faire, que du prochain départ d'Adolphe pour l'Inde et de la détention de mon oncle Canrobert, laquelle se prolongeait indéfiniment.

Nous passâmes un mois en famille, après quoi mon frère aîné se rendit à Brest, où il s'embarqua bientôt pour Pondichéry sur le *Marengo*. Quant à moi, j'allai m'établir à l'école de cavalerie, casernée aux grandes écuries de Versailles.

On me logea au premier, dans les appartements occupés jadis par le prince de Lambesc, grand écuyer. J'avais une très grande chambre et un immense salon ayant vue sur l'avenue de Paris et la place d'Armes. Je fus d'abord très étonné qu'on eût traité si bien l'élève le plus récemment arrivé, mais j'appris bientôt que personne n'avait voulu de cet appartement, à cause de son immensité, qui le rendait vraiment glacial, et que très peu d'officiers-élèves avaient le moyen de faire du feu. Heureusement que je n'en étais pas tout à fait réduit là. Je fis établir un bon poêle, et avec un très grand paravent, je fis dans le vaste appartement une petite chambre, que je meublai passablement, car on ne nous fournissait qu'une table, un lit et deux chaises, ce qui était peu en rapport avec les vastes pièces de mon logement. Je m'arrangeai cependant très bien dans mon appartement, qui devint même charmant au retour du printemps.

Il ne faut pas que le titre d'élève qui nous était donné vous porte à croire qu'on nous menait comme des écoliers, car nous étions libres de nos actions, trop libres même. Nous étions commandés par un vieux colonel, M. Maurice, que nous ne voyions presque jamais et qui ne se mêlait de rien. Nous avions, trois jours par semaine, manège civil sous les célèbres écuyers Jardins et Coupé, et nous nous y rendions quand cela nous convenait. L'après-midi, un excellent vétérinaire, M. Valois, faisait un cours d'hippiatrique, mais personne ne contraignait les élèves à l'assiduité ni à l'étude. Les trois autres jours étaient consacrés à la partie militaire. Le matin, manège réglementaire tenu par les deux seuls capitaines de l'école, et l'après-midi, théorie faite par eux. Une fois les exercices terminés, les capitaines disparaissaient, et chaque élève allait où bon lui semblait.

Il fallait, vous en conviendrez, une bien grande volonté d'apprendre pour réussir dans une école aussi mal tenue, et cependant la majeure partie des élèves faisaient des progrès, parce que, destinés à devenir *instructeurs* dans leurs régiments respectifs, leur amour-propre les portait à craindre de ne pas être à la hauteur de ces fonctions. Ils travaillaient donc passablement, mais pas à beaucoup près autant qu'on le fait actuellement à l'école de Saumur. Quant à la conduite, nos chefs ne s'en informaient même pas, et pourvu que les élèves ne portassent pas le trouble dans l'intérieur de l'établissement, on leur laissait faire tout ce qui leur plaisait. Ils sortaient à toutes heures, n'étaient assujettis à aucun appel, mangeaient dans les hôtels qui leur convenaient, découchaient, et allaient même à Paris sans en demander la permission. Les élèves sous-officiers avaient un peu moins de liberté. Deux adjudants assez sévères les commandaient et les forçaient de rentrer à dix heures du soir.

Comme chacun de nous portait le costume de son régiment, la réunion de l'école offrait un spectacle étrange, mais intéressant, lorsque, le premier de chaque mois, nous passions en grande tenue la revue destinée à l'établissement des feuilles de solde ; car on voyait dans cette revue tous les uniformes de la cavalerie française.

Les officiers-élèves appartenant à différents corps, et n'étant réunis que pour un temps limité à la durée des cours, il ne pouvait exister entre eux cette bonne camaraderie qui fait le charme de la vie de régiment. Nous étions d'ailleurs trop nombreux (quatre-vingt-dix) pour qu'il s'établît une grande intimité entre tous. Il y avait des coteries, mais pas de liaisons. Au surplus, je ne sentis nullement le besoin de faire société avec mes nouveaux camarades. Je partais tous les samedis pour Paris, où je passais toute la journée du lendemain et une bonne partie du lundi auprès de ma mère. Celle-ci avait à Versailles deux anciennes amies de Rennes, les comtesses de Châteauville, vieilles dames fort respectables, très instruites, et qui recevaient société choisie. J'allais deux ou trois fois par semaine passer la soirée chez elles. J'employais les autres soirs à la lecture, que j'ai toujours fort aimée, car si les collèges mettent l'homme sur la voie de l'instruction, il doit l'achever lui-même par la lecture. Quel bonheur j'éprouvais, au milieu d'un hiver fort rude, à rentrer chez moi après le dîner, à faire un bon feu, et là, seul, retranché derrière mon paravent en face de ma petite lampe, à lire jusqu'à huit ou neuf heures ; puis je me couchais pour ménager mon bois et je continuais ma lecture jusqu'à minuit ! Je relus ainsi Tacite, Xénophon, ainsi que presque tous les auteurs classiques grecs et latins. Je revis l'histoire romaine, celle de France et des principaux États de l'Europe. Mon temps, ainsi partagé entre ma mère, les exercices de l'école, un peu de bonne société et mes chères lectures, se passait fort agréablement.

Je commençai à Versailles l'année 1803. Le printemps

amena quelques modifications dans mon genre de vie. Tous les officiers-élèves avaient un cheval à eux ; je consacrai donc une partie de mes soirées à faire de longues promenades dans les bois magnifiques qui avoisinent Versailles, Marly et Meudon.

Dans le cours du mois de mai, ma mère éprouva une bien vive joie : son frère aîné, M. de Canrobert, sortit de la prison du Temple, et les deux autres, MM. de l'Isle et de la Coste, ayant été rayés de la liste des émigrés, rentrèrent en France et vinrent à Paris.

L'aîné des frères de ma mère, M. Certain de Canrobert, était un homme de beaucoup d'esprit et d'une amabilité parfaite. Il entra fort jeune au service, comme sous-lieutenant dans le régiment de Penthièvre-infanterie, et fit, sous le lieutenant général de Vaux, toutes les campagnes de la guerre de Corse, où il se distingua. Rentré en France après la conquête de ce pays, il compléta les vingt-quatre ans de service qui lui valurent la croix de Saint-Louis, et il était capitaine, lorsqu'il épousa Mlle de Sanguinet ; il se retira alors au château de Laval de Cère. Devenu père d'un fils et d'une fille, M. de Canrobert vivait heureux dans son manoir, lorsque la révolution de 1789 éclata. Il fut contraint d'émigrer, pour éviter l'échafaud dont on le menaçait ; tous ses biens furent confisqués, vendus, et sa femme fut incarcérée avec ses deux jeunes enfants. Ma mère obtint la permission d'aller visiter sa malheureuse belle-sœur, qu'elle trouva dans une tour froide et humide, accablée par la fièvre, qui emporta ce jour-là même sa petite fille !
A force de démarches et de supplications, ma mère obtint l'élargissement de sa belle-sœur ; mais celle-ci mourut peu de jours après, des suites de la maladie qu'elle avait contractée dans la prison. Ma mère prit alors soin du jeune garçon, nommé Antoine. Il fut mis

par la suite au collège, puis à l'École militaire, dont il devint un des meilleurs élèves. Enfin, ce digne demi-frère de Marcellin de Canrobert devint officier d'infanterie et se fit bravement tuer sur le champ de bataille de Waterloo.

Mon oncle fut un des premiers émigrés qui, sous le Consulat, obtinrent l'autorisation de rentrer en France; il recouvra quelques parcelles de son bien, et épousa une des filles de M. Niocel, ancien ami de la famille. La nouvelle Mme de Canrobert devint mère de notre bon et brave cousin Marcellin de Canrobert[1], qui s'est si souvent distingué en Afrique, où il est aujourd'hui colonel de zouaves. Combien son père eût été fier d'un tel fils! Mais il mourut avant de pouvoir être témoin de ses succès.

M. Certain de l'Isle, second frère de ma mère, était un des plus beaux hommes de France. La Révolution le trouva lieutenant au régiment de Penthièvre, où servaient son frère aîné et plusieurs de ses oncles. Il suivit l'impulsion de presque tous ses camarades et émigra en compagnie de son plus jeune frère, M. Certain de la Coste, qui servait dans les gardes du corps du Roi. Depuis leur sortie de France, les deux frères ne se quittèrent plus. Ils se retirèrent d'abord dans le pays de Bade, mais leur tranquillité fut bientôt troublée : les armées françaises passèrent le Rhin, et comme tout émigré qui tombait en leur pouvoir était fusillé, en vertu des décrets de la Convention, force fut à mes oncles de s'enfoncer à la hâte dans l'intérieur de l'Allemagne. Le manque d'argent les obligeait à voyager à pied, ce qui accabla bientôt le pauvre la Coste. Ils éprouvaient beaucoup de difficultés pour se loger, car tout était occupé par les militaires autrichiens. La Coste tomba

---

[1] Aujourd'hui le maréchal Canrobert.

malade; son frère le soutenait; ils gagnèrent ainsi une petite ville du Wurtemberg, et ils entrèrent dans un mauvais cabaret, où ils trouvèrent un cabinet et un lit. Au point du jour, ils virent les Autrichiens s'éloigner et apprirent que les Français allaient occuper la ville. La Coste, incapable de se mouvoir, engageait de l'Isle à pourvoir à sa sûreté, en le laissant à la garde de Dieu; mais de l'Isle déclara formellement qu'il n'abandonnerait pas son frère mourant. Cependant, deux volontaires français se présentèrent bientôt au cabaret avec un billet de logement. L'hôte les conduisit au cabinet occupé par mes oncles, auxquels il signifia qu'ils eussent à s'éloigner. On a dit avec raison que, pendant la Révolution, l'honneur français s'était réfugié dans les armées. Les deux soldats, voyant la Coste mourant, déclarèrent à l'aubergiste que non seulement ils voulaient le garder avec eux, mais qu'ils demandaient au premier étage une grande chambre à plusieurs lits, où ils s'établirent avec mes deux oncles. En pays ennemi, le vainqueur étant le maître, l'aubergiste obéit aux deux volontaires français, qui, pendant quinze jours que leur bataillon resta cantonné dans la ville, eurent un soin infini de MM. de la Coste et de l'Isle; ils les faisaient participer aux bons repas que leur hôte était obligé de fournir, selon les usages de la guerre, et ce régime confortable, joint au repos, rétablit un peu la santé de la Coste.

En se séparant d'eux, les volontaires, qui appartenaient à un bataillon de la Gironde, voulant donner à leurs nouveaux amis le moyen de passer au milieu des colonnes françaises sans être arrêtés, ôtèrent de leurs uniformes les boutons de métal qui portaient le nom de leur bataillon, et les attachèrent aux habits bourgeois de mes oncles, qui purent ainsi se faire passer pour des cantiniers. Avec ce passeport d'un nouveau genre, ils traversèrent tous les cantonnements français sans éveiller aucun soupçon. Ils se rendirent en Prusse et s'établirent ensuite dans la ville de Hall, où M. de l'Isle trouva de nombreuses leçons à donner. Ils y vécurent paisiblement jusqu'en 1803, époque où, ma mère étant parvenue à les faire rayer de la liste des émigrés, mes deux oncles rentrèrent en France, au bout de douze ans d'exil.

## CHAPITRE XIX

Immenses préparatifs sur la côte. — Je suis nommé aide de camp d'Augereau.

Mais revenons à Versailles. Pendant que j'y suivais les cours de l'école de cavalerie, de grands événements se préparaient en Europe. La jalousie de l'Angleterre, excitée par la prospérité de la France, l'ayant portée à rompre la paix d'Amiens, les hostilités recommencèrent; et le premier Consul résolut de les pousser vivement, en conduisant une armée sur le sol de la Grande-Bretagne, opération hardie, très difficile, mais cependant pas impossible. Pour la mettre à exécution, Napoléon, qui venait de s'emparer du Hanovre, patrimoine particulier de l'Angleterre, forma sur les côtes de la mer du Nord et de la Manche plusieurs corps d'armée. Il fit construire et réunit à Boulogne, ainsi que dans les ports voisins, une immense quantité de péniches et bateaux plats, sur lesquels il comptait embarquer ses troupes.

Tout ce qui était militaire se mettant en mouvement pour cette guerre, je regrettais de ne pas y participer, et je comprenais combien la reprise des hostilités allait rendre ma position fausse : car, destiné à aller porter dans mon régiment l'instruction que j'avais acquise à l'école de cavalerie, je me voyais condamné à passer plusieurs années dans un dépôt, la cravache à la main, et faisant trotter les recrues sur de vieux chevaux, pendant que mes camarades feraient la guerre à la tête des cavaliers formés par moi. Cette perspective était peu agréable; mais comment la changer? Un régiment doit toujours être alimenté par des recrues, et il était certain que mon colonel, m'ayant envoyé à l'école de cavalerie pour apprendre à dresser ces recrues, ne voudrait pas se priver des services que je pouvais rendre sous ce rapport, et m'exclurait de ses escadrons de guerre! J'étais dans cette perplexité, lorsqu'un jour, me promenant au bout de l'avenue de Paris, mon livre de théorie à la main, il me vint une idée lumineuse, qui a totalement changé ma destinée, et infiniment contribué à m'élever au grade que j'occupe.

Je venais d'apprendre que le premier Consul, ayant à se plaindre de la cour de Lisbonne, avait ordonné de former à Bayonne un corps d'armée destiné à entrer en Portugal, sous les ordres du général en chef Augereau. Je savais que celui-ci devait une partie de son avancement à mon père, sous les ordres duquel il avait servi au camp de Toulon et aux Pyrénées, et bien que l'expérience que j'avais acquise à Gênes, après la mort de mon père, ne dût pas me donner une bonne opinion de la reconnaissance des hommes, je résolus d'écrire au général Augereau pour lui faire connaître ma position et le prier de m'en sortir, en me prenant pour un de ses aides de camp. Ma lettre écrite, je l'envoyai à ma mère, pour savoir si elle l'approuvait : non seulement elle lui donna son assentiment, mais sachant qu'Augereau était à Paris, elle voulut la lui remettre elle-même. Augereau reçut la veuve de son ami avec les plus grands égards; montant sur-le-champ en voiture, il se rendit chez le ministre de la guerre, et, le soir même, il porta à ma mère mon brevet d'aide de camp. Ainsi se trouva accompli le désir que, vingt-quatre heures avant, je considérais comme un rêve!... Dès le lendemain, je courus remercier le général. Il me reçut à merveille, en m'ordonnant de venir le joindre le plus tôt possible à Bayonne, où il allait se rendre immédiatement. Nous étions au mois d'octobre, j'avais donc terminé le premier cours de l'école de cavalerie, et peu curieux de suivre le second, je quittai Versailles plein de joie; mes pressentiments me disaient que j'entrais dans une voie nouvelle, bien plus avantageuse que celle d'instructeur de régiment; ils ne me trompèrent point, car, neuf ans après, j'étais colonel, tandis que[1] les camarades que j'avais laissés à l'école de cavalerie étaient à peine capitaines!

Je me rendis promptement à Bayonne, où je pris possession de mon emploi d'aide de camp du général en chef. Celui-ci occupait, à un quart de lieue de la ville, le beau château de Marac, dans lequel l'Empereur résida quelques années après. Je fus parfaitement reçu par le général Augereau, ainsi que par mes nouveaux camarades, ses aides de camp, qui presque tous avaient servi sous mon père. Cet état-major, bien qu'il n'ait pas donné à l'armée autant d'officiers généraux que celui de Bernadotte, était cependant fort bien composé. Le général Dongelot, chef d'état-major, était un homme d'une haute capacité qui devint plus tard gouverneur des îles Ioniennes, puis de la Martinique. Le sous-chef d'état-major se nommait le colonel Albert. Il mourut général, aide de camp du duc d'Orléans. Les aides de camp étaient : le colonel Sicard, qui périt à Heilsberg, les chefs d'escadron Brame, qui se retira à Lille après la paix de Tilsitt, et Massy, tué comme colonel à la Moskowa; le capitaine Chévetel et le lieutenant Mainvielle; le premier se retira dans ses terres de Bretagne, et le second finit sa carrière à Bayonne. J'étais le sixième et le plus jeune des aides de camp.

Enfin, l'état-major était complété par le docteur Raymond, excellent praticien et homme des plus honorables, qui me fut d'un grand secours à la bataille d'Eylau.

Le demi-frère du maréchal, le colonel Augereau, suivait l'état-major; c'était un homme très doux, qui devint plus tard lieutenant général.

## CHAPITRE XX

Augereau. — Divers épisodes de sa carrière.

Je dois maintenant vous donner la biographie du maréchal Augereau.

La plupart des généraux qui se firent un nom dans les premières guerres de la Révolution étant sortis des rangs inférieurs de la société, on s'est imaginé, à tort, qu'ils n'avaient reçu aucune éducation, et n'avaient dû leurs succès qu'à leur bouillant courage. Augereau surtout a été fort mal jugé. On s'est complu à le représenter comme une espèce de sacripant, dur, tapageur et méchant; c'est une erreur, car bien que sa jeunesse ait été fort orageuse, et qu'il soit tombé dans plusieurs erreurs politiques, il était bon, poli, affectueux, et je déclare que des cinq maréchaux auprès desquels j'ai servi, c'était incontestablement celui qui allégeait le plus les maux de la guerre, qui était le plus favorable aux populations et traitait le mieux ses officiers, avec lesquels il vivait comme un père au milieu de ses enfants. La vie du maréchal Augereau fut des plus agitées; mais, avant de la juger, il faut se reporter aux usages et coutumes de l'époque.

Pierre Augereau naquit à Paris en 1757. Son père faisait un commerce de fruits fort étendu, et avait acquis une fortune qui lui permit de faire bien élever ses enfants. Sa mère était née à Munich; elle eut le bon esprit de ne jamais employer avec son fils que la langue allemande, que celui-ci parlait parfaitement, et cette circonstance lui fut fort utile dans ses voyages, ainsi qu'à la guerre. Augereau avait une belle figure; il était grand et bien constitué. Il aimait tous les exercices du corps, pour lesquels il avait une très grande aptitude. Il était bon écuyer et excellent tireur. A l'âge de dix-sept ans, Augereau ayant perdu sa mère, un frère de celle-ci, employé dans les bureaux de Monsieur, le fit entrer dans les carabiniers, dont ce prince était colonel propriétaire.

Il passa plusieurs années à Saumur, garnison habituelle des carabiniers. Sa manière de servir et sa bonne conduite le portèrent bientôt au grade de sous-officier. Malheureusement, on avait à cette époque la manie des duels. La réputation d'excellent tireur qu'avait Augereau le contraignit à en avoir plusieurs, car le grand genre parmi les bretteurs était de ne souffrir aucune supériorité. Les gentilshommes, les officiers, les soldats, se battaient pour les motifs les plus futiles. Ainsi, Augereau se trouvant en semestre à Paris, le célèbre maître d'escrime Saint-George, le voyant passer, dit en présence de plusieurs tireurs que c'était une des meilleures lames de France. Là-dessus, un sous-officier de dragons, nommé Belair, qui avait la prétention d'être le plus habile après Saint-George, écrit à Augereau qu'il voulait se battre avec lui, à moins qu'il ne consentît à reconnaître sa supériorité. Augereau lui ayant répondu qu'il n'en ferait rien, ils se rencontrèrent aux Champs-Élysées, et Belair reçut un grand coup d'épée qui le perça de part en part... Ce bretteur guérit, et ayant quitté le service, il se maria et devint père de huit enfants, qu'il ne savait comment nourrir, lorsque, dans les premiers jours de l'Empire, il eut la pensée de s'adresser à son ancien adversaire, devenu maréchal. Cet homme, que j'ai connu, avait de l'esprit et une gaieté fort originale. Il se présenta chez Augereau avec un petit violon sous le bras, et lui dit que, n'ayant pas de quoi donner à dîner à ses huit enfants, il allait leur faire danser des contredanses pour les égayer, à moins que le maréchal ne voulût bien le mettre à même de leur servir une nourriture plus substantielle. Augereau reconnut Belair, l'invita à dîner, lui donna de l'argent, lui fit avoir peu de jours après un très bon emploi dans l'administration des messageries, et fit placer deux de ses fils dans un lycée. Cette conduite n'a pas besoin de commentaires.

Tous les duels qu'eut Augereau ne se terminèrent pas ainsi. Par suite d'un usage des plus absurdes, il existait entre divers régiments des haines invétérées, dont la cause, fort ancienne, n'était souvent pas bien connue, mais qui, transmise d'âge en âge, donnait lieu à des duels, chaque fois que ces corps se rencontraient. Ainsi, les gendarmes de Lunéville et les carabiniers étaient en guerre depuis plus d'un demi-siècle, bien qu'ils ne se fussent pas vus dans ce long espace de temps. Enfin, au commencement du règne de Louis XVI, ces deux corps furent appelés au camp de Compiègne; alors, pour ne point paraître moins braves que leurs devanciers, les carabiniers et les gendarmes résolurent de se battre, et cette habitude était tellement invétérée que les chefs crurent devoir fermer les yeux. Cependant, pour éviter la trop grande effusion du sang, ils parvinrent à faire régler qu'il n'y aurait qu'un seul duel; chacun des deux corps devant désigner le combattant qui le représenterait, après quoi, on ferait une trêve. L'amour-propre des deux partis étant engagé à ce que le champion présenté fût victorieux, les carabiniers choisirent leurs douze meilleurs tireurs, parmi lesquels se trouvait Augereau, et l'on convint que le sort désignerait celui auquel la défense de l'honneur du régiment serait confiée. Il fut ce jour-là plus aveugle encore que de coutume, car il indiqua un sous-officier ayant cinq enfants : il s'appelait Donnadieu. Augereau fit observer qu'on n'aurait pas dû mettre parmi les billets celui qui portait le nom d'un père de famille, qu'il demandait donc à être substitué à son camarade. Donnadieu déclare que, puisque le sort l'a désigné, il marchera; Augereau insiste ; enfin, ce combat de générosité est terminé par les membres de la réunion, qui acceptent la proposition d'Augereau. On apprend bientôt quel est le combattant choisi par les gendarmes, et il ne reste plus qu'à mettre les adversaires en présence, pour qu'un simulacre de querelle serve de motif à la rencontre.

L'adversaire d'Augereau était un homme terrible, tireur excellent et duelliste de profession, qui, pour peloter, en attendant partie, avait les jours précédents tué deux sergents des gardes françaises. Augereau, sans se laisser intimider par la réputation de ce spadassin, se rend au café où il savait qu'il devait venir, et en l'attendant, il s'assied à une table. Le gendarme entre, et dès qu'on lui a désigné le champion des carabiniers, il retrousse les basques de son habit, et va s'asseoir insolemment sur la table, le derrière à un pied de la figure d'Augereau. Celui-ci, qui prenait en ce moment une tasse de café bien chaud, entr'ouvre doucement l'échancrure, appelée ventouse, qui existait alors derrière les culottes de peau des cavaliers, et verse le liquide brûlant sur les fesses de l'impertinent gendarme... Celui-ci se retourne en fureur !... Voilà la querelle engagée, et l'on se rend sur le terrain, suivi d'une foule de carabiniers et de gendarmes. Pendant le trajet, le féroce gendarme, voulant railler celui dont il comptait faire sa victime, demande à Augereau d'un ton goguenard : « Voulez-vous être enterré à la ville ou à la campagne ? » Augereau répondit : « Je préfère la campagne, j'ai toujours aimé le grand air. » — « Eh bien, reprend le gendarme, en s'adressant à son témoin, tu le feras mettre à côté des deux que j'ai expédiés hier et avant-hier. » C'était peu encourageant, et tout autre qu'Augereau aurait pu en être ému. Il ne le fut pas ; mais résolu à défendre chèrement sa vie, il joua, comme on dit, si serré et si bien, que son adversaire, furieux de ne pouvoir le toucher, s'emporta et fit de faux mouvements, dont Augereau, toujours calme, profita pour lui passer son épée au travers du corps, en lui disant : « Vous serez enterré à la campagne. »

Le camp terminé, les carabiniers retournèrent à Saumur. Augereau y continuait paisiblement son service, lorsqu'un événement fatal le jeta dans une vie fort aventureuse.

Un jeune officier d'une grande naissance et d'un caractère très emporté, ayant trouvé quelque chose à redire dans la manière dont on faisait le pansage des chevaux, s'en prit à Augereau, et, dans un accès de colère, voulut le frapper de sa cravache, en présence de tout l'escadron. Augereau, indigné, fit voler au loin la cravache de l'imprudent officier. Celui-ci, furieux, mit l'épée à la main et fondit sur Augereau, en lui disant : « Défendez-vous ! » Augereau se borna d'abord à parer ; mais ayant été blessé, il finit par riposter, et l'officier tomba raide mort !

Le général comte de Malseigne, qui commandait les carabiniers au nom de Monsieur, fut bientôt instruit de cette affaire, et bien que les témoins oculaires s'accordassent à dire qu'Augereau, provoqué par la plus injuste agression, s'était trouvé dans le cas de légitime défense, le général, qui portait intérêt à Augereau, jugea convenable de le faire éloigner. Pour cela, il fit venir un carabinier natif de Genève, nommé Papon, dont le temps de service expirait dans quelques jours, et l'invita à remettre sa feuille de route à Augereau, lui promettant de lui en faire délivrer plus tard une seconde. Papon consentit, et Augereau lui en témoigna toujours une vive reconnaissance. Augereau, arrivé à Genève, apprit que le conseil de guerre, nonobstant les déclarations des témoins, l'avait condamné à la peine de mort, pour avoir osé mettre l'épée à la main contre un officier!

La famille Papon faisait de grands envois de montres en Orient. Augereau résolut d'accompagner le commis qu'elle y envoyait, et se rendit avec lui en Grèce, dans l'archipel Ionien, à Constantinople et sur le littoral de la mer Noire. Il se trouvait en Crimée, lorsqu'un colonel russe, jugeant à sa belle prestance qu'il avait été militaire, lui offrit le grade de sergent. Augereau l'accepta, servit plusieurs années dans l'armée russe, que le célèbre Souwaroff commandait contre les Turcs, et fut blessé à l'assaut d'Ismaïloff. La paix ayant été faite entre la Porte et la Russie, le régiment dans lequel servait Augereau fut dirigé vers la Pologne; mais celui-ci, ne voulant pas rester davantage parmi les Russes, alors à demi barbares, déserta et gagna la Prusse, où il servit d'abord dans le régiment du prince Henri; puis sa haute taille et sa bonne mine le firent admettre dans le célèbre régiment des gardes du grand Frédéric. Il y était depuis deux ans, et son capitaine lui faisait espérer de l'avancement, lorsque le Roi, passant la revue de ses gardes, s'arrêta devant Augereau en disant : « Voilà un beau grenadier!... De quel pays est-il? — Il est Français, Sire. — Tant pis! répondit Frédéric, qui avait fini par détester les Français autant qu'il les avait aimés, tant pis! car s'il eût été Suisse ou Allemand, nous en eussions fait quelque chose. »

Augereau, persuadé dès lors qu'il ne serait jamais rien en Prusse, puisqu'il le tenait de la propre bouche du Roi, résolut de quitter ce pays; mais la chose était on ne peut plus difficile, parce que, dès que la désertion d'un soldat était signalée par un coup de canon, les populations se mettaient à sa poursuite pour gagner la récompense promise, et, le déserteur pris, on le fusillait sans rémission.

Pour éviter ce malheur et reconquérir sa liberté, Augereau, qui savait qu'un grand tiers des gardes, étrangers comme lui, n'aspirait qu'à s'éloigner de la Prusse, s'aboucha avec une soixantaine des plus courageux, auxquels il fit comprendre qu'en désertant isolément, on se perdrait, parce qu'il suffirait de deux ou trois hommes pour vous arrêter; mais qu'il fallait partir tous ensemble, avec armes et munitions, afin de pouvoir se défendre. C'est ce qu'ils firent, sous la conduite d'Augereau. Ces hommes déterminés, attaqués en route par des paysans et même par un détachement de soldats, perdirent plusieurs des leurs, mais tuèrent plus d'ennemis, et gagnèrent, en une nuit, un petit pays appartenant à la Saxe et qui n'est qu'à dix lieues de Potsdam. Augereau se rendit à Dresde, où il donna des leçons de danse et d'escrime, jusqu'à l'époque de la naissance du premier Dauphin, fils de Louis XVI, naissance que le gouvernement français célébra en amnistiant tous les déserteurs, ce qui permit à Augereau non seulement de revenir à Paris, mais aussi de rentrer aux carabiniers, son jugement ayant été cassé, et le général de Malseigne le réclamant comme un des meilleurs sous-officiers du corps. Augereau avait donc recouvré son grade et sa position, lorsqu'en 1788, le roi de Naples, sentant le besoin de remettre son armée sur un bon pied, pria le roi de France de lui envoyer un certain nombre d'officiers et de sous-officiers instructeurs, auxquels il donnerait le grade supérieur au leur. M. le comte de Pommereul, qui devint plus tard général et préfet de l'Empire, fut le directeur de tous les instructeurs envoyés à Naples. Augereau fit partie de ce détachement, et reçut le grade de sous-lieutenant, en arrivant à Naples. Il y servit plusieurs années, et venait d'être fait lieutenant, lorsque, s'étant épris de la fille d'un négociant grec, il la demanda en mariage. Celui-ci n'ayant pas voulu consentir à cette union, les deux amants se marièrent en secret, puis, montant sur le premier navire qu'ils trouvèrent en partance, ils se rendirent à Lisbonne, où ils vécurent paisiblement pendant quelque temps.

On était à la fin de 1792. La Révolution française marchait à grands pas, et tous les souverains de l'Europe, redoutant de voir introduire dans leurs États les principes nouveaux, étaient devenus fort sévères pour tout ce qui était Français. Augereau m'a souvent assuré que pendant son séjour en Portugal, il n'avait jamais rien fait, ni dit, qui pût alarmer le gouvernement; il fut cependant arrêté et conduit dans les prisons de l'Inquisition! Il y languissait depuis quelques mois, lorsque Mme Augereau, femme d'un grand courage, ayant vu entrer dans le port un navire avec un pavillon tricolore, se rendit à bord, pour remettre au capitaine une lettre par laquelle elle informait le gouvernement français de l'arrestation arbitraire de son mari. Bien que le capitaine du navire français n'appartînt pas à la marine militaire, il se rendit résolument auprès des ministres portugais, réclama son compatriote détenu à l'Inquisition, et sur leur refus, il leur déclara fièrement la guerre au nom de la France! Soit que les Portugais fussent effrayés, soit qu'ils comprissent qu'ils avaient agi injustement, Augereau fut rendu à la liberté et revint au Havre, ainsi que sa femme, sur le navire de ce brave capitaine.

Arrivé à Paris, Augereau fut nommé capitaine et envoyé dans la Vendée, où il sauva, par ses conseils et son courage, l'armée de l'incapable général Roucin, ce qui lui valut le grade de chef de bataillon. Dégoûté de combattre contre des Français, Augereau demanda à aller aux Pyrénées et fut envoyé au camp de Toulouse, commandé par mon père, qui, très satisfait de sa manière de servir, le fit nommer adjudant général (colonel d'état-major) et le combla de marques d'affection, ce qu'Augereau n'oublia jamais. Devenu général, il se distingua dans les guerres d'Espagne, puis en Italie, principalement à Castiglione.

La veille de cette bataille, l'armée française, cernée de toutes parts, se trouvait dans la position la plus critique, lorsque le général en chef Bonaparte convoqua un conseil de guerre, le seul qu'il ait jamais consulté. Tous les généraux, même Masséna, opinèrent pour la retraite, lorsque Augereau, expliquant ce qu'il fallait faire pour sortir d'embarras, termina en disant : « Dussiez-vous tous partir, je reste, et, avec ma division, j'attaque l'ennemi au point du jour. » Bonaparte, frappé des raisons qui venaient d'être produites par Augereau, lui dit : « Eh bien ! je resterai avec toi ! » Dès lors, il ne fut plus question de retraite, et le lendemain, une éclatante victoire, due en grande partie à la valeur et aux belles manœuvres d'Augereau, raffermit pour longtemps la position des armées françaises en Italie. Aussi, lorsque quelques jaloux se permettaient de gloser contre Augereau en présence de l'Empereur, il répondait : « N'oublions pas qu'il nous a sauvés à Castiglione. » Et lorsqu'il créa une nouvelle noblesse, il nomma Augereau duc de Castiglione.

Le général Hoche venait de mourir ; Augereau le remplaça à l'armée du Rhin, et fut chargé, après l'établissement du consulat, de la direction de l'armée gallo-batave, composée de troupes françaises et hollandaises, avec lesquelles il fit en Franconie la belle campagne de 1800, et gagna la bataille de Burg-Eberach.

Après la paix, il acheta la terre et le château de La Houssaye. Je dirai, à propos de cette acquisition, qu'on a fort exagéré la fortune de certains généraux de l'armée d'Italie. Augereau, après avoir touché pendant vingt ans les appointements de général en chef ou de maréchal, avoir joui pendant sept ans d'une dotation de deux cent mille francs et du traitement de vingt-cinq mille francs sur la Légion d'honneur, n'a laissé à sa mort que quarante-huit mille francs de rente. Jamais homme ne fut plus généreux, plus désintéressé, plus obligeant. Je pourrais en citer plusieurs exemples; je me bornerai à deux.

Le général Bonaparte, après son élévation au consulat, forma une garde nombreuse, dont il mit l'infanterie sous le commandement du général Lannes. Celui-ci, militaire des plus distingués, mais nullement au fait de l'administration, au lieu de se conformer au tarif établi pour l'achat des draps, toiles et autres objets, ne trouvait jamais rien d'assez beau, de sorte que les employés de l'habillement et de l'équipement de la garde, enchantés de pouvoir traiter de gré à gré avec les fournisseurs, afin d'en obtenir des pots-de-vin, croyant du reste leurs déprédations couvertes par le nom du général Lannes, ami du premier Consul, établirent les uniformes avec un tel luxe, que lorsqu'il fallut régler les comptes, ils dépassaient de trois cent mille francs la somme accordée par les règlements ministériels. Le premier Consul, qui avait résolu de rétablir l'ordre dans les finances, et de forcer les chefs de corps à ne pas outrepasser les crédits alloués, voulut faire un exemple, et bien qu'il eût de l'affection pour le général Lannes, et fût convaincu que *pas un centime* n'était entré dans sa poche, il le déclara responsable du déficit de trois cent mille francs, ne lui laissant que huit jours pour verser cette somme dans les caisses de la garde, sous peine d'être traduit devant un conseil de guerre! Cette sévère décision produisit un excellent effet, en mettant un terme au gaspillage qui s'était introduit dans la comptabilité des corps ; mais le général Lannes, quoique récemment marié à la fille du sénateur Guéhéneuc, était dans l'impossibilité de payer, lorsque Augereau, informé de la fâcheuse position de son ami, court chez son notaire, prend trois cent mille francs, et charge son secrétaire de les verser au nom du général Lannes dans les caisses de la garde! Le premier Consul, informé de cette action, en sut un gré infini au général Augereau, et pour mettre Lannes en état de s'acquitter envers celui-ci, il lui donna l'ambassade de Lisbonne, qui était fort lucrative..

Voici un autre exemple de la générosité d'Augereau. Il était peu lié avec le général Bernadotte. Celui-ci venait d'acheter la terre de Lagrange, qu'il comptait payer avec la dot de sa femme ; mais ces fonds ne lui ayant pas été exactement remis, et ses créanciers le pressant, il pria Augereau de lui prêter deux cent mille francs pour cinq ans. Augereau y ayant consenti, Mme Bernadotte s'avisa de lui demander quel serait l'intérêt qu'il prendrait. « Madame, répondit Augereau, je conçois que
« les banquiers, les agents d'affaires retirent un pro-
« duit des fonds qu'ils prêtent ; mais lorsqu'un maréchal
« est assez heureux pour obliger un camarade, il ne doit
« en recevoir d'autre intérêt que le plaisir de lui rendre
« service. »

Voilà cependant l'homme qu'on a représenté comme

dur et avide! Je me bornerai, pour le moment, à ne rien citer de plus de la vie d'Augereau; le surplus de sa biographie se déroulera avec ma narration, qui signalera ses fautes, comme elle a fait et fera connaître ses belles qualités.

## CHAPITRE XXI

De Bayonne à Brest. — 1804. — Conspiration de Pichegru, Moreau et Cadoudal. — Mort du duc d'Enghien. — Bonaparte empereur.

Revenons à Bayonne, où je venais de rejoindre l'état-major d'Augereau. L'hiver est fort doux en cette contrée, ce qui permettait de faire manœuvrer les troupes du camp et de simuler de petites guerres, afin de nous préparer à aller combattre les Portugais. Mais la cour de Lisbonne ayant obtempéré à tout ce que voulait le gouvernement français, nous dûmes renoncer à passer les Pyrénées, et le général Augereau reçut l'ordre de se rendre à Brest, pour y prendre le commandement du 7ᵉ corps de l'armée des côtes, qui devait opérer une descente en Irlande.

La première femme du général Augereau, la Grecque, étant alors à Pau, celui-ci voulut aller lui faire ses adieux et prit avec lui trois aides de camp, au nombre desquels je me trouvais.

A cette époque, les généraux en chef avaient chacun un escadron de *guides*, dont un détachement escortait constamment leur voiture, tant qu'ils se trouvaient sur le territoire occupé par les troupes placées sous leurs ordres. Bayonne n'ayant pas encore de *guides*, on y suppléa en plaçant un peloton de cavalerie à chacun des relais situés entre Bayonne et Pau. C'était le régiment que je venais de quitter, le 25ᵉ de chasseurs, qui faisait ce service, de sorte que de la voiture dans laquelle je me prélassais avec le général en chef, je voyais mes anciens camarades trotter à la portière. Je n'en conçus aucun orgueil, mais j'avoue qu'en entrant à Puyoo, où vous m'avez vu deux ans avant arriver à pied, crotté et conduit par la gendarmerie, j'eus la faiblesse de me rengorger et de me faire reconnaître par le bon maire Bordenave, que je présentai au général en chef, auquel j'avais raconté ce qui m'était arrivé en 1801 dans cette commune; et comme la brigade de gendarmerie de Peyrehorade s'était jointe à l'escorte jusqu'à Puyoo, je reconnus les deux gendarmes qui m'avaient arrêté. Le vieux maire eut la malice de leur apprendre que l'officier qu'ils voyaient dans le bel équipage du général en chef était ce même voyageur qu'ils avaient pris pour un *déserteur*, bien que ses papiers fussent en règle, et le bonhomme était même tout fier du jugement qu'il avait rendu dans cette affaire.

Après vingt-quatre heures de séjour à Pau, nous retournâmes à Bayonne, d'où le général en chef fit partir Mainvielle et moi pour Brest, afin d'y préparer son établissement. Nous prîmes des places dans la malle-poste jusqu'à Bordeaux; mais là, nous fûmes obligés, faute de voitures publiques, d'enfourcher des bidets de poste, ce qui, de toutes les manières de voyager, est certainement la plus rude. Il pleuvait, les routes étaient affreuses, les nuits d'une obscurité profonde, et cependant il fallait se lancer au galop, malgré ces obstacles, car notre mission était pressée. Bien que je n'aie jamais été très bon écuyer, l'habitude que j'avais du cheval, et une année récemment passée au manège de Versailles, me donnaient assez d'assurance et de force pour enlever les affreuses rosses sur lesquelles nous étions forcés de monter. Je me tirai donc assez bien de mon apprentissage du métier de courrier, dans lequel vous verrez que les circonstances me forcèrent plus tard à me perfectionner. Il n'en fut pas de même de Mainvielle; aussi mîmes-nous deux jours et deux nuits pour nous rendre à Nantes, où il arriva brisé, rompu, et dans l'impossibilité de continuer le voyage à franc étrier. Cependant, comme nous ne pouvions pas exposer le général en chef à se trouver sans logement à son arrivée à Brest, il fut convenu que je me rendrais dans cette ville, et que Mainvielle me rejoindrait en voiture.

Dès mon arrivée, je louai l'hôtel du banquier Pasquier, frère de celui qui fut chancelier et président de la Chambre des pairs. Plusieurs de mes camarades, et Mainvielle lui-même, vinrent me joindre quelques jours après, et m'aidèrent à ordonner tout ce qui était nécessaire à l'établissement du général en chef, qui le trouva convenable pour le grand état de maison qu'il avait le projet d'y tenir.

1804. — Nous commençâmes à Brest l'année 1804.

Le 7ᵉ corps se composait de deux divisions d'infanterie et d'une brigade de cavalerie; ces troupes n'étant pas campées, mais seulement cantonnées dans les communes voisines, tous les généraux et leurs états-majors logeaient à Brest, dont la rade et le port contenaient un grand nombre de vaisseaux de tout rang. L'amiral et les chefs principaux de la flotte étaient aussi en ville, et les autres officiers y venaient journellement, de sorte que Brest offrait un spectacle des plus animés. L'amiral Truguet et le général en chef Augereau donnèrent plusieurs fêtes brillantes, car de tout temps les Français préludèrent ainsi à la guerre.

Dans le courant de février, le général Augereau partit pour Paris, où le premier Consul l'avait mandé afin de conférer avec lui sur le projet de descente en Irlande. Je fus du voyage.

A notre arrivée à Paris, nous trouvâmes l'horizon politique très chargé. Les Bourbons, qui avaient espéré que Bonaparte, en prenant les rênes du gouvernement, travaillerait pour eux, et se préparait à jouer le rôle de Monck, voyant qu'il ne songeait nullement à leur rendre la couronne, résolurent de le renverser. Ils ourdirent à cet effet une conspiration ayant pour chefs trois hommes célèbres, mais à des titres bien différents : le général Pichegru, le général Moreau et Georges Cadoudal.

Pichegru avait été professeur de mathématiques de Bonaparte au collège de Brienne, qu'il avait quitté pour prendre du service. La Révolution le trouva sergent d'artillerie. Ses talents et son courage l'élevèrent rapidement au grade de général en chef. Ce fut lui qui fit la conquête de la Hollande au milieu de l'hiver; mais l'ambition le perdit. Il se laissa séduire par les agents du prince de Condé, et entretint une correspondance avec ce prince, qui lui promettait de grands avantages et le titre de connétable, s'il employait l'influence qu'il avait sur les troupes au rétablissement de Louis XVIII sur le trône de ses pères. Le hasard, ce grand arbitre des destinées humaines, voulut qu'à la suite d'un combat où les troupes françaises commandées par Moreau avaient battu la division du général autrichien Kinglin, le fourgon de celui-ci, contenant les lettres adressées par Pichegru au prince de Condé, fut pris et amené à Moreau. Il était l'ami de Pichegru, auquel il devait en partie son avancement, et dissimula la capture qu'il avait faite tant que Pichegru eut du pouvoir; mais ce général, devenu représentant du peuple au conseil des Anciens, ayant continué d'agir en faveur des Bourbons, fut arrêté ainsi que plusieurs de ses collègues. Alors Moreau s'empressa d'adresser au Directoire les pièces qui démontraient la culpabilité de Pichegru, ce qui amena la déportation de celui-ci dans les déserts de la Guyane, à Sinamary. Il parvint, par son courage, à s'évader, gagna les États-Unis, puis l'Angleterre, et n'ayant, dès lors, plus de ménagements à garder, il se mit ouvertement à la solde de Louis XVIII et résolut de venir en France renverser le gouvernement consulaire. Cependant, comme il ne pouvait se dissimuler que destitué, proscrit, absent de France depuis plus de six ans, il ne pouvait plus avoir sur l'armée autant d'influence que le général Moreau, le vainqueur de Hohenlinden, et par cela même fort aimé des troupes dont il était inspecteur général, il consentit, par dévouement pour les Bourbons, à faire taire les motifs d'inimitié qu'il avait contre Moreau, et à s'unir à lui pour le triomphe de la cause à laquelle il s'était dévoué.

Moreau, né en Bretagne, faisait son cours de droit à Rennes lorsque la révolution de 1789 éclata; les étudiants, cette jeunesse turbulente, l'avaient pris pour chef, et lorsqu'ils formèrent un bataillon de volontaires, ils nommèrent Moreau commandant. Celui-ci, débutant dans la carrière des armes par un emploi d'officier supérieur, se montra brave, capable, et fut promptement élevé au généralat et au commandement en chef des armées. Il gagna plusieurs batailles et fit devant le prince Charles une retraite justement célèbre. Mais, bon militaire, Moreau manquait de *courage civil*. Nous l'avons vu refuser de se mettre à la tête du gouvernement, pendant que Bonaparte était en Égypte; et bien qu'il eût aidé celui-ci au 18 brumaire, il devint jaloux de sa puissance, dès qu'il le vit premier Consul; enfin il chercha tous les moyens de le supplanter, ce à quoi le poussait aussi, dit-on, la jalousie de sa femme et de sa belle-mère contre Joséphine.

D'après cette disposition d'esprit de Moreau, il ne devait pas être difficile de l'amener à s'entendre avec Pichegru pour le renversement du gouvernement.

Un Breton nommé Lajolais, agent de Louis XVIII et ami de Moreau, devint l'intermédiaire entre celui-ci et Pichegru; il allait continuellement de Londres à Paris; mais comme il s'aperçut bientôt que, tout en consentant au renversement de Bonaparte, Moreau avait le projet de garder le pouvoir pour lui-même, et nullement de le remettre aux Bourbons, on espérait qu'une entrevue du général avec Pichegru le ramènerait à de meilleurs sentiments. Celui-ci, débarqué par un vaisseau anglais sur les côtes de France, près du Tréport, se rendit à Paris, où Georges Cadoudal l'avait précédé, ainsi que M. de Rivière, les deux Polignac et autres royalistes.

Georges Cadoudal était le plus jeune des nombreux fils d'un meunier du Morbihan; mais comme un usage fort bizarre, établi dans une partie de la basse Bretagne, donnait tous les biens au dernier-né de chaque famille, Georges, dont le père était aisé, avait reçu une certaine éducation. C'était un homme court, aux épaules larges, au cœur de tigre, et que son courage audacieux avait appelé au commandement supérieur de toutes les bandes des chouans de la Bretagne.

Il vivait à Londres depuis la pacification de la Vendée; mais son zèle fanatique pour la maison de Bourbon ne lui permettant de goûter aucun repos, tant que le premier Consul serait à la tête du gouvernement français, il forma le dessein de le tuer, non par assassinat caché, mais en plein jour, en l'attaquant sur la route de Saint-Cloud avec un détachement de trente à quarante chouans à cheval, bien armés et portant l'uniforme de la garde consulaire. Ce projet avait d'autant plus de chances de réussir, que l'escorte de Bonaparte n'était ordinairement alors que de quatre cavaliers.

Une entrevue fut ménagée entre Pichegru et Moreau. Elle eut lieu la nuit, auprès de l'église de la Madeleine, alors en construction. Moreau consentait au renversement et même à la mort du premier Consul, mais refusait de concourir au rétablissement des Bourbons. La police particulière de Bonaparte lui ayant signalé de sourdes menées dans Paris, il ordonna l'arrestation de quelques anciens chouans qui s'y trouvaient, et l'un d'eux fit des révélations importantes, qui compromirent gravement le général Moreau, dont l'arrestation fut résolue au conseil des ministres.

Je me souviens que cette arrestation fit le plus mauvais effet dans le public, parce que Georges et Pichegru n'étant pas encore arrêtés, personne ne les croyait en France ; aussi disait-on que Bonaparte avait *inventé* la conspiration pour prendre Moreau. Le gouvernement avait donc le plus grand intérêt à prouver que Pichegru et Georges étaient à Paris, et qu'ils avaient vu Moreau. Toutes les barrières furent fermées pendant plusieurs jours, et une loi terrible fut portée contre ceux qui recéleraient les conspirateurs. Dès ce moment, il leur devint fort difficile de trouver un asile, et bientôt Pichegru, M. de Rivière et les Polignac tombèrent entre les mains de la police. Cette arrestation commença à ramener l'esprit public sur la réalité de la conspiration, et la capture de Georges acheva de dissiper les doutes qui auraient pu subsister encore à ce sujet. Georges ayant déclaré dans ses interrogatoires qu'il était venu pour tuer le premier Consul, et que la conspiration devait être appuyée par un prince de la famille royale, la police fut conduite à rechercher en quels lieux se trouvaient tous les princes de la maison de Bourbon. Elle apprit que le duc d'Enghien, petit-fils du grand Condé, habitait depuis peu de temps à Ettenheim, petite ville située à quelques lieues du Rhin, dans le pays de Bade. Il n'a jamais été prouvé que le duc d'Enghien fût un des chefs de la conspiration, mais il est certain qu'il avait commis plusieurs fois l'imprudence de se rendre sur le territoire français. Quoi qu'il en soit, le premier Consul fit passer secrètement le Rhin, pendant la nuit, à un détachement de troupes, commandé par le général Ordener, qui se rendit à Ettenheim, d'où il enleva le duc d'Enghien. On le dirigea sur-le-champ sur Vincennes, où il fut jugé, condamné à mort et fusillé avant que le public eût appris son arrestation. Cette exécution fut généralement blâmée. On concevrait que si le prince eût été pris sur le territoire français, on lui eût appliqué la loi qui dans ce cas portait la peine de mort; mais aller l'enlever au delà des frontières, en pays étranger, cela parut une violation inqualifiable du droit des gens.

Il sembla cependant que le premier Consul n'avait pas l'intention de faire exécuter le prince et ne voulait qu'effrayer le parti royaliste qui conspirait sa mort; mais le général Savary, chef de la gendarmerie, s'étant rendu à Vincennes, s'empara du prince après l'arrêt prononcé, et, par un excès de zèle, il le fit fusiller, afin, dit-il, d'éviter au premier Consul la peine d'ordonner la mort du duc d'Enghien, ou le danger de laisser la vie à un ennemi aussi dangereux. Savary a depuis nié ce propos, mais il l'aurait cependant tenu, à ce que m'ont assuré des témoins auriculaires. Il n'est pas moins certain que Bonaparte blâma l'empressement de Savary; mais le fait étant accompli, il dut en accepter les conséquences.

Le général Pichegru, honteux de s'être associé à des assassins, et ne voulant pas montrer en public le vainqueur de la Hollande mis en jugement avec des chouans criminels, se pendit avec sa cravate dans la prison. On prétendit qu'il avait été étranglé par des mameluks de la garde, mais le fait est controuvé. D'ailleurs, Bonaparte n'avait pas besoin de ce crime, et il avait plus d'intérêt à montrer Pichegru avili devant un tribunal que de le faire tuer en secret.

Georges Cadoudal, condamné à mort ainsi que plusieurs de ses complices, fut exécuté. Les frères Polignac et M. de Rivière, compris dans la même sentence, virent leur peine commuée en celle de la détention perpétuelle. Enfermés à Vincennes, ils obtinrent au bout de quelque temps l'autorisation d'habiter sur parole une maison de santé; mais, en 1814, à l'approche des alliés, ils s'évadèrent et allèrent rejoindre le comte d'Artois en Franche-Comté; puis, en 1815, ils furent les plus acharnés à poursuivre les bonapartistes.

Quant au général Moreau, il fut condamné à deux ans de détention. Le premier Consul le gracia, à condition qu'il se rendrait aux États-Unis. Il y vécut dans l'obscurité jusqu'en 1813, où il vint en Europe se ranger parmi les ennemis de son pays, et mourir en combattant les Français, confirmant par sa conduite toutes les accusations portées contre lui, à l'époque de la conjuration de Pichegru.

La nation française, fatiguée des révolutions, et voyant combien Bonaparte était nécessaire au maintien du bon ordre, oublia ce qu'il y avait eu d'odieux dans l'affaire du duc d'Enghien, et éleva Bonaparte sur le pavois, en le proclamant empereur le 25 mai 1804. Presque toutes les cours reconnurent le nouveau souverain de la France. A cette occasion, dix-huit généraux, pris parmi les plus marquants, furent élevés à la dignité de maréchaux de l'Empire, savoir, pour l'armée active : Berthier, Augereau, Masséna, Lannes, Davout, Murat, Moncey, Jourdan, Bernadotte, Ney, Bessières, Mortier, Soult et Brune; et pour le Sénat, Kellermann, Lefebvre, Pérignon et Sérurier.

## CHAPITRE XXII

1805. — Institution de la Légion d'honneur. — Camp de Boulogne. — Je suis fait lieutenant. — Mission. — Mort de mon frère Félix. — La Russie et l'Autriche nous déclarent la guerre.

Après le jugement de Moreau, nous retournâmes à Brest, d'où nous revînmes bientôt à Paris, le maréchal devant assister, le 14 juillet, à la distribution des décorations de la *Légion d'honneur*, ordre que l'Empereur avait nouvellement institué pour récompenser tous les genres de mérite. Je dois à ce sujet rappeler une anecdote qui fit grand bruit à cette époque. Pour faire participer aux décorations tous les militaires qui s'étaient distingués dans les armées de la République, l'Empereur se fit rendre compte des hauts faits de ceux qui avaient reçu des armes d'honneur, et il désigna un grand nombre d'entre eux pour la Légion d'honneur, bien que plusieurs de ceux-ci fussent rentrés dans la vie civile. M. de Narbonne, émigré rentré, vivait alors paisiblement à Paris, rue de Miromesnil, dans la maison voisine de celle qu'habitait ma mère. Or, le jour de la distribution des croix, M. de Narbonne, apprenant que son valet de pied, ancien soldat d'Égypte, venait d'être décoré, le fait venir, au moment de se mettre à table, et lui dit : « Il n'est pas convenable qu'un chevalier de la Légion « d'honneur donne des assiettes ; il l'est encore moins « qu'il quitte sa décoration pour faire son service ; « asseyez-vous donc auprès de moi, nous allons dîner

« ensemble, et demain vous irez occuper dans mes terres
« l'emploi de garde-chasse, qui n'a rien d'incompatible
« avec le port de votre décoration. »

L'Empereur, informé de ce trait de bon goût, et désirant depuis longtemps connaître M. de Narbonne, dont il avait entendu vanter le bon sens et l'esprit, le fit venir, et fut si satisfait de lui, que par la suite il le prit pour aide de camp. M. de Narbonne est le père de Mme la comtesse de Rambuteau. Après avoir distribué les croix à Paris, l'Empereur se rendit dans le même but au camp de Boulogne, où l'armée fut réunie sur un emplacement demi-circulaire, en face de l'Océan. La cérémonie fut imposante. L'Empereur y parut pour la première fois sur un trône, environné de ses maréchaux. L'enthousiasme fut indescriptible... La flotte anglaise, qui apercevait la cérémonie, envoya quelques navires légers pour essayer de la troubler par une forte canonnade, mais nos batteries des côtes leur ripostaient vivement. La fête terminée, l'Empereur, retournant à Boulogne suivi de tous les maréchaux et d'un cortège immense, s'arrêta derrière ces batteries, et, appelant le général Marmont, qui avait servi dans l'artillerie :
« Voyons, lui dit-il, si nous nous souvenons de notre
« ancien métier, et lequel de nous deux enverra une
« bombe sur ce brick anglais qui s'est tellement rappro-
« ché pour nous narguer... » L'Empereur, écartant alors le caporal d'artillerie chef de pièce, pointe le mortier ; on met le feu, et la bombe, frôlant les voiles du brick, va tomber dans la mer. Le général Marmont pointe à son tour, approche aussi du but, mais n'atteint pas non plus le brick, qui, voyant la batterie remplie de généraux, redoublait la vivacité de son feu. « Allons,
« reprends ton poste », dit Napoléon au caporal. Celui-ci ajuste à son tour, et fait tomber la bombe au beau milieu

du brick, qui, percé d'outre en outre par ce gros projectile, se remplit d'eau à l'instant, et coule majestueusement en présence de toute l'armée française. Celle-ci, enchantée de cet heureux présage, fit éclater les vivat les plus bruyants, tandis que la flotte anglaise s'éloignait à toutes voiles. L'Empereur félicita le caporal d'artillerie, et attacha la décoration à son habit.

Je participai aussi aux grâces distribuées ce jour-là. J'étais sous-lieutenant depuis cinq ans et demi, et j'avais fait plusieurs campagnes. L'Empereur, sur la demande du maréchal Augereau, me nomma lieutenant; mais je crus un moment qu'il allait me refuser ce grade, car, se souvenant qu'un Marbot avait figuré comme aide de camp de Bernadotte dans la conspiration de Rennes, il fronça le sourcil, lorsque le maréchal lui parla pour moi, et me dit en me regardant fixement : « Est-ce vous qui...? — Non, Sire! ce n'est pas moi qui...! lui répliquai-je vivement. — Oh! tu es le bon, toi... celui de Gênes et de Marengo, je te fais lieutenant... » L'Empereur m'accorda aussi une place à l'École militaire de Fontainebleau, pour mon jeune frère Félix, et à dater de ce jour, il ne me confondit plus avec mon frère aîné, qui lui fut toujours très antipathique, bien qu'il n'eût rien fait pour mériter sa haine.

Les troupes du 7e corps n'étant pas réunies dans des camps, la présence du maréchal Augereau était fort peu utile à Brest; aussi obtint-il l'autorisation de passer le reste de l'été et de l'automne dans sa belle terre de la Houssaye, près Tournan, en Brie. Je crois même que l'Empereur préférait le savoir là qu'au fond de la Bretagne, à la tête d'une nombreuse armée. Au surplus, les appréciations de Napoléon, au sujet du peu de dévouement du maréchal Augereau, n'étaient nullement fondées, et provenaient des menées souterraines d'un général S...

C'était un général de brigade employé au 7ᵉ corps. Il avait beaucoup de moyens et une ambition démesurée, mais il était tellement décrié sous le rapport de la probité, qu'aucun des officiers généraux ne frayait avec lui. Ce général, piqué de se voir ainsi repoussé par ses camarades, et voulant s'en venger, fit parvenir à l'Empereur une lettre où il dénonçait tous les généraux du 7ᵉ corps, ainsi que le maréchal, comme conspirant contre l'Empire! Je dois à Napoléon la justice de dire qu'il n'employa aucun moyen secret pour s'assurer de la vérité, se bornant à faire passer au maréchal Augereau la lettre de S...

Le maréchal croyait être certain qu'il ne se passait rien de grave dans son armée; cependant, comme il savait que plusieurs généraux et colonels tenaient des propos inconsidérés, il résolut de faire cesser cet état de choses; mais craignant de compromettre des officiers auxquels il voulait *laver la tête*, il préféra leur faire porter ses paroles par un aide de camp, et il voulut bien m'accorder sa confiance pour cette importante mission.

Je partis de la Houssaye au mois d'août, par une chaleur affreuse, fis à franc étrier les cent soixante lieues qui séparent ce château de la ville de Brest, et autant pour revenir. Je n'étais resté que vingt-quatre heures dans cette ville; aussi arrivai-je exténué de fatigue, car de tous les métiers du monde, je ne crois pas qu'il en soit un plus pénible que de courir la poste à cheval.

J'avais trouvé l'état des choses beaucoup plus grave que le maréchal ne l'avait pensé; il régnait en effet une grande fermentation dans l'armée. Les paroles dont j'étais porteur ayant calmé les esprits des généraux, presque tous dévoués au maréchal, je retournai à la Houssaye.

Je commençais à me remettre de la terrible fatigue que je venais d'éprouver, lorsque le maréchal me dit un matin que les généraux veulent chasser S... comme *espion*. Le maréchal ajoute qu'il faut absolument qu'il envoie l'un de ses aides de camp, et qu'il vient me demander si je me sens en état de recommencer cette course à *franc étrier*, qu'il ne m'en donne pas l'ordre, s'en rapportant à moi pour décider si je le puis... J'avoue que s'il se fût agi d'une récompense, même d'un grade, j'aurais refusé la mission ; mais il était question d'être utile à l'ami de mon père, au maréchal qui m'avait accueilli avec tant de bienveillance ; je n'hésitai pas et déclarai que je partirais dans une heure. Seulement, ce qui m'inquiétait, c'était la crainte de ne pouvoir faire derechef trois cent vingt lieues à franc étrier ; tant cette manière de voyager est fatigante. Je pris cependant l'habitude de m'arrêter deux heures sur vingt-quatre, et me jetais alors sur la paille dans l'écurie d'une maison de poste.

Il faisait une chaleur affreuse ; cependant j'allai à Brest et en revins sans accident, ayant ainsi fait dans *le même mois* six cent quarante lieues à franc étrier !... Mais j'eus au moins la satisfaction d'apprendre au maréchal que les généraux se borneraient à témoigner leur mépris à S...

Le général S..., déconsidéré, déserta en Angleterre, s'y maria, bien qu'il fût déjà marié, fut condamné aux galères pour bigamie, et, après s'être évadé et avoir erré vingt ans en Europe, il finit dans la misère.

A mon second retour de Brest, le bon maréchal Augereau redoubla de marques d'affection pour moi, et, pour m'en donner une nouvelle preuve, en me mettant en rapport direct avec l'Empereur, il me désigna au mois de septembre pour aller à Fontainebleau chercher et conduire au château de la Houssaye Napoléon, qui vint y passer vingt-quatre heures, en compagnie de plusieurs maréchaux. Ce fut en s'y promenant avec ces derniers que l'Empereur, les entretenant de ses projets et de la manière dont il voulait soutenir sa dignité ainsi que la leur, fit présent à chacun d'eux de la somme nécessaire pour acquérir un hôtel à Paris. Le maréchal Augereau acheta celui de Rochechouart, situé rue de Grenelle-Saint-Germain, et qui sert à présent au ministère de l'instruction publique. Cet hôtel est superbe; cependant le maréchal préférait le séjour de la Houssaye, où il tenait un fort grand état de maison; car, outre ses aides de camp, qui y avaient chacun un appartement, le nombre des invités était toujours considérable. On y jouissait d'une liberté complète, et le maréchal laissait tout faire, pourvu que le bruit n'approchât pas de l'aile du château occupée par Mme la maréchale.

Cette excellente femme, toujours malade, vivait très retirée et paraissait rarement à table ou au salon; mais lorsqu'elle y venait, loin de contraindre notre gaieté, elle se complaisait à l'encourager. Elle avait auprès d'elle deux dames de compagnie fort extraordinaires. La première portait constamment des habits d'homme et était connue sous le nom de *Sans-gêne*. Elle était fille d'un des chefs qui, en 1793, défendirent Lyon contre la Convention. Elle s'échappa avec son père; ils se déguisèrent tous deux en soldats, et allèrent se réfugier dans les rangs du 9e régiment de dragons, où ils prirent des surnoms de guerre et firent campagne. Mlle Sans-gêne, qui joignait à la tournure et à la figure d'un homme un courage des plus mâles, reçut plusieurs blessures, dont une à Castiglione, où son régiment faisait partie de la division Augereau. Le général Bonaparte, souvent témoin des prouesses de cette femme intrépide, étant devenu premier Consul, lui accorda une pension et la plaça auprès de sa femme; mais la cour convenait peu à Mlle Sans-gêne; elle se sépara donc de Mme Bonaparte, qui, d'un commun accord, la céda à Mme Augereau, dont elle devint secrétaire et lectrice. La seconde dame placée auprès de la maréchale était la veuve du sculpteur Adam, qui, malgré ses quatre-vingts ans, était le boute-en-train du château. La grosse joie et les mystifications étaient à l'ordre du jour à cette époque, et surtout à la Houssaye, dont le maître n'était heureux que lorsqu'il voyait la gaieté animer ses hôtes et les jeunes gens de son état-major.

Le maréchal rentra à Paris au mois de novembre. L'époque du couronnement de l'Empereur approchait, et déjà le Pape, venu pour le sacre, était aux Tuileries. Une foule de magistrats et de députations des divers départements avaient été convoqués dans la capitale, où se trouvaient aussi tous les colonels de l'armée, avec un détachement de leurs régiments, auxquels l'Empereur distribua au Champ de Mars ces aigles devenues si célèbres!... Paris resplendissant étalait un luxe jusqu'alors inconnu. La cour du nouvel Empereur devint la plus brillante du monde; ce n'étaient partout que fêtes, bals et joyeuses réunions.

Le couronnement eut lieu le 2 décembre. J'accompagnai le maréchal à cette cérémonie que je m'abstiendrai de décrire, car le récit en a été fait dans plusieurs ouvrages. Quelques jours après, les maréchaux offrirent un bal à l'Empereur et à l'Impératrice. Vous savez qu'ils étaient dix-huit. Le maréchal Duroc, bien qu'il ne fût que préfet du palais, se joignit à eux, ce qui portait à dix-neuf le nombre des payants, dont chacun versa 25,000 francs pour les frais de la fête, qui coûta par conséquent 475,000 francs. Ce bal eut lieu dans la grande salle de l'Opéra : on ne vit jamais rien d'aussi magnifique. Le général du génie Samson en était l'ordonnateur; les aides de camp des maréchaux en furent les commissaires chargés d'en faire les honneurs et de distribuer les billets. Tout Paris voulait en avoir; aussi les aides de camp furent-ils assaillis de lettres et de demandes : je n'eus jamais autant d'amis! Tout se passa dans l'ordre le plus parfait, et l'Empereur parut satisfait.

1805. — Nous terminâmes au milieu des fêtes l'année 1804, et commençâmes l'année 1805, qui devait être fertile en si grands événements.

Pour faire participer son armée à l'allégresse générale, le maréchal Augereau jugea convenable de se rendre à Brest, malgré les rigueurs de l'hiver, donnant des bals magnifiques et traitant successivement les officiers et même bon nombre de soldats. Dès les premiers jours du printemps, il revint à la Houssaye, en attendant le moment de la descente en Angleterre.

Cette expédition, qu'on traitait de chimérique, fut cependant sur le point d'aboutir. Une escadre anglaise de quinze vaisseaux environ croisant sans cesse dans la Manche, il devenait impossible de passer l'armée française en Angleterre sur des bateaux et péniches, qui eussent été coulés par le moindre choc de vaisseaux de haut bord; mais l'Empereur pouvait disposer de soixante vaisseaux de ligne, tant français qu'étrangers, dispersés dans les ports de Brest, Lorient, Rochefort, Le Ferrol et Cadix. Il s'agissait de les réunir à l'improviste dans la Manche, d'y écraser par des forces immenses la faible escadre qu'y avaient les Anglais, et de se rendre ainsi maîtres du passage, ne fût-ce que pour trois jours.

Pour obtenir ce résultat, l'Empereur prescrivit à l'amiral Villeneuve, commandant en chef de toutes ces forces, de faire sortir simultanément des ports de France et d'Espagne tous les vaisseaux disponibles, et de se diriger, non sur Boulogne, mais sur la Martinique, où il était certain que les flottes anglaises le suivraient. Pendant qu'elles courraient aux Antilles, Villeneuve devait quitter ces îles avant l'arrivée des Anglais et, revenant par le nord de l'Écosse, rentrer dans la Manche par le haut de ce canal avec soixante vaisseaux, qui, battant facilement les quinze que les Anglais entretenaient devant Boulogne, eussent rendu Napoléon maître du passage. Les Anglais, en arrivant à la Martinique, et n'y trouvant pas la flotte de Villeneuve, eussent tâtonné avant de commencer leurs mouvements, et perdu ainsi un temps précieux.

Une partie de ce beau projet fut exécuté. Villeneuve sortit, non pas avec soixante, mais avec trente et quelques navires. Il gagna la Martinique. Les Anglais déroutés coururent aux Antilles, dont Villeneuve venait de partir; mais l'amiral français, au lieu de revenir par l'Écosse, se dirigea vers Cadix, afin d'y prendre la flotte espagnole, comme si trente navires ne suffisaient pas pour vaincre ou éloigner les quinze vaisseaux des Anglais!... Ce n'est pas encore tout... Arrivé à Cadix, Villeneuve perdit beaucoup de temps à faire réparer ses navires; pendant ce temps, les flottes ennemies regagnèrent aussi l'Europe et s'établirent en croisière devant Cadix; enfin l'équinoxe vint rendre difficile la sortie de ce port, où Villeneuve se trouva bloqué. Ainsi avorta l'habile combinaison de l'Empereur. Comprenant que les Anglais ne s'y laisseraient plus prendre, il renonça à ses projets d'invasion dans la Grande-Bretagne, ou les remit indéfiniment, pour reporter ses regards vers le continent.

Mais avant de raconter les principaux événements de cette longue guerre et la part que j'y pris, je dois vous faire connaître un affreux malheur dont notre famille fut frappée.

Mon frère Félix, entré à l'École militaire de Fontainebleau, était un peu myope; aussi avait-il hésité à prendre la carrière militaire; néanmoins, une fois décidé, il travailla avec une telle ardeur qu'il devint bientôt sergent-major, poste difficile à exercer dans une école. Les élèves, fort espiègles, avaient pris l'habitude d'enfouir sous les terres du remblai des redoutes qu'ils construisaient, les outils qu'on leur remettait pour leurs travaux. Le général Bellavène, directeur de l'École, homme très sévère, ordonna que les outils fussent donnés en compte aux sergents-majors, qui en deviendraient ainsi responsables.

Un jour qu'on était au travail, mon frère, voyant un élève enterrer une pioche, lui fit une observation à laquelle celui-ci répondit fort grossièrement, ajoutant que dans quelques jours ils sortiraient de l'École, et qu'alors, devenu l'égal de son ancien sergent-major, il lui demanderait raison de sa réprimande. Mon frère, indigné, déclara qu'il n'était pas nécessaire d'attendre si longtemps, et, faute d'épées, ils prirent des compas fixés au bout de bâtons. Jacqueminot, depuis lieutenant général, fut le témoin de Félix. La mauvaise vue de celui-ci lui donnait un désavantage marqué; il blessa cependant son adversaire, mais il reçut un coup qui lui traversa le bras droit. Ses camarades le pansèrent en secret. Malheureusement, les sous-officiers sont tenus de porter l'arme dans la main droite, et la fatalité voulut que l'Empereur, étant venu à Fontainebleau, fît manœuvrer pendant plusieurs heures sous un soleil brûlant. Mon malheureux frère, obligé de courir sans cesse, en ayant le bras droit constamment tendu sous le poids d'un lourd fusil, fut accablé par la chaleur, et sa blessure se rouvrit!... Il aurait dû se retirer en prétextant quelque indisposition; mais il était devant l'Empereur, qui devait, à la fin de la séance, distribuer les brevets de sous-lieutenants, si ardemment désirés!... Félix fit donc des efforts surhumains pour résister à la douleur; mais enfin ses forces s'épuisèrent, il tomba, on l'emporta mourant!...

Le général Bellavène écrivit durement à ma mère : « Si vous voulez voir votre fils, accourez promptement, car il n'a plus que quelques heures à vivre!... » Ma mère en fut plongée dans un désespoir si affreux qu'elle ne put aller à Fontainebleau, où je me rendis en poste sur-le-champ. A mon arrivée, j'appris que mon frère n'existait plus!... Le maréchal Augereau fut parfait pour nous dans cette circonstance douloureuse, et l'Empereur envoya le maréchal du palais Duroc faire un compliment de condoléances à ma mère.

Mais bientôt, un nouveau chagrin vint assiéger son cœur; j'allais être forcé de m'éloigner d'elle, car la guerre venait d'éclater sur le continent : voici à quel sujet.

Au moment où l'Empereur avait le plus besoin d'être en paix avec les puissances continentales, afin de pouvoir exécuter son projet de descente en Angleterre, il réunit par un simple décret l'État de Gênes à la France. Cela servit merveilleusement les Anglais, qui profitèrent de cette décision pour effrayer tous les peuples du continent, auxquels ils représentèrent Napoléon comme aspirant à envahir l'Europe entière. La Russie et l'Autriche nous déclarèrent la guerre, et la Prusse, plus circonspecte, s'y prépara sans se prononcer encore. L'Empereur avait prévu sans doute ces hostilités, et le désir de les voir éclater l'avait peut-être porté à s'emparer de l'État de Gênes, car désespérant de voir Villeneuve se rendre maître pour quelques jours de la Manche, par la réunion de toutes les flottes de France et d'Espagne, il voulait qu'une guerre continentale le délivrât du ridicule que son projet de descente, annoncé depuis trois ans et jamais exécuté, aurait fini par jeter sur ses armes, en montrant son impuissance vis-à-vis de l'Angleterre. La nouvelle coalition le tira donc fort à propos d'une position fâcheuse.

Un séjour de trois ans dans les camps avait produit un excellent effet sur nos troupes : jamais la France n'avait eu une armée aussi instruite, aussi bien composée, aussi avide de combats et de gloire, et jamais général ne réunit autant de puissance, autant de forces matérielles et morales, et ne fut aussi habile à les utiliser. Napoléon accepta donc la guerre avec joie, tant il avait la certitude de vaincre ses ennemis et de faire servir leurs défauts à son affermissement sur le trône, car il connaissait l'enthousiasme que la gloire a de tout temps produit sur l'esprit chevaleresque des Français.

## CHAPITRE XXIII

L'armée se dirige vers le Rhin. — Début des hostilités. — Mission auprès de Masséna. — Trafalgar. — Jellachich met bas les armes à Bregenz. — Ruse du colonel des housards de Blankenstein. — Son régiment nous échappe.

La grande armée que l'Empereur allait mettre en mouvement contre l'Autriche tournait alors en quelque sorte le dos à cet empire ainsi qu'à l'Europe, puisque les deux camps français, répartis sur les rivages de la mer du Nord, de la Manche et de l'Océan, faisaient face à l'Angleterre. En effet, la droite du 1er corps, commandée par Bernadotte, occupait le Hanovre ; le 2e, aux ordres de Marmont, se trouvait en Hollande ; le 3e, sous Davout, était à Bruges ; les 4e, 5e et 6e, que commandaient Soult, Lannes et Ney, campaient à Boulogne ou dans les environs ; enfin le 7e, aux ordres d'Augereau, se trouvait à Brest et formait l'extrême gauche.

Pour rompre ce long cordon de troupes et en former une masse considérable destinée à marcher sur l'Autriche, il fallait opérer un immense changement de front en arrière. Chaque corps d'armée exécuta donc un demi-tour pour faire face à l'Allemagne, sur laquelle il se dirigea par le chemin le moins long. L'aile droite devint ainsi la gauche, et la gauche la droite.

On conçoit que pour se porter du Hanovre ou de la Hollande sur le Danube, le 1er et le 2e corps avaient beaucoup moins de trajet à parcourir que ceux qui venaient de Boulogne, et que ceux-ci se trouvaient moins éloignés que le corps d'Augereau, qui pour se rendre de Brest aux frontières de Suisse, dans le Haut-Rhin, devait traverser la France dans toute sa largeur : le trajet était de trois cents lieues. Les troupes furent deux mois en route. Elles voyageaient sur plusieurs colonnes. Le maréchal Augereau, parti le dernier de Brest, les devança, et s'arrêtant d'abord à Rennes, puis successivement à Alençon, Melun, Troyes et Langres, il inspecta les divers régiments dont sa présence ranimait encore l'ardeur. Le temps était superbe. Je passai ces deux mois, courant sans cesse en calèche de poste, pour aller d'une colonne à l'autre transmettre aux généraux les ordres du maréchal. Je pus m'arrêter deux fois à Paris pour voir ma mère. Nos équipages avaient pris les devants; j'avais un assez médiocre domestique, mais trois excellents chevaux.

Pendant que la grande armée se dirigeait vers le Rhin et le Danube, les troupes françaises cantonnées dans la haute Italie, sous le commandement de Masséna, se réunissaient dans le Milanais, afin d'attaquer les Autrichiens dans le pays vénitien.

Pour transmettre des ordres à Masséna, l'Empereur était obligé de faire passer ses aides de camp par la Suisse, restée neutre. Or, il arriva que pendant le séjour du maréchal Augereau à Langres, un officier d'ordonnance, porteur des dépêches de Napoléon, fut renversé de sa voiture et se cassa la clavicule. Il se fit transporter chez le maréchal Augereau, auquel il déclara qu'il était dans l'impossibilité de remplir sa mission. Le maréchal, sentant combien il importait que les dépêches de l'Empereur arrivassent promptement en Italie, me chargea de les y porter, en passant par Huningue, où je devais transmettre ses ordres pour l'établissement d'un pont sur le Rhin. Cette mission me fit grand plaisir, car j'allais ainsi faire un beau voyage, avec la certitude de rejoindre le 7⁰ corps avant qu'il fût aux prises avec les Autrichiens. Je gagnai rapidement Huningue et Bâle, je me rendis de là à Berne, à Raperschwill, où je laissai ma voiture ; puis je traversai à cheval, et non sans danger, le mont Splügen, alors presque impraticable. J'entrai en Italie par Chiavenna et joignis le maréchal Masséna auprès de Vérone.

Mais je ne fis que *toucher barre*, car Masséna était aussi impatient de me voir repartir avec sa réponse à l'Empereur, que je l'étais moi-même de rejoindre le maréchal Augereau, afin d'assister aux combats que son corps d'armée allait livrer. Cependant, ma course ne fut pas aussi rapide, au retour, qu'elle l'avait été en allant, parce qu'une neige fort épaisse, tombée depuis peu, couvrait non seulement les montagnes, mais aussi les vallées de la Suisse : il gelait très fort, les chevaux tombaient à chaque pas, et ce ne fut qu'en donnant 600 francs que je trouvai deux guides qui voulussent traverser le Splügen avec moi. Nous mîmes plus de douze heures à faire ce trajet, en marchant à pied dans la neige jusqu'aux genoux ! Les guides furent même sur le point de renoncer à aller en avant, assurant qu'il y avait danger imminent. Mais j'étais jeune, hardi, et comprenais l'importance des dépêches que l'Empereur attendait.

Je déclarai donc à mes deux guides que, s'ils reculaient, je continuerais ma route sans eux. Chaque profession a son point d'honneur ; celui des guides consiste principalement à ne jamais abandonner le voyageur qui s'est confié à eux. Les miens marchèrent donc, et après des efforts vraiment extraordinaires, nous arrivâmes à la grande auberge située au bas du Splügen, au moment où la nuit commençait. Nous eussions infailliblement péri si elle nous eût surpris dans la montagne, car le sentier, à peine tracé, était bordé de précipices que la neige nous eût empêchés de distinguer. J'étais harassé!... mais après m'être reposé, et avoir repris mes forces, je repartis au point du jour et gagnai Raperschwill, où je retrouvai une voiture et des routes carrossables.

Le plus pénible du voyage était fait ; aussi, malgré la neige et un froid très vif, je parvins à Bâle, et puis à Huningue, où le 7ᵉ corps se trouva réuni le 19 octobre. Dès le lendemain, il commença à passer le Rhin sur un pont de bateaux jeté à cet effet; car, bien qu'à une petite demi-lieue de là il y eût un pont de pierre dans la ville de Bâle, l'Empereur avait ordonné au maréchal Augereau de respecter la neutralité de la Suisse, neutralité que neuf ans plus tard les Suisses violèrent eux-mêmes, en livrant, en 1814, ce pont aux ennemis de la France.

Me voilà donc faisant la guerre derechef. Nous étions en 1805, année qui vit s'ouvrir pour moi une longue série de combats, dont la durée fut de dix ans consécutifs, puisqu'elle ne se termina que dix ans après, à Waterloo. Quelque nombreuses qu'aient été les guerres de l'Empire, presque tous les militaires français ont joui d'une ou de plusieurs années de repos, soit parce qu'ils tenaient garnison en France, soit parce qu'ils se trouvaient en Italie ou en Allemagne lorsque nous n'avions la guerre qu'en Espagne; mais, ainsi que vous allez le voir, il n'en fut pas de même pour moi, qui constamment envoyé du nord au midi et du midi au nord, partout où l'on se battait, ne passai pas une seule de ces dix années sans aller au feu, et sans arroser de mon sang quelque contrée de l'Europe.

Je n'ai pas l'intention de faire ici le récit détaillé de la campagne de 1805, dont je me bornerai à rappeler les faits principaux.

Les Russes, qui marchaient au secours de l'Autriche,

étaient encore fort loin, lorsque le feld-maréchal Mack, à la tête de quatre-vingt mille hommes, s'étant imprudemment avancé en Bavière, y fut battu par Napoléon, dont les savantes manœuvres le contraignirent à se réfugier dans la place d'Ulm, et à mettre bas les armes avec la plus grande partie de son armée, dont deux corps seulement échappèrent au désastre.

L'un, sous les ordre du prince Ferdinand, parvint à gagner la Bohême; l'autre, commandé par le vieux feld-maréchal Jellachich, se jeta dans le Vorarlberg, vers le lac de Constance, où il s'appuyait à la neutralité suisse et gardait les défilés de la forêt Noire. C'est à ces dernières troupes que le maréchal Augereau allait être opposé.

Après avoir traversé le Rhin à Huningue, le 7ᵉ corps se trouva dans le pays de Bade, dont le souverain, ainsi que celui de Bavière et de Wurtemberg, venait de contracter une alliance avec Napoléon; aussi fûmes-nous reçus en amis par la population de Brisgau. Le feld-maréchal Jellachich n'avait pas osé se mesurer avec les Français dans un pays où les communications sont si faciles, mais il nous attendait au delà de Fribourg, à l'entrée de la forêt Noire, dont il comptait nous faire acheter le passage par beaucoup de sang. Il espérait surtout nous arrêter au *Val d'Enfer*, défilé étroit, fort long, et dominé de tous côtés par des rochers à pic, faciles à défendre. Mais les troupes du 7ᵉ corps, qui venaient d'apprendre les brillants succès remportés par leurs camarades à Ulm et en Bavière, jalouses de montrer aussi leur bravoure, s'élancèrent avec ardeur dans la forêt Noire, qu'elles franchirent en trois jours, malgré les obstacles du terrain, la résistance de l'ennemi et la difficulté de se procurer des vivres dans cet affreux désert. Enfin, l'armée déboucha dans un pays fertile et campa autour de Donaueschingen, ville fort agréable, où se trouve le magnifique château de l'antique maison des princes de Furstenberg.

Le maréchal Augereau et ses aides de camp logèrent au château, dans la cour duquel se trouve la source du Danube; ce grand fleuve montre sa puissance en naissant, car à sa sortie de terre il porte déjà bateau. Les attelages de l'artillerie et nos équipages avaient éprouvé de très grandes fatigues dans les défilés rocailleux et montueux de la forêt Noire, que le verglas rendait encore plus difficiles. Il fallut donc donner aux chevaux plusieurs jours de repos, pendant lesquels les cavaliers autrichiens venaient de temps à autre tâter nos avant-postes, placés à deux lieues en avant de la ville; mais tout se bornait à un tiraillement qui nous amusait, nous exerçait à la petite guerre, et nous apprenait à connaître les divers uniformes ennemis.

Je vis là pour la première fois les uhlans du prince Charles, les dragons de Rosenberg et les housards de Blankenstein. Nos chevaux d'attelage ayant repris leur vigueur, l'armée continua sa marche, et pendant plusieurs semaines nous eûmes des combats continuels qui nous rendirent maîtres d'Engen et de Stockach.

Quoique souvent très exposé dans ces divers engagements, je n'éprouvai qu'un seul accident, mais il pouvait être fort grave. La terre était couverte de neige, surtout auprès de Stockach. L'ennemi défendait cette position avec acharnement. Le maréchal m'ordonne d'aller reconnaître un point sur lequel il voulait diriger une colonne; je pars au galop, le sol me paraissant très uni, parce que le vent, en poussant la neige, avait comblé tous les fossés. Mais tout à coup mon cheval et moi enfonçons dans un grand ravin, ayant de la neige jusqu'au cou... Je tâchais de me tirer de cette espèce de gouffre, lorsque deux housards ennemis parurent au sommet et déchargèrent leurs mousquetons sur moi. Heureusement, la neige dans laquelle je me débattais ainsi que mon cheval, ayant empêché les cavaliers autrichiens de bien ajuster, je ne reçus aucun mal; mais ils allaient réitérer leur feu, lorsque l'approche d'un peloton de chasseurs, que le maréchal Augereau envoyait à mon secours, les contraignit à s'éloigner promptement. Avec un peu d'aide, je sortis du ravin ; mais on eut beaucoup de peine à en retirer mon cheval, qui cependant n'était pas blessé non plus, ce qui permit à mes camarades de rire de l'étrange figure que j'avais, à la suite de mon bain de neige.

Après avoir conquis tout le Vorarlberg, nous nous emparâmes de Bregenz, et acculâmes le corps autrichien de Jellachich au lac de Constance et au Tyrol. L'ennemi se couvrit de la forteresse de Feldkirch et du célèbre défilé de ce nom, derrière lesquels il pouvait nous résister avec avantage : nous nous attendions à livrer un combat très meurtrier pour enlever cette forte position, lorsque, à notre grand étonnement, les Autrichiens demandèrent à capituler, ce que le maréchal Augereau s'empressa d'accepter.

Pendant l'entrevue que les deux maréchaux eurent à cette occasion, les officiers autrichiens, humiliés des revers que leurs armes venaient d'essuyer, se donnèrent le malin plaisir de nous annoncer une très fâcheuse nouvelle, tenue cachée jusqu'à ce jour, mais que les Russes et les Autrichiens avaient apprise par la voie de l'Angleterre. La flotte franco-espagnole avait été battue par lord Nelson, le 20 octobre, non loin de Cadix, au cap Trafalgar. Notre malencontreux amiral Villeneuve, que les ordres précis de Napoléon n'avaient pu déterminer à sortir de l'inaction, lorsque l'apparition subite de toutes les flottes de la France et de l'Espagne dans la Manche pouvait assurer le passage en Angleterre de nombreuses troupes réunies à Boulogne, Villeneuve, en apprenant que par ordre de Napoléon il allait être remplacé par l'amiral Rosily, passa tout à coup d'un excès de circonspection à une très grande audace. Il sortit de Cadix, livra une bataille qui, eût-elle tourné à notre avantage, eût été à peu près inutile, puisque l'armée française, au lieu de se trouver à Boulogne pour profiter de ce succès et passer en Angleterre, était à plus de deux cents lieues des côtes, faisant la guerre au centre de l'Allemagne. Après un combat des plus acharnés, les flottes d'Espagne et de France furent battues par celle d'Angleterre, dont l'amiral, le célèbre Nelson, fut tué, emportant dans la tombe la réputation de premier homme de mer de l'époque. De notre côté, nous perdîmes le contre-amiral Magon, officier d'un très grand mérite. Un de nos vaisseaux sauta; dix-sept, tant français qu'espagnols, furent pris. Une tempête horrible, qui s'éleva vers la fin de la bataille, dura toute la nuit et les jours suivants. Elle fut sur le point de faire périr les vainqueurs et les vaincus; aussi les Anglais, ne s'occupant plus que de leur propre salut, furent-ils obligés d'abandonner presque tous les vaisseaux qu'ils nous avaient pris et qui, pour la plupart, furent conduits à Cadix par les débris de leurs braves et malheureux équipages; d'autres périrent en se brisant sur les rochers.

Ce fut à cette terrible bataille que mon excellent ami France d'Houdetot, aujourd'hui lieutenant général, aide de camp du Roi, reçut à la cuisse une forte blessure qui l'a rendu boiteux. D'Houdetot sortait à peine de l'enfance; il était aspirant de marine et attaché à l'état-major du contre-amiral Magon, ami de mon père. Après la mort de ce brave amiral, le vaisseau *l'Algésiras* qu'il montait fut pris à la suite d'un sanglant combat, et les Anglais placèrent à son bord une garde de soixante hommes. Mais lorsque la tempête eut séparé l'*Algésiras* des vaisseaux ennemis, ceux des officiers et marins français qui avaient survécu au combat déclarèrent aux officiers et au détachement anglais qu'ils eussent à se rendre à leur tour, ou à se préparer à recommencer la lutte au milieu des horreurs de la nuit et de la tempête. Les Anglais, n'étant pas disposés à se battre, consentirent à capituler, sous condition de ne pas être retenus prisonniers de guerre, et les Français, bien que menacés de faire naufrage, replacèrent avec des transports de joie leur pavillon sur les débris d'un mât. Après avoir été vingt fois sur le point d'être engloutis, tant le navire était en mauvais état et la mer furieuse, ils eurent enfin le bonheur d'entrer dans la rade de Cadix. Le vaisseau qui portait Villeneuve ayant été pris, cet amiral infortuné fut conduit en Angleterre, où il resta pendant trois ans prisonnier de guerre. Ayant été échangé, il prit la détermination de se rendre à Paris; mais, arrêté à Rennes, il se fit sauter la cervelle.

Au moment où le feld-maréchal Jellachich était obligé de capituler devant le 7ᵉ corps de l'armée française, cette résolution du chef ennemi nous étonnait d'autant plus que, bien que battu par nous, il lui restait encore la ressource de se retirer dans le Tyrol, placé derrière lui, et dont les habitants sont depuis des siècles très attachés à la maison d'Autriche. La grande quantité de neige dont le Tyrol était couvert rendait sans doute ce pays d'un accès difficile; mais les difficultés qu'il présentait eussent été bien plus grandes pour nous, ennemis de l'Autriche, que pour les troupes de Jellachich se retirant dans une province autrichienne. Cependant, si ce vieux et méthodique feld-maréchal ne pouvait se résoudre à faire la guerre en hiver dans de hautes montagnes, il n'en était pas de même des officiers placés sous ses ordres, car beaucoup d'entre eux blâmaient sa pusillanimité et parlaient de se révolter contre son autorité. Le plus ardent des opposants était le général prince de Rohan, officier français au service de l'Autriche, homme fort brave et très capable. Le maréchal Augereau, craignant que Jellachich, entraîné par les conseils que lui donnait M. de Rohan, ne parvînt à échapper à l'armée française en se jetant dans le Tyrol, où il nous eût été presque impossible de le suivre, s'empressa d'accorder au maréchal ennemi toutes les conditions qu'il demandait.

La capitulation portait donc que les troupes autrichiennes déposeraient les armes, livreraient leurs drapeaux, étendards, canons et chevaux, mais ne seraient pas conduites en France et pourraient se retirer en Bohème, après avoir juré de ne pas servir contre la France pendant un an. En annonçant cette capitulation dans un de ses bulletins de la grande armée, l'Empereur témoigna d'abord un peu de mécontentement de ce qu'on n'avait pas exigé que les troupes autrichiennes fussent envoyées prisonnières en France ; mais il revint sur cette pensée, lorsqu'il eut acquis la certitude que le maréchal Augereau n'avait aucun moyen de les y contraindre, parce qu'elles avaient la facilité de s'échapper. En effet, dans la nuit qui précéda le jour où les ennemis devaient déposer les armes, une révolte éclata dans plusieurs brigades autrichiennes contre le feld-maréchal Jellachich. Le prince de Rohan, refusant d'adhérer à la capitulation, partit avec sa division d'infanterie, à laquelle se joignirent quelques régiments des autres divisions, et se jeta dans les montagnes qu'il traversa malgré les rigueurs de la saison ; puis, par une marche audacieuse, passant au milieu des cantonnements des troupes du maréchal Ney, qui occupaient les villes du Tyrol, il vint tomber entre Vérone et Venise sur les derrières de l'armée française d'Italie, pendant que celle-ci, aux ordres de Masséna, suivait en queue le prince Charles, qui se retirait sur le Frioul. L'arrivée du prince de Rohan dans le pays vénitien, alors que Masséna en était déjà loin, pouvait avoir les conséquences les plus graves; heureusement, une armée française venant de Naples, sous les ordres du général Saint-Cyr, battit ce prince et le contraignit à se rendre prisonnier de guerre; mais du moins il ne céda qu'à la force et fut en droit de dire que, si le feld-maréchal Jellachich était venu avec toutes ses troupes, les Autrichiens seraient peut-être parvenus à vaincre Saint-Cyr et à s'ouvrir un passage.

Lorsqu'une troupe capitule, il est d'usage que le vainqueur envoie auprès de chaque division un officier d'état-major pour en prendre en quelque sorte possession et la conduire, au jour et à l'heure indiqués, sur le lieu où elle doit déposer les armes. Celui de mes camarades qui fut envoyé auprès du prince de Rohan fut laissé par celui-ci dans le camp qu'il quittait, parce que ce prince, opérant sa retraite en arrière de la place forte de Feldkirch, et dans une direction opposée au camp des Français, n'avait pas à redouter d'être arrêté par eux dans sa marche; mais il n'en était pas de même de la cavalerie autrichienne. Elle bivouaquait dans une petite plaine en avant de Feldkirch, en face et à peu de distance de nos avant-postes. J'avais été chargé par le maréchal Augereau de me rendre auprès de la cavalerie autrichienne pour la conduire au lieu du rendez-vous convenu; cette brigade, composée de trois forts régiments, n'avait point de général-major; elle était commandée par le colonel des housards de Blankenstein, vieux Hongrois des plus braves et des plus madrés, dont je regrette de n'avoir pu retenir le nom, car je l'estime beaucoup, bien qu'il m'ait fait subir une mystification fort désagréable.

A mon arrivée dans son camp, le colonel m'avait offert pour la nuit l'hospitalité dans sa baraque, et nous étions convenus de nous mettre en route au point du jour, afin de nous rendre au lieu indiqué sur les grèves du lac de Constance, entre les villes de Bregenz et de Lindau. Nous avions tout au plus trois lieues à parcourir. Je fus très étonné lorsque, vers minuit, j'entendis les officiers monter à cheval... Je m'élance hors de la baraque, et vois qu'on forme les escadrons et qu'on se prépare à partir. Les colonels des uhlans du prince Charles et des dragons de Rosenberg, placés sous les ordres du colonel des housards, mais auxquels celui-ci n'avait pas fait part de ses projets, vinrent lui demander le motif de ce départ précipité; j'en fis autant. Alors, le vieux colonel nous répond, avec une froide hypocrisie, que le feld-maréchal Jellachich craignant que quelques quolibets lancés aux soldats autrichiens par les Français (dont il faudrait longer le camp, si l'on se rendait par la route directe à la plage de Lindau) n'amenassent des querelles entre les troupes des deux nations, Jellachich, d'accord avec le maréchal Augereau, avait ordonné aux troupes autrichiennes de faire un long circuit sur la droite, afin de tourner le camp français et la ville de Bregenz, pour ne pas rencontrer nos soldats. Il ajouta que le trajet étant beaucoup plus long et les chemins difficiles, les chefs des deux armées avaient avancé le départ de quelques heures, et qu'il s'étonnait que je n'en eusse pas été prévenu; mais que probablement la lettre qu'on m'avait adressée à ce sujet avait été retenue aux

15

avant-postes par suite d'un malentendu ; il poussa même la dissimulation jusqu'à ordonner à un officier d'aller réclamer cette dépêche sur toute la ligne.

Les motifs allégués par le colonel de Blankenstein parurent si naturels à ses deux camarades, qu'ils ne firent aucune observation. Je n'en élevai pas non plus, bien que, par instinct, je trouvasse tout cela un peu louche ; mais, seul au milieu de trois mille cavaliers ennemis, que pouvais-je faire ? Il valait mieux montrer de la confiance que d'avoir l'air de douter de la bonne foi de la brigade autrichienne. Comme j'ignorais, du reste, la fuite de la division du prince de Rohán, j'avoue qu'il ne me vint pas dans l'esprit que le chef de la cavalerie cherchait à la soustraire à la capitulation. Je marchai donc avec lui à la tête de la colonne. Le commandant autrichien, qui connaissait parfaitement le pays, avait si bien pris ses dispositions pour s'éloigner des postes français, dont l'emplacement était, du reste, indiqué par des feux, que nous ne passâmes à proximité d'aucun d'eux. Mais ce à quoi le vieux colonel ne s'attendait pas, ou ce qu'il ne put éviter, ce fut la rencontre de patrouilles volantes, que la cavalerie fait ordinairement la nuit dans la campagne à une certaine distance d'un camp ; car tout à coup un Qui vive ? se fait entendre, et nous nous trouvons en présence d'une forte colonne de cavalerie française, que le clair de lune permet de distinguer parfaitement. Alors le vieux colonel hongrois, sans laisser paraître le moindre trouble, me dit : « Ceci vous regarde, monsieur l'aide de camp ; veuillez venir avec moi pour donner des explications au chef de ce régiment français. »

Nous nous portons en avant, je donne le mot d'ordre, et me trouve en présence du 7ᵉ de chasseurs à cheval, qui, reconnaissant en moi un aide de camp du maréchal Augereau, et sachant d'ailleurs qu'on attendait les troupes autrichiennes pour la remise de leurs armes, ne fit aucune difficulté pour laisser passer la brigade que je conduisais. Le commandant français, dont la troupe avait le sabre en main, eut même l'attention de le faire remettre au fourreau, en témoignage du bon accord qui devait régner entre les deux colonnes, qui se côtoyèrent paisiblement en continuant leur route. J'avais bien questionné l'officier supérieur de nos chasseurs, relativement au changement d'heure de la remise des armes que devaient opérer les Autrichiens; mais il n'en était pas informé, ce qui n'éveilla aucun soupçon dans mon esprit, sachant qu'un ordre de ce genre n'était point du nombre de ceux que l'état-major communique d'avance aux régiments. Je continuai donc à marcher avec la colonne étrangère pendant tout le reste de la nuit, trouvant cependant que le détour qu'on nous faisait faire était bien long, et que les chemins étaient fort mauvais. Enfin, à l'aube du jour, le vieux colonel, apercevant un terrain uni, me dit d'un ton goguenard que bien qu'il soit dans l'obligation de remettre sous peu les chevaux des trois régiments entre les mains des Français, il veut au moins les leur livrer en bon état, et avoir soin de ces pauvres animaux jusqu'au dernier moment; qu'en conséquence, il va ordonner de faire donner l'avoine.

La brigade s'arrête, se forme, met pied à terre, et lorsque les chevaux sont attachés, le colonel des Blankenstein, resté seul à cheval, réunit en cercle autour de lui les officiers et cavaliers des trois régiments, et là, d'un ton d'inspiré qui rendait ce vieux guerrier vraiment superbe, il leur annonce que la division du prince de Rohan, préférant l'honneur à une honteuse sécurité, a refusé de souscrire à la honteuse capitulation par laquelle le feld-maréchal Jellachich a promis de livrer aux Français les drapeaux et les armes des troupes autrichiennes, et que la division de Rohan s'est jetée dans le Tyrol, où il conduirait, lui aussi, la brigade de cavalerie, s'il ne craignait de ne pouvoir trouver dans ces âpres montagnes de quoi nourrir un aussi grand nombre de chevaux. Mais puisque voilà la plaine, ayant, par une ruse dont il se félicite, gagné six lieues d'avance sur les troupes françaises, il propose à tous ceux d'entre eux qui ont le cœur vraiment autrichien de le suivre à travers l'Allemagne jusqu'en Moravie, où il va rejoindre les troupes de leur auguste empereur François II.

Les housards de Blankenstein répondirent à cette allocution de leur colonel par un bruyant *hurrah* d'approbation; mais les dragons de Rosenberg et les uhlans du prince Charles gardaient un morne silence!... Quant à moi, bien que je ne susse pas encore assez bien l'allemand pour saisir parfaitement le discours du colonel, les paroles que j'avais comprises, ainsi que le ton de l'orateur et la position dans laquelle il se trouvait, m'avaient fait deviner de quoi il s'agissait, et j'avoue que je restai fort *penaud* d'avoir, quoique à mon insu, servi d'instrument à ce diable de Hongrois. Cependant, un tumulte affreux s'éleva dans l'immense cercle qui m'environnait, et je fus à même d'apprécier l'inconvénient qui résulte de l'amalgame hétérogène des divers peuples dont se compose la monarchie et par conséquent l'armée autrichienne. Tous les housards sont Hongrois; les Blankenstein approuvaient donc ce que proposait un chef de leur nation; mais les dragons étaient Allemands et les uhlans Polonais; le Hongrois n'avait par cela même aucune influence morale sur ces deux régiments, qui, dans ce moment difficile, n'écoutèrent que leurs propres officiers; ceux-ci déclarèrent que, se considérant comme engagés par la capitulation que le maréchal Jellachich avait signée, ils ne voulaient pas, par leur départ,

aggraver la position de ce feld-maréchal et de ceux de leurs camarades qui se trouvaient déjà au pouvoir des Français. Ces derniers seraient en effet en droit de les envoyer prisonniers en France, si une partie des troupes autrichiennes violait le traité convenu. A cela, le colonel de housards répondit que lorsque le général en chef d'une armée, perdant la tête, manque à ses devoirs et livre ses troupes à l'ennemi, les subalternes ne doivent plus prendre conseil que de leur courage et de leur attachement au pays. Alors le colonel, brandissant son sabre d'une main et saisissant de l'autre l'étendard de son régiment, s'écrie : « Allez, dragons, allez, allez remettre
« aux Français vos étendards avilis et les armes que
« notre Empereur nous avait données pour le défendre.
« Quant à nous, braves housards, nous allons rejoindre
« notre auguste Souverain, auquel nous pourrons encore
« montrer avec honneur notre drapeau sans tache et
« nos sabres de soldats intrépides! » Puis, s'approchant de moi, et lançant un coup d'œil de mépris aux uhlans et dragons, il ajoute : « Je suis certain que si ce jeune
« Français se trouvait dans notre position, et forcé
« d'imiter votre conduite ou la mienne, il prendrait le
« parti le plus courageux, car les Français aiment la
« gloire autant que leur pays et s'y connaissent en
« honneur!... » Cela dit, le vieux chef hongrois pique des deux, et, enlevant son régiment au galop, il se lance rapidement dans l'espace, où ils disparaissent bientôt!...

Il y avait du vrai dans chacun des deux raisonnements que je venais d'entendre, mais celui du colonel de housards me paraissait le plus juste, parce qu'il était le plus conforme aux intérêts de son pays; j'approuvais donc intérieurement sa conduite, mais je ne pouvais raisonnablement conseiller aux dragons et aux uhlans de l'imiter; c'eût été sortir de mon rôle et manquer à mes devoirs. Je gardai donc une stricte neutralité dans cette discussion, et, dès que les housards furent partis, je proposai aux deux colonels des autres régiments de me suivre, et nous nous mîmes en route pour Lindau. Nous y trouvâmes sur la plage du lac les maréchaux Jellachich et Augereau, ainsi que l'armée française, et les deux régiments d'infanterie autrichienne qui n'avaient pas suivi le prince de Rohan. En apprenant par moi que les housards de Blankenstein, refusant de reconnaître la capitulation, se dirigeaient vers la Moravie, les deux maréchaux entrèrent dans une grande colère. Celle d'Augereau était principalement motivée par la crainte que ces housards ne jetassent une grande perturbation sur les derrières de l'armée française, car la route qu'ils allaient suivre traversait les contrées dans lesquelles l'Empereur, en marchant sur Vienne, avait laissé de nombreux dépôts de blessés, de parcs d'artillerie, etc., etc. Mais le colonel ne crut pas devoir signaler sa présence par un coup de main, tant il avait hâte de s'éloigner du pays où rayonnaient les armées françaises; aussi, évitant tous nos postes et suivant constamment des chemins de traverse, se cachant le jour dans les bois, puis marchant rapidement toute la nuit, il parvint à gagner sans encombre les frontières de la Moravie, et s'y réunit au corps d'armée autrichien qui l'occupait.

Quant aux troupes restées avec le feld-maréchal Jellachich, après avoir déposé leurs armes, étendards et drapeaux, et nous avoir remis leurs chevaux, elles devinrent prisonnières *sur parole* pour un an, et se dirigèrent dans un morne silence vers l'intérieur de l'Allemagne, pour gagner tristement la Bohême. Je me rappelais, en les voyant partir, la noble allocution du vieux colonel hongrois, et crus voir sur bien des figures de uhlans et de dragons que beaucoup regrettaient de n'avoir pas suivi ce vieux guerrier, et gémissaient en comparant la position glorieuse des Blankenstein à leur propre humiliation.

Parmi les trophées que le corps de Jellachich fut contraint de nous livrer, se trouvaient dix-sept drapeaux et deux étendards, que le maréchal Augereau s'empressa, selon l'usage, d'envoyer à l'Empereur, par deux aides de camp. Il désigna pour remplir cette mission le chef d'escadron Massy et moi. Nous partîmes le soir même dans une bonne calèche, faisant marcher devant nous un fourgon de poste, qui contenait les drapeaux gardés par un sous-officier. Nous nous dirigeâmes sur Vienne par Kempten, Branau, Munich, Linz et Saint-Pœlten. Quelques lieues avant d'arriver dans cette dernière ville, nous admirâmes, en longeant les rives du Danube, la superbe abbaye de Mölk, l'une des plus riches du monde. Ce fut en ce lieu que, quatre ans plus tard, je courus un bien grand danger, et méritai les éloges de l'Empereur, pour avoir accompli sous ses yeux le fait d'armes le plus éclatant de ma carrière militaire, ainsi que vous le verrez, lorsque nous serons au récit de la campagne de 1809. Mais n'anticipons pas sur les événements.

## CHAPITRE XXIV

Marche sur Vienne. — Combat de Dirnstein. — Les maréchaux Lannes et Murat enlèvent les ponts du Danube sans coup férir.

Vous avez vu qu'au mois de septembre 1805, les sept corps composant la grande armée française étaient en marche pour se rendre des côtes de l'Océan sur les rives du Danube. Ils occupaient déjà le pays de Bade et le Wurtemberg, lorsque le 1ᵉʳ octobre l'empereur Napoléon se transporta de sa personne au delà du Rhin, qu'il passa à Strasbourg. Une partie de la nombreuse armée que la Russie envoyait au secours de l'Autriche arrivant en ce moment en Moravie, le cabinet de Vienne aurait dû, par prudence, attendre que ce puissant renfort eût rejoint les troupes autrichiennes; mais emporté par une ardeur qui ne lui était pas habituelle, et qui lui fut inspirée par le feld-maréchal Mack, il avait lancé celui-ci à la tête de quatre-vingt mille hommes contre la Bavière, dont l'Autriche convoitait la possession depuis plusieurs siècles, et que la politique de la France a constamment défendue contre les invasions. L'Électeur de Bavière, contraint d'abandonner ses États, se retira avec sa famille et ses troupes à Wurtzbourg, d'où il implora l'assistance de Napoléon. Ce dernier lui accorda son alliance, ainsi qu'aux souverains de Bade et de Wurtemberg.

L'armée autrichienne, sous le feld-maréchal Mack,

occupait déjà Ulm, lorsque Napoléon, passant le Danube à Donauwerth, s'empara d'Augsbourg et de Munich.

L'armée française, ainsi placée sur les derrières de Mack, coupait les communications entre les Autrichiens et les Russes, dont on savait que les premières colonnes étaient déjà à Vienne et s'avançaient à marches forcées. Le feld-maréchal Mack, reconnaissant alors, mais trop tard, la faute qu'il avait commise en se laissant enfermer par les troupes françaises dans un cercle dont la place d'Ulm était le centre, essaya d'en sortir ; mais, successivement battu dans les combats de Wertingen, de Günzbourg, et surtout à celui d'Elchingen, où le maréchal Ney se couvrit de gloire, Mack, de plus en plus resserré, fut contraint de se renfermer dans Ulm avec son armée, moins les corps de l'archiduc Ferdinand et de Jellachich qui parvinrent à s'échapper, le premier vers la Bohême, l'autre vers le lac de Constance. Ulm fut investi par l'Empereur. Cette place, bien qu'elle ne fût pas alors très fortifiée, pouvait néanmoins résister longtemps, grâce à sa position, ainsi qu'à sa très nombreuse garnison, et donner ainsi aux Russes le temps d'arriver à son secours. Mais le feld-maréchal Mack, passant de la jactance la plus exaltée au découragement le plus complet, mit bas les armes devant Napoléon, qui avait, en trois semaines, dispersé, pris ou détruit 80,000 Autrichiens, et délivré la Bavière, dans laquelle il ramena l'Électeur. Nous verrons, en 1813, celui-ci reconnaître un tel bienfait par la plus odieuse trahison.

Maître de la Bavière, débarrassé de l'armée de Mack, l'Empereur accéléra sa marche sur Vienne, en longeant la rive droite du Danube. Il s'empare de Passau, puis de Linz, où il apprend que 50,000 Russes, commandés par le général Koutousoff, renforcés par 40,000 Autrichiens, que le général Kienmayer est parvenu à réunir, ont passé le Danube à Vienne et ont pris position à Mölk et à Saint-Pœlten. Il est informé en même temps que l'armée autrichienne, commandée par le célèbre archiduc Charles, ayant été battue par Masséna dans le pays vénitien, se retire dans le Frioul par la direction de Vienne; enfin que l'archiduc Jean occupe le Tyrol avec plusieurs divisions. Ces deux princes menaçaient donc la droite de l'armée française pendant qu'elle avait les Russes devant elle. Pour se prémunir contre une attaque de flanc, l'Empereur, qui avait déjà le corps du maréchal Augereau vers Bregenz, envoie celui du maréchal Ney envahir Innspruck et le Tyrol, et porte le corps de Marmont à Léoben, afin d'arrêter le prince Charles, venant d'Italie.

Napoléon, ayant par ces sages précautions assuré son flanc droit, voulut avant d'avancer de front sur les Russes, dont l'avant-garde venait de se heurter contre la sienne à Amstetten, près de Steyer, prémunir son flanc gauche contre toute attaque des troupes autrichiennes réfugiées en Bohême, sous les ordres de l'archiduc Ferdinand. A cet effet, l'Empereur donna au maréchal Mortier les divisions d'infanterie Dupont et Gazan, et lui prescrivit de traverser le Danube sur les ponts de Passau et de Linz, puis de descendre le fleuve par la rive gauche, tandis que le gros de l'armée continuerait sa marche sur la rive droite. Cependant, pour ne pas laisser le maréchal Mortier trop isolé, Napoléon imagina de réunir sur le Danube un grand nombre de bateaux, pris dans les affluents de ce fleuve, et d'en former une flottille qui, conduite par les marins de la garde, devait descendre en se tenant constamment à la hauteur du corps de Mortier, afin de lier les troupes des deux rives.

Vous allez me trouver bien audacieux d'oser critiquer une des opérations du grand capitaine; cependant je ne puis m'empêcher de dire que l'envoi du corps de Mortier sur la rive gauche n'était pas suffisamment motivé et fut une faute qui pouvait avoir les plus fâcheux résultats. En effet, le Danube, le plus grand des fleuves de l'Europe, est, à partir de Passau, d'une telle largeur en hiver, qu'à l'œil nu on n'aperçoit pas un homme d'une rive à l'autre; il est en outre très profond et fort rapide. Le Danube, auquel s'appuyait la gauche de l'armée française, offrait donc une garantie de parfaite sécurité. Il suffisait de couper les ponts à mesure qu'on s'avançait vers Vienne pour mettre à l'abri de toute attaque le flanc gauche de la grande armée marchant sur la rive droite, d'autant plus que cette attaque n'aurait pu être faite que par l'archiduc Ferdinand, venant de Bohême. Mais celui-ci, fort heureux d'avoir échappé aux Français devant Ulm, avec fort peu de troupes, presque toutes de cavalerie, ne pouvait avoir ni l'envie ni les moyens de venir les attaquer en franchissant un obstacle tel que le Danube, dans lequel il aurait couru risque de se faire jeter, tandis qu'en détachant deux de ses divisions isolées au delà de cet immense fleuve, Napoléon les exposa à être prises ou exterminées. Ce malheur, qu'il était facile de prévoir, fut sur le point de se réaliser.

Le feld-maréchal Koutousoff, qui attendait avec résolution les Français dans la forte position de Saint-Pœlten, parce qu'il les supposait suivis en queue par l'armée de Mack, ayant appris la capitulation de cette armée devant Ulm, ne se trouva plus assez fort pour résister seul à Napoléon, et ne voulant pas non plus compromettre ses troupes pour sauver la ville de Vienne, il résolut de mettre l'obstacle du Danube entre lui et le vainqueur : il passa le fleuve sur le pont de Krems, qu'il fit brûler derrière lui.

A peine arrivé sur la rive gauche avec toute son armée,

le maréchal russe rencontre les éclaireurs de la division Gazan, qui se dirigeait de Dirnstein sur Krems, ayant en tête le maréchal Mortier. Koutousoff, en apprenant l'existence d'un corps français isolé sur la rive gauche, résolut de l'écraser, et pour y parvenir, il le fait attaquer de front sur l'étroite chaussée qui longe le Danube, tandis qu'en s'emparant des hauteurs escarpées qui dominent ce fleuve, ses troupes légères vont occuper Dirnstein et couper ainsi la retraite de la division Gazan. Cette division était alors dans une position d'autant plus critique, que la plus grande partie de la flottille étant restée en arrière, on n'avait que deux petites barques, ce qui ne permettait pas d'aller chercher du renfort sur la rive droite. Attaqués en tête, en queue, et sur un de leurs flancs, par des ennemis six fois plus nombreux, se trouvant en outre enfermés entre des rochers escarpés occupés par les Russes, et les gouffres du Danube, les soldats français, entassés sur une étroite chaussée, ne furent pas démoralisés un seul moment. Le brave maréchal Mortier leur donna l'exemple d'un noble courage; car quelqu'un lui ayant proposé de profiter d'une barque pour passer sur la rive droite, où il se trouverait au milieu de la grande armée, et éviterait par là de donner aux Russes la gloire de prendre un maréchal, Mortier répondit qu'il mourrait avec ses soldats, ou passerait avec eux sur le ventre des Russes!...

Un combat sanglant s'engage à la baïonnette : cinq mille Français résistent à trente mille Russes!... La nuit vint ajouter ses horreurs à celles du combat. La division Gazan, massée en colonne, parvint à regagner Dirnstein, au moment où la division Dupont, restée en arrière en face de Mölk et attirée par le bruit du canon, accourait à son secours. Enfin, le champ de bataille resta aux Français.

Dans ce combat corps à corps, où la baïonnette fut presque seule employée, nos soldats, plus agiles et plus adroits que les colosses russes, avaient un immense avantage sur eux; aussi la perte des ennemis fut-elle de quatre mille cinq cents hommes, et la nôtre de trois mille hommes seulement. Mais si nos divisions n'eussent pas été composées de soldats aguerris, le corps de Mortier aurait probablement été détruit. L'Empereur le comprit si bien, qu'il se hâta de le rappeler sur la rive droite, et ce qui me prouve qu'il avait reconnu la faute qu'il avait commise en jetant ce corps isolé au delà du fleuve, c'est que, bien qu'il récompensât largement les braves régiments qui s'étaient battus à Dirnstein, les bulletins firent à peine mention de cette sanglante affaire, et l'on parut vouloir cacher les résultats de cette opération d'outre-Danube, parce qu'on ne pouvait en expliquer militairement le motif. De plus, ce qui me confirme dans l'opinion que je prends la liberté d'émettre, c'est que, dans la campagne de 1809, l'Empereur, se trouvant sur le même terrain, n'envoya aucun corps au delà du fleuve, et, conservant au contraire toute son armée réunie, il descendit avec elle jusqu'à Vienne. Mais revenons à la mission dont le commandant Massy et moi étions chargés.

Lorsque nous arrivâmes à Vienne, Napoléon et le gros de son armée avaient déjà quitté cette ville, dont ils s'étaient emparés sans coup férir. Le passage du Danube, qu'il fallait franchir, avant de poursuivre les Autrichiens et les Russes qui se retiraient en Moravie, n'avait pas même été disputé, grâce à une ruse, peut-être blâmable, qu'employèrent les maréchaux Lannes et Murat. Cet épisode, qui influa si grandement sur le résultat de cette célèbre campagne, mérite d'être raconté.

La ville de Vienne est située sur la rive droite du Danube, fleuve immense, dont un faible bras passe dans cette cité, le grand bras se trouvant à plus d'une demi-lieue au delà. Le Danube forme sur ce dernier point une grande quantité d'îles, réunies par une longue série de ponts en bois, terminée par celui qui, jeté sur le grand bras, s'appuie sur la rive gauche au lieu nommé Spitz. La route de Moravie passe sur cette longue série de ponts. Lorsque les Autrichiens défendent un passage de rivière, ils ont la très mauvaise habitude d'en conserver les ponts jusqu'au dernier moment, afin de se ménager la faculté de faire des retours offensifs contre l'ennemi, qui presque jamais ne leur en donne le temps, et leur enlève de vive force les ponts qu'ils ont négligé de brûler. C'est ce qu'avaient fait les Français dans la campagne d'Italie, en 1796, aux mémorables affaires de Lodi et d'Arcole. Cependant, ces exemples n'avaient pu corriger les Autrichiens, car, après avoir abandonné Vienne, qui n'était pas susceptible de défense, ils se retirèrent de l'autre côté du Danube, sans détruire un seul des ponts jetés sur ce vaste cours d'eau, et se bornèrent à disposer des matières incendiaires sur le tablier du grand pont, afin de le brûler lorsque les Français paraîtraient. Ils avaient en outre établi sur la rive gauche, à l'extrémité du pont de Spitz, une forte batterie d'artillerie, ainsi qu'une division de six mille hommes, aux ordres du prince d'Auersperg, brave militaire, mais homme de peu de moyens. Or, il faut savoir que quelques jours avant l'entrée des Français dans Vienne, l'Empereur avait reçu le général autrichien comte de Giulay, venu en parlementaire pour lui faire des ouvertures de paix qui n'avaient pas eu de résultats. Mais à peine l'avant-garde fut-elle maîtresse de Vienne, et Napoléon établi au château royal de Schœnbrunn, qu'on vit revenir le général de Giulay, qui passa plus d'une heure en tête-à-tête avec l'Empereur. Dès lors, le bruit qu'un armistice venait d'être conclu courut tant parmi les régiments français entrant à Vienne, que parmi les troupes autrichiennes qui sortaient de la ville pour se porter au delà du Danube.

Murat et Lannes, auxquels l'Empereur avait ordonné de tâcher de s'emparer du passage du Danube, marchèrent vers les ponts, placèrent les grenadiers d'Oudinot derrière les plantations touffues, puis s'avancèrent, accompagnés seulement de quelques officiers parlant allemand. Les petits postes ennemis tirent sur eux en se repliant. Les deux maréchaux font crier aux Autrichiens qu'*il y a armistice*, et, continuant à marcher, ils traversent sans obstacle tous les petits ponts, et, arrivés au grand, ils renouvellent leur assertion au commandant de Spitz, qui n'ose faire tirer sur deux maréchaux presque seuls, et affirmant que les hostilités sont suspendues. Cependant, avant de les laisser passer, il veut aller lui-même prendre les ordres du général d'Auersperg; mais pendant qu'il se rend près de lui, en laissant le poste à un sergent, Lannes et Murat persuadent à celui-ci que, le traité portant que le pont leur sera livré, il faut qu'il aille avec ses soldats rejoindre son officier sur la rive gauche. Le pauvre sergent hésite... On le pousse tout doucement en continuant à lui parler, et par une marche lente, mais continue, on arrive à l'extrémité du grand pont.

Un officier autrichien veut alors allumer les matières incendiaires; on lui arrache des mains la lance à feu en lui disant qu'il se perdra s'il commet un tel crime!... Cependant la colonne des grenadiers d'Oudinot paraît et s'engage sur le pont... Les canonniers autrichiens vont faire feu... Les maréchaux français courent vers le commandant de cette artillerie, auquel ils renouvellent l'assurance d'un armistice conclu; puis, s'asseyant sur les pièces, ils engagent les artilleurs à faire prévenir de leur présence, le général d'Auersperg. Celui-ci arrive enfin; il est sur le point d'ordonner le feu, bien que les grenadiers français entourent déjà les batteries et les bataillons autrichiens; mais les deux maréchaux l'assurent qu'il y a un traité, dont la principale condition est que les Français occuperont les ponts. Le malheureux général, craignant de se compromettre en versant du sang inutilement, perd la tête au point de s'éloigner en emmenant toutes ses troupes qu'on lui avait données pour défendre les ponts!...

Sans la faute du général d'Auersperg, le passage du Danube eût certainement été exécuté avec beaucoup de difficultés. Il pouvait même se faire qu'il devînt impraticable, et dans ce cas l'empereur Napoléon, ne pouvant plus poursuivre les armées russes et autrichiennes en Moravie, eût manqué sa campagne. Il en eut alors la conviction, qui fut confirmée trois ans après, lorsqu'en 1809, les Autrichiens ayant brûlé les ponts du Danube, nous fûmes contraints, pour assurer le passage de ce fleuve, de livrer les deux batailles d'Essling et de Wagram qui nous coûtèrent plus de trente mille hommes, tandis qu'en 1805 les maréchaux Lannes et Murat enlevèrent les ponts sans avoir un seul blessé!... Mais le stratagème dont ils s'étaient servis était-il admissible? Je ne le pense pas. Je sais que dans les guerres d'État à État on élargit sa conscience, sous prétexte que tout ce qui assure la victoire peut être employé afin de diminuer les pertes d'hommes, tout en donnant de grands avantages à son pays. Cependant, malgré ces graves considérations, je ne pense pas que l'on doive approuver le moyen employé pour s'emparer du pont de Spitz; quant à moi, je ne voudrais pas le faire en pareille circonstance.

Pour conclusion de cet épisode, je dirai que la crédulité du général Auersperg fut très sévèrement punie.

Un conseil de guerre le condamna à la dégradation, à être traîné sur la claie dans les rues de Vienne, et enfin mis à mort par la main du bourreau!... Le même jugement fut porté contre le feld-maréchal Mack, en punition de la conduite qu'il avait tenue à Ulm. Mais ils obtinrent l'un et l'autre grâce de la vie, et leur peine fut commuée en celle de la prison perpétuelle. Ils la subirent pendant dix ans et furent enfin élargis. Mais, privés de leur grade, chassés des rangs de la noblesse, reniés par leur famille, ils moururent tous deux peu de temps après leur mise en liberté.

Le stratagème des maréchaux Lannes et Murat ayant assuré le passage du Danube, l'empereur Napoléon avait dirigé son armée à la poursuite des Autrichiens et des Russes. Ici commence la seconde phase de la campagne.

## CHAPITRE XXV.

Hollabrünn. — Je remets à l'Empereur les drapeaux pris à Bregenz. — Dangers d'un mensonge de complaisance.

Le maréchal russe Koutousoff de Krems se dirigeait par Hollabrünn sur Brünn, en Moravie, afin de s'y réunir à la seconde armée que l'empereur Alexandre conduisait en personne; mais, en approchant d'Hollabrünn, il fut consterné en apprenant que les corps de Murat et de Lannes étaient déjà maîtres de cette ville, ce qui lui coupait tout moyen de retraite. Pour se tirer de ce mauvais pas, le vieux maréchal russe, employant à son tour la ruse, envoya le général prince Bagration en parlementaire vers Murat, auquel il *assura* qu'un aide de camp de l'Empereur venait de conclure à Vienne un armistice avec l'empereur Napoléon, et qu'indubitablement la paix s'ensuivrait sous peu. Le prince Bagration était un homme fort aimable; il sut si bien flatter Murat, que celui-ci, trompé à son tour par le général russe, s'empressa d'accepter l'armistice, malgré les observations du maréchal Lannes, qui voulait combattre; mais Murat ayant le commandement supérieur, force fut au maréchal Lannes d'obéir.

La suspension d'armes dura trente-six heures, et pendant que Murat respirait l'encens que ce Russe madré lui prodiguait, l'armée de Koutousoff, faisant un détour et dérobant sa marche derrière un rideau de monticules, échappait au danger et allait prendre, au delà d'Hollabrünn, une forte position qui lui ouvrit la route de Moravie et assurait sa retraite ainsi que sa jonction avec la seconde armée russe, cantonnée entre Znaïm et Brünn. Napoléon était alors au palais de Schœnbrünn, près de Vienne; il entra dans une grande colère en apprenant que Murat, se laissant abuser par le prince Bagration, s'était permis d'accepter un armistice sans son ordre, et lui prescrivit d'attaquer sur-le-champ Koutousoff.

Mais la situation des Russes était bien changée à leur avantage; aussi reçurent-ils les Français très vigoureusement. Le combat fut des plus acharnés; la ville d'Hollabrünn, prise et reprise plusieurs fois par les deux partis, incendiée par les obus, remplie de morts et de mourants, resta enfin au pouvoir des Français. Les Russes se retirèrent sur Brünn; nos troupes les y poursuivirent, et occupèrent cette ville sans combat, bien qu'elle soit fortifiée et dominée par la célèbre citadelle de Spielberg.

Les armées russes et une partie des débris des troupes autrichiennes s'étant réunies en Moravie, l'Empereur, pour lui donner un dernier coup, se rendit à Brünn, capitale de cette province. Mon camarade Massy et moi le suivîmes dans cette direction; mais nous avancions lentement et avec beaucoup de peine, d'abord parce que les chevaux de poste étaient sur les dents, puis à cause de la grande quantité de troupes, de canons, de caissons, de bagages dont les routes étaient encombrées. Nous fûmes obligés de nous arrêter vingt-quatre heures à Hollabrünn, afin d'attendre que le passage fût rétabli dans ses rues détruites par l'incendie et remplies de planches, de poutres, de débris de meubles encore enflammés. Cette malheureuse ville avait été si complètement brûlée que nous n'y trouvâmes pas une *seule* maison pour nous abriter!...

Pendant le séjour que nous fûmes contraints d'y faire, un spectacle horrible, épouvantable, consterna nos âmes. Les blessés, mais principalement ceux des Russes, s'étaient réfugiés pendant le combat dans les habitations où l'incendie les avait bientôt atteints. Tout ce qui pouvait encore marcher s'était enfui à l'approche de ce nouveau danger; mais les estropiés, ainsi que les hommes gravement frappés, avaient été brûlés vifs sous les décombres!... Beaucoup avaient cherché à fuir l'incendie en rampant sur la terre, mais le feu les avait poursuivis dans les rues, où l'on voyait des milliers de ces malheureux à demi calcinés et dont plusieurs respiraient encore!... Les cadavres des hommes et des chevaux tués pendant le combat avaient été aussi grillés, de sorte que l'infortunée cité d'Hollabrünn répandait à plusieurs lieues à la ronde une épouvantable odeur de chair grillée, qui soulevait le cœur!... Il est des contrées et des villes qui, par leur situation, sont destinées à servir de champ de bataille, et Hollabrünn est de ce nombre, parce qu'elle offre une excellente position militaire; aussi, à peine avait-elle réparé les malheurs que lui causa l'incendie de 1805, que je la revis, quatre ans après, brûlée de nouveau, et jonchée de cadavres et de mourants à demi rôtis, ainsi que je le rapporterai dans mon récit de la campagne de 1809.

Le commandant Massy et moi quittâmes ce foyer d'infection aussitôt que nous le pûmes et gagnâmes Znaïm où, quatre ans plus tard, je devais être blessé. Enfin nous joignîmes l'Empereur à Brünn, le 22 novembre, dix jours avant la bataille d'Austerlitz.

Le lendemain de notre arrivée, nous nous acquittâmes de notre mission et fîmes la remise des drapeaux, avec le cérémonial prescrit par l'Empereur pour les solennités de ce genre, car il ne négligeait aucune occasion de rehausser aux yeux des troupes tout ce qui pouvait exciter leur amour pour la gloire. Voici quel fut ce cérémonial.

Une demi-heure avant la parade, qui avait lieu tous les jours à onze heures devant la maison servant de palais à l'Empereur, le général Duroc, grand maréchal, envoya à notre logement une compagnie de grenadiers de la garde, avec musique et tambours. Les dix-sept drapeaux et les deux étendards furent remis à autant de sous-officiers. Le commandant de Massy et moi, guidés par un officier d'ordonnance de l'Empereur, nous plaçâmes en tête du cortège, qui se mit en marche au son des tambours et de la musique. La ville de Brünn était remplie de troupes françaises, dont les soldats, en nous voyant passer, célébraient par de nombreux vivat la victoire de leurs camarades du 7ᵉ corps. Tous les postes rendirent les honneurs militaires, et à notre entrée dans la cour du lieu où logeait l'Empereur, les corps réunis pour la parade battirent aux champs, présentèrent les armes et poussèrent avec enthousiasme les cris répétés de : *Vive l'Empereur!*

L'aide de camp de service vint nous recevoir et nous présenta à Napoléon, auprès duquel nous fûmes introduits, toujours accompagnés des sous-officiers qui portaient les drapeaux autrichiens. L'Empereur examina ces divers trophées, et après avoir fait retirer les sous-officiers, il nous questionna beaucoup, tant sur les divers combats que le maréchal Augereau avait livrés, que sur tout ce que nous avions vu et appris pendant le long trajet que nous venions de faire dans les contrées qui avaient été le théâtre de la guerre. Puis, il nous ordonna d'attendre ses ordres et de suivre le quartier impérial. Le grand maréchal Duroc fit prendre les drapeaux, dont il nous donna reçu selon l'usage; puis il nous prévint que des chevaux seraient mis à notre disposition, et nous invita pour le temps de notre séjour à la table qu'il présidait.

La grande armée française était alors massée autour et en avant de Brünn. L'avant-garde des Austro-Russes occupait Austerlitz ; le gros de leur armée était placé autour de la ville d'Olmütz, où s'étaient réunis l'empereur Alexandre et l'empereur d'Autriche. Une bataille paraissait inévitable, mais on comprenait si bien de part et d'autre que ses résultats auraient une influence immense sur les destinées de l'Europe, que chacun hésitait à entreprendre quelque chose de décisif. Aussi Napoléon, ordinairement si prompt dans ses mouvements, resta-t-il onze jours à Brünn, avant d'attaquer sérieusement. Il est vrai que chaque journée de retard augmentait ses forces, par l'arrivée successive d'un très grand nombre de soldats qui, restés en arrière pour cause d'indisposition ou de fatigue, se hâtaient, dès qu'ils retrouvaient leur vigueur, de rejoindre l'armée, tant ils étaient désireux d'assister à la grande bataille que l'on prévoyait. Ceci me rappelle que je fis à cette occasion un mensonge de complaisance, qui aurait pu ruiner ma carrière militaire ; voici le fait.

L'Empereur traitait habituellement les officiers avec bonté, mais il était un point sur lequel il était peut-être trop sévère, car il rendait les colonels responsables du maintien d'un grand nombre d'hommes dans les rangs de leur régiment, et comme c'est précisément ce qu'il y a de plus difficile à obtenir en campagne, c'était là-dessus que l'Empereur était le plus trompé. Les chefs de corps craignaient tant de lui déplaire, qu'ils s'exposaient à ce qu'on leur donnât à combattre un nombre d'ennemis disproportionné à la force de leurs troupes, plutôt que d'avouer que les maladies, la fatigue et la nécessité de se procurer des vivres avaient forcé beaucoup de soldats à rester en arrière. Aussi Napoléon, malgré sa puissance, n'a-t-il jamais su *exactement* le nombre de combattants dont il pouvait disposer un jour de bataille.

Or, il advint que, pendant notre séjour à Brünn, l'Empereur, dans une des courses incessantes qu'il faisait pour visiter les positions et les divers corps d'armée, aperçut les chasseurs à cheval de sa garde en marche pour changer de cantonnement. Il affectionnait particulièrement ce régiment, dont ses guides d'Italie et d'Égypte formaient le noyau. L'Empereur, dont le coup d'œil exercé appréciait très exactement la force des colonnes, trouvant celle-ci très diminuée, sortit de sa poche un petit carnet, et l'ayant parcouru, il fit appeler le général Morland, colonel des chasseurs à cheval de la garde, et lui dit d'un ton sévère : « Votre régiment est
« porté sur mes notes comme ayant mille deux cents
« combattants, et bien que vous n'ayez pas encore été
« engagé avec l'ennemi, vous n'avez là plus de huit
« cents cavaliers : que sont devenus les autres?... »

Le général Morland, excellent et très brave officier de guerre, mais n'ayant pas la réplique facile, resta presque interdit, et répondit dans son langage franco-alsacien qu'il ne manquait qu'un très petit nombre d'hommes. L'Empereur soutint qu'il y en avait près de quatre cents de moins, et pour en avoir le cœur net, il voulut les faire compter à l'instant. Mais comme il savait que Morland était fort aimé de son état-major, et qu'il craignait les *complaisances*, il crut être plus sûr de son fait en prenant un officier qui n'appartenait ni à sa maison, ni à sa garde, et m'apercevant, il m'ordonna de compter les chasseurs et de venir rendre compte *à lui-même* de leur nombre. Cela dit, l'Empereur s'éloigne au galop. Je commençai mon opération, qui était d'autant plus facile que les cavaliers marchaient au pas sur quatre de front.

Le pauvre général Morland, qui savait combien l'évaluation de Napoléon approchait de l'exactitude, était dans une grande agitation, car il prévoyait que mon rapport allait attirer sur lui une très sévère réprimande. Il me connaissait à peine, et n'osait me proposer de me compromettre pour lui épargner un désagrément. Il restait donc là silencieusement auprès de moi, lorsque, heureusement pour lui, son capitaine adjudant-major vint le rejoindre. Cet officier, nommé Fournier, avait débuté dans la carrière militaire comme sous-aide chirurgien; puis, devenu chirurgien-major et se sentant plus de vocation pour le sabre que pour la lancette, il avait demandé et obtenu de prendre rang parmi les officiers combattants, et Morland, avec lequel il avait servi jadis, l'avait fait entrer dans la garde.

J'avais beaucoup connu le capitaine Fournier, lorsqu'il était encore chirurgien-major. Je lui avais même gardé de très grandes obligations, car non seulement il avait pansé mon père au moment où il venait d'être blessé, mais il l'avait suivi à Gênes, où, tant que mon père exista, il vint plusieurs fois par jour pour lui prodiguer ses soins; si les médecins chargés de combattre le typhus eussent été aussi assidus et aussi zélés que Fournier, mon père n'aurait peut-être pas succombé. Je m'étais dit cela bien souvent; aussi fis-je l'accueil le plus amical à Fournier, que je n'avais d'abord pas reconnu sous la pelisse de capitaine de chasseurs. Le général Morland, témoin du plaisir que nous avions à nous revoir, conçut l'espoir de profiter de notre amitié réciproque pour m'amener à ne pas dire à l'Empereur combien il y avait de chasseurs hors des rangs. Il tire donc son adjudant-major à part, confère un moment avec lui; puis le capitaine vient me supplier, au nom de notre ancienne *amitié,* d'éviter au général Morland un fort grand désagrément, en cachant à l'Empereur l'affaiblissement de l'effectif du régiment. Je refusai positivement et continuai à compter. L'estimation de l'Empereur était fort exacte, car il n'y avait que huit cents et quelques chasseurs présents : il en manquait donc quatre cents.

Je partais pour aller faire mon rapport, lorsque le général Morland et le capitaine Fournier renouvelèrent leurs instances auprès de moi, en me faisant observer que la plus grande partie des hommes absents, étant restés en arrière pour différentes causes, rejoindraient sous peu, et que, comme il était probable que l'Empereur ne livrerait pas bataille avant d'avoir fait venir les divisions Friant et Gudin, qui se trouvaient encore aux portes de Vienne, à trente-six lieues de nous, cela prendrait plusieurs jours, pendant lesquels les chasseurs de la garde restés en arrière rejoindraient l'étendard. Ils ajoutèrent que l'Empereur était d'ailleurs trop occupé pour vérifier le rapport que j'allais lui faire. Je ne me dissimulai pas qu'on me demandait de *tromper l'Empereur*, ce qui était très mal; mais je sentais aussi que je devais beaucoup de reconnaissance à M. Fournier pour les soins vraiment affectueux qu'il avait donnés à mon père mourant. Je me laissai donc entraîner et promis de dissimuler une grande partie de la vérité.

A peine fus-je seul, que je compris l'énormité de ma faute; mais il était trop tard... L'essentiel était de m'en tirer le moins mal possible. Pour cela, je me gardai bien de reparaître devant l'Empereur tant qu'il fut à cheval, car j'avais à craindre qu'il ne se portât au bivouac de chasseurs, dont la faiblesse numérique, le frappant derechef, démentirait mon rapport, ce qui m'aurait très gravement compromis. Je rusai donc, et ne revins au quartier impérial qu'à la nuit close, et lorsque

Napoléon, ayant mis pied à terre, était rentré dans ses appartements. Introduit auprès de lui pour lui rendre compte de ma mission, je le trouvai étendu tout de son long sur une immense carte posée sur le plancher. Dès qu'il m'aperçut, il s'écria : « Eh bien ! Marbot, com-
« bien y a-t-il de chasseurs à cheval présents dans ma
« garde ? Leur nombre est-il de douze cents, comme le pré-
« tend Morland ? » — « Non, Sire, je n'en ai compté que
« onze cent vingt, c'est-à-dire quatre-vingts de moins ! »
— « J'étais bien sûr qu'il en manquait beaucoup !... »
Le ton dont l'Empereur prononça ces dernières paroles prouva qu'il s'attendait à un déficit beaucoup plus considérable; et en effet, s'il n'eût manqué que quatre-vingts hommes sur un régiment de douze cents qui venait de faire cinq cents lieues en hiver, en couchant presque toutes les nuits au bivouac, c'eût été fort peu ; aussi lorsqu'en allant dîner, l'Empereur traversa la pièce où se réunissaient les chefs de la garde, il se borna à dire à Morland : « Vous voyez bien !... il vous manque quatre-
« vingts chasseurs; c'est près d'un escadron !... Avec
« quatre-vingts de ces braves, on arrêterait un régiment
« russe ! Il faut tenir la main à ce que les hommes ne
« restent pas en arrière. » Puis, passant au chef des grenadiers à pied, dont l'effectif des soldats présents était aussi beaucoup diminué, Napoléon lui fit une forte réprimande. Morland, s'estimant très heureux d'en être quitte pour quelques observations, s'approcha de moi, dès que l'Empereur fut à table, vint me remercier vivement, et m'apprendre qu'une trentaine de chasseurs venaient de rejoindre, et qu'un courrier arrivant de Vienne en avait rencontré plus de cent entre Znaïm et Brünn et beaucoup d'autres en deçà d'Hollabrünn, ce qui donnait la certitude qu'avant quarante-huit heures le régiment aurait récupéré la plus grande partie de ses pertes. Je le désirais

autant que lui, car je comprenais la difficulté de la position dans laquelle mon trop de reconnaissance pour Fournier m'avait placé. Je ne pus dormir de la nuit, tant je redoutais le juste courroux de l'Empereur, à la confiance duquel j'avais gravement manqué.

Ma perplexité fut encore plus grande le lendemain, lorsque Napoléon, visitant les troupes selon son habitude, se dirigea vers le bivouac des chasseurs de la garde, car une simple question adressée par lui à un officier pouvait tout dévoiler. Je me considérais donc comme perdu, lorsque j'entendis la musique des troupes russes campées sur les hauteurs de Pratzen, à une demi-lieue de nos postes. Poussant alors mon cheval vers la tête du nombreux état-major avec lequel j'accompagnais l'Empereur, je m'approchais le plus près possible de celui-ci et dis à haute voix : « Il se fait sans doute quel-
« que mouvement dans le camp des ennemis, car voilà
« leur musique qui joue des marches... » L'Empereur qui entendit mes observations quitta brusquement le sentier qui conduisait au bivouac de sa garde, et se dirigea vers Pratzen, pour examiner ce qui se passait dans l'avant-garde ennemie. Il resta longtemps en observation, et la nuit approchant, il rentra à Brünn sans aller voir ses chasseurs. Je fus ainsi plusieurs jours dans des transes mortelles, bien que j'apprisse l'arrivée successive de nombreux détachements. Enfin, l'approche de la bataille et les grandes occupations de l'Empereur éloignèrent de son esprit la pensée de faire la vérification que j'avais tant redoutée; mais la leçon fut bonne pour moi. Aussi, lorsque, devenu colonel, j'étais questionné par l'Empereur sur le nombre des combattants présents dans les escadrons de mon régiment, je déclarais toujours l'exacte vérité.

## CHAPITRE XXVI

L'ambassadeur de Prusse et Napoléon. — Austerlitz. — Je sauve un sous-officier russe sous les yeux de l'Empereur dans l'étang de Satschan.

Si Napoléon était souvent trompé, il usait souvent aussi de ruse pour faire réussir ses projets, ainsi que le prouve la comédie diplomatico-militaire que je vais raconter, et dans laquelle je jouai mon rôle. Pour bien comprendre ceci, qui vous donnera la clef des intrigues, causes, l'année suivante, de la guerre entre Napoléon et le roi de Prusse, il faut nous reporter à deux mois en arrière, au moment où les troupes françaises, parties des rives de l'Océan, se dirigeaient à marches forcées sur le Danube. Pour se rendre du Hanovre sur le haut Danube, le premier corps d'armée, commandé par Bernadotte, n'avait pas de chemin plus court que de passer par Anspach. Ce petit pays appartenait à la Prusse; mais comme il était assez éloigné de son territoire, dont plusieurs principautés de troisième ordre le séparaient, on l'avait toujours considéré dans les anciennes guerres comme un territoire *neutre*, sur lequel chaque parti pouvait passer, en payant ce qu'il prenait et en s'abstenant de toute hostilité.

Les choses étant établies sur ce pied, les armées autrichiennes et françaises avaient très souvent traversé le margraviat d'Anspach, du temps du Directoire, sans en prévenir la Prusse et sans que celle-ci le trouvât mauvais. Napoléon, profitant de cet usage, ordonna donc au maréchal Bernadotte de passer par Anspach. Celui-ci obéit ; mais en apprenant la marche de ce corps français, la reine de Prusse et sa cour, qui détestaient Napoléon, s'écrièrent que le territoire prussien venait d'être violé, et profitèrent de cela pour exaspérer la nation et demander hautement la guerre. Le roi de Prusse et son ministre, M. d'Haugwitz, résistèrent seuls à l'entraînement général : c'était au mois d'octobre 1805, au moment où les hostilités allaient éclater entre la France et l'Autriche, et que les armées russes venaient renforcer celle-ci. La reine de Prusse et le jeune prince Louis, neveu du Roi, pour déterminer celui-ci à faire cause commune avec la Russie et l'Autriche, firent inviter l'empereur Alexandre à se rendre à Berlin, dans l'espoir que sa présence déciderait Frédéric-Guillaume.

Alexandre se rendit en effet dans la capitale de la Prusse, le 25 octobre. Il y fut reçu avec enthousiasme par la Reine, le prince Louis et les partisans de la guerre contre la France. Le roi de Prusse lui-même, circonvenu de tous côtés, se laissa entraîner en mettant toutefois pour condition (d'après les conseils du vieux prince de Brunswick et du comte d'Haugwitz) que son armée n'entrerait pas en campagne avant qu'on eût vu la tournure que prendrait la guerre sur le Danube, entre les Austro-Russes et Napoléon. Cette adhésion incomplète ne satisfit pas l'empereur Alexandre, ni la reine de Prusse ; mais ils ne purent pour le moment en obtenir de plus explicite. Une scène de mélodrame fut jouée à Potsdam, où le roi de Prusse et l'empereur de Russie, descendus à la lueur des flambeaux sous les voûtes sépulcrales du palais, se jurèrent en présence de la Cour une amitié éternelle, sur la tombe du grand Frédéric. Ce qui n'empêcha pas Alexandre d'accepter dix-huit mois après, et d'englober dans l'empire russe, une des provinces prussiennes que Napoléon lui donna par le traité de Tilsitt, et cela en présence de son malheureux ami Frédéric-Guillaume. L'empereur de Russie se rendit ensuite en Moravie pour se remettre à la tête de ses armées, car Napoléon avançait à grands pas vers la capitale de l'Autriche, dont il s'empara bientôt.

En apprenant l'hésitation du roi de Prusse et le traité de Potsdam, Napoléon, désireux d'en finir avec les Russes, avant que les Prussiens se déclarassent, se porta à la rencontre des premiers jusqu'à Brünn, où nous sommes actuellement.

On a dit depuis longtemps, avec raison, que les ambassadeurs sont des *espions privilégiés*. Le roi de Prusse, qui apprenait chaque jour les nouvelles victoires de Napoléon, voulant savoir à quoi s'en tenir sur la position respective des parties belligérantes, trouva convenable d'envoyer M. d'Haugwitz, son ministre, au quartier général français, afin qu'il pût juger les choses par lui-même. Or, comme il fallait un prétexte pour cela, il le chargea de porter la réponse à une lettre que Napoléon lui avait adressée pour se plaindre du traité conclu à Potsdam entre la Prusse et la Russie. M. d'Haugwitz arriva à Brünn quelques jours avant la bataille d'Austerlitz, et aurait bien voulu pouvoir y rester jusqu'au résultat de la grande bataille qui se préparait, afin de conseiller à son souverain de ne pas bouger, si nous étions vainqueurs, et de nous attaquer, dans le cas où nous serions battus.

Sans être militaires, vous pouvez juger sur la carte quel mal une armée prussienne, partant de Breslau en Silésie, pouvait faire en se portant par la Bohème sur nos derrières, vers Ratisbonne. Comme l'Empereur savait que M. d'Haugwitz expédiait tous les soirs un courrier à Berlin, il voulut que ce fût par lui qu'on apprît en Prusse la défaite et la prise du corps d'armée du feld-maréchal Jellachich, qui ne devait pas y être encore connue, tant les événements se précipitaient à cette époque! Voici comment l'Empereur s'y prit pour y arriver.

Le maréchal du palais Duroc, après nous avoir prévenus de ce que nous avions à faire, fit replacer en secret dans le logement que Massy et moi occupions, tous les drapeaux autrichiens que nous avions apportés de Bregenz; puis, quelques heures après, lorsque l'Empereur causait dans son cabinet avec M. d'Haugwitz, nous renouvelâmes la cérémonie de la remise des drapeaux, absolument de la même manière qu'elle avait été faite la première fois. L'Empereur, en entendant la musique dans la cour de son palais, feignit l'étonnement, s'avança vers les croisées suivi de l'ambassadeur, et voyant les trophées portés par les sous-officiers, il appela l'aide de camp de service, auquel il demanda de quoi il s'agissait. L'aide de camp ayant répondu que c'étaient deux aides de camp du maréchal Augereau, venant apporter à l'Empereur les drapeaux du corps autrichien de Jellachich, pris à Bregenz, on nous fit entrer, et là, sans sourciller, et comme s'il ne nous avait pas encore vus, Napoléon reçut la lettre du maréchal Augereau qu'on avait recachetée, et la lut, bien qu'il en connût le contenu depuis quatre jours. Puis il nous questionna, en nous faisant entrer dans les plus grands détails. Duroc nous avait prévenus qu'il fallait parler haut, parce que l'ambassadeur prussien avait l'oreille un peu dure. Cela arrivait fort mal à propos pour mon camarade Massy, chef de la mission, car une extinction de voix lui permettait à peine de parler. Ce fut donc moi qui répondis à l'Empereur, et entrant dans sa pensée, je peignis des couleurs les plus vives la défaite des Autrichiens, leur abattement, et l'enthousiasme des troupes françaises. Puis, présentant les trophées les uns après les autres, je nommai tous les régiments ennemis auxquels ils avaient appartenu. J'appuyai principalement sur deux, parce que leur capture devait produire un plus grand effet sur l'ambassadeur prussien.

« Voici, dis-je, le drapeau du régiment d'infanterie « de S. M. l'empereur d'Autriche, et voilà l'étendard des « uhlans de l'archiduc Charles, son frère. » — Les yeux de Napoléon étincelaient et semblaient me dire : « Très « bien, jeune homme ! » — Enfin, il nous congédia, et en sortant, nous l'entendîmes dire à l'ambassadeur : « Vous le voyez, monsieur le comte, mes armées triom- « phent sur tous les points... l'armée autrichienne est « anéantie, et bientôt il en sera de même de celle des « Russes. » M. d'Haugwitz paraissait atterré, et Duroc nous dit, lorsque nous fûmes hors de l'appartement : « Ce diplomate va écrire ce soir à Berlin pour informer son gouvernement de la destruction du corps de Jellachich ; cela calmera un peu les esprits portés à nous faire la guerre, et donnera au roi de Prusse de nouvelles raisons pour temporiser ; or, c'est ce que l'Empereur souhaite ardemment. »

La comédie jouée, l'Empereur, pour se débarrasser d'un témoin dangereux qui pouvait rendre compte des positions de son armée, insinua à M. l'ambassadeur qu'il serait peu sûr pour lui de rester entre deux armées prêtes à en venir aux mains, et l'engagea à se rendre à Vienne, auprès de M. de Talleyrand, son ministre des affaires étrangères, ce que M. d'Haugwitz fit dès le soir même. Le lendemain, l'Empereur ne nous dit pas un mot relatif à la scène jouée la veille ; mais voulant sans doute témoigner sa satisfaction sur la manière dont nous avions compris sa pensée, il demanda affectueusement au commandant Massy des nouvelles de son rhume et me pinça l'oreille, ce qui, de sa part, était une caresse.

Cependant, le dénouement du grand drame approchait, et des deux côtés, on se préparait à combattre vaillamment. Presque tous les auteurs militaires surchargent tellement leur narration de détails, qu'ils jettent la confusion dans l'esprit du lecteur, si bien que dans la plupart des ouvrages publiés sur les guerres de l'Empire, je n'ai absolument rien compris à l'historique de plusieurs batailles auxquelles j'ai assisté, et dont toutes les phases me sont cependant bien connues. Je pense que pour conserver la clarté dans le récit d'une action de guerre, il faut se borner à indiquer la position respective des deux armées avant l'engagement, et ne raconter que les faits principaux et décisifs du combat. C'est ce que je vais tâcher de faire pour vous donner une idée de la bataille dite d'Austerlitz, bien qu'elle ait eu lieu en avant du village de ce nom; mais comme la veille de l'affaire les empereurs d'Autriche et de Russie avaient couché au château d'Austerlitz, dont Napoléon les chassa, il voulut accroître son triomphe en en donnant le nom à la bataille qui se livra le lendemain.

Vous verrez sur la carte que le ruisseau de Goldbach, qui prend sa source au delà de la route d'Olmütz, va se jeter dans l'étang de Menitz. Ce ruisseau, qui coule au fond d'un vallon dont les abords sont assez raides, séparait les deux armées. La droite des Austro-Russes s'appuyait à un bois escarpé, situé en arrière de la maison de poste de Posoritz, au delà de la route d'Olmütz. Leur centre occupait Pratzen et le vaste plateau de ce nom. Enfin, leur gauche était près des étangs de Satschan et des marais qui l'avoisinent. L'empereur

Napoléon appuyait sa gauche à un mamelon d'un accès fort difficile, que nos soldats d'Égypte nommèrent le Santon, parce qu'il était surmonté d'une petite chapelle dont le toit avait la forme d'un minaret. Le centre français était auprès de la mare de Kobelnitz; enfin la droite se trouvait à Telnitz. Mais l'Empereur avait placé fort peu de monde sur ce point, afin d'attirer les Russes sur le terrain marécageux où il avait préparé leur défaite, en faisant cacher à Gross-Raigern, sur la route de Vienne, le corps du maréchal Davout.

Le 1er décembre, veille de la bataille, Napoléon, ayant quitté Brünn dès le matin, employa toute la journée à examiner les positions, et fit établir le soir son quartier général en arrière du centre de l'armée française, sur un point d'où l'œil embrassait les bivouacs des deux partis, ainsi que le terrain qui devait leur servir de champ de bataille le lendemain. Il n'existait d'autre bâtiment en ce lieu qu'une mauvaise grange : on y plaça les tables et les cartes de l'Empereur, qui s'établit de sa personne auprès d'un immense feu, au milieu de son nombreux état-major et de sa garde. Heureusement, il n'y avait point de neige, et quoiqu'il fît très froid, je me couchai sur la terre et m'endormis profondément; mais nous fûmes bientôt obligés de remonter à cheval pour accompagner l'Empereur dans la visite qu'il allait faire à ses troupes. Il n'y avait point de lune, et l'obscurité de la nuit était augmentée par un épais brouillard qui rendait la marche fort difficile. Les chasseurs d'escorte auprès de l'Empereur imaginèrent d'allumer des torches formées de bois de sapin et de paille, ce qui fut d'une très grande utilité. Les troupes, voyant venir à elles un groupe de cavaliers ainsi éclairé, reconnurent aisément l'état-major impérial, et dans l'instant, comme par enchantement, on vit sur une ligne immense tous nos feux de bivouac

illuminés par des milliers de torches portées par les
soldats qui, dans leur enthousiasme, saluaient Napoléon
de vivat d'autant plus animés que la journée du lendemain était l'anniversaire du couronnement de l'Empereur,
coïncidence qui leur paraissait d'un bon augure. Les
ennemis durent être bien étonnés lorsque, du haut du
coteau voisin, ils aperçurent au milieu de la nuit
soixante mille torches allumées et entendirent les cris
mille fois répétés de : Vive l'Empereur ! s'unissant au son
des nombreuses musiques des régiments français. Tout
était joie, lumière et mouvement dans nos bivouacs,
tandis que du côté des Austro-Russes, tout était sombre
et silencieux.

Le lendemain 2 décembre, le canon se fit entendre au
point du jour. Nous avons vu que l'Empereur avait
montré peu de troupes à sa droite ; c'était un piège qu'il
tendait aux ennemis, afin qu'ils eussent la possibilité de
prendre facilement Telnitz, d'y passer le ruisseau de
Goldbach et d'aller ensuite à Gross-Raigern s'emparer
de la route de Brünn à Vienne, afin de nous couper ainsi
tout moyen de retraite. Les Austro-Russes donnèrent en
plein dans le panneau, car, dégarnissant le reste de leur
ligne, ils entassèrent maladroitement des forces considérables dans le bas-fond de Telnitz, ainsi que dans les défilés marécageux qui avoisinent les étangs de Satschan et
de Menitz. Mais comme ils se figuraient, on ne sait trop
pourquoi, que Napoléon pensait à se retirer sans vouloir
accepter la bataille, ils résolurent, pour rendre le succès
plus complet, de nous attaquer, vers le Santon, à notre
gauche, ainsi que sur notre centre, devant Puntowitz,
afin que notre défaite fût complète, lorsque, obligés de
reculer sur ces deux points, nous trouverions derrière
nous la route de Brünn à Vienne occupée par les Russes.
Mais à notre gauche, le maréchal Lannes non seulement

repoussa toutes les attaques des ennemis contre le Santon, mais il les rejeta de l'autre côté de la route d'Olmütz jusqu'à Blasiowitz, où le terrain, devenant plus uni, permit à la cavalerie de Murat d'exécuter plusieurs charges brillantes, dont le résultat fut immense, car les Russes furent menés tambour battant jusqu'au village d'Austerlitz.

Pendant que notre gauche remportait cet éclatant succès, le centre, formé par les troupes des maréchaux Soult et Bernadotte, placé par l'Empereur au fond du ravin de Goldbach où il était caché par un épais brouillard, s'élançait vers le coteau sur lequel est situé le village de Pratzen. Ce fut à ce moment que parut dans tout son éclat ce brillant *soleil d'Austerlitz*, dont Napoléon se plaisait tant à rappeler le souvenir. Le maréchal Soult enlève non seulement le village de Pratzen, mais encore l'immense plateau de ce nom qui était le point culminant de toute la contrée, et par conséquent la clef du champ de bataille. Là s'engagea, sous les yeux de l'Empereur, un combat des plus vifs, dans lequel les Russes furent battus. Mais un bataillon du 4º de ligne, dont le prince Joseph, frère de Napoléon, était colonel, se laissant emporter trop loin à la poursuite des ennemis, fut chargé et enfoncé par les chevaliers-gardes et les cuirassiers du grand-duc Constantin, frère d'Alexandre, qui lui enlevèrent son aigle !... De nombreuses lignes de cavalerie russe s'avancèrent rapidement pour appuyer le succès momentané des chevaliers-gardes; mais Napoléon ayant lancé contre lui les mameluks, les chasseurs à cheval et les grenadiers à cheval de sa garde, conduits par le maréchal Bessières et par le général Rapp, il y eut une mêlée des plus sanglantes. Les escadrons russes furent enfoncés et rejetés au delà du village d'Austerlitz, avec une perte immense. Nos cavaliers enlevèrent beaucoup d'étendards et de prisonniers, parmi lesquels se trouvait le prince Repnin, commandant des chevaliers-gardes. Ce régiment, composé de la plus brillante jeunesse de la noblesse russe, perdit beaucoup de monde, parce que les fanfaronnades que les chevaliers-gardes avaient faites contre les Français étant connues de nos soldats, ceux-ci, surtout les grenadiers à cheval, s'acharnèrent contre eux et criaient en leur passant leurs énormes sabres en travers du corps : « Faisons pleurer les dames de Saint-Pétersbourg! »

Le peintre Gérard, dans son tableau de la bataille d'Austerlitz, a pris pour sujet le moment où le général Rapp, sortant du combat, blessé, tout couvert du sang des ennemis et du sien, présente à l'Empereur les drapeaux qui viennent d'être enlevés, ainsi que le prince Repnin, fait prisonnier. J'étais présent à cette scène imposante, que ce peintre a reproduite avec une exactitude remarquable. Toutes les têtes sont des portraits, même celle de ce brave chasseur à cheval qui, sans se plaindre, bien qu'ayant le corps traversé d'une balle, eut le courage de venir jusqu'à l'Empereur et tomba raide mort en lui présentant l'étendard qu'il venait de prendre!... Napoléon, voulant honorer la mémoire de ce chasseur, prescrivit au peintre de le placer dans sa composition. On remarque aussi dans ce tableau un mameluk, qui, portant d'une main un drapeau ennemi, tient de l'autre la bride de son cheval mourant. Cet homme, nommé Mustapha, connu dans la garde pour son courage et sa férocité, s'était mis pendant la charge à la poursuite du grand-duc Constantin, qui ne se débarrassa de lui qu'en lui tirant un coup de pistolet, dont le cheval du mameluk fut grièvement blessé. Mustapha, désolé de n'avoir qu'un étendard à offrir à l'Empereur, dit dans son jargon, en le lui présentant : « Ah! si moi joindre prince Constantin, moi couper tête et moi porter à l'Empereur!... » Napoléon, indigné, lui répondit : « Veux-tu bien te taire, vilain sauvage! »

Mais terminons le récit de la bataille. Pendant que les maréchaux Lannes, Soult, Murat, et la garde impériale, battaient le centre et la droite des Austro-Russes et les rejetaient au delà du village d'Austerlitz, la gauche des ennemis, donnant dans le piège que Napoléon leur avait tendu, en paraissant garder les environs des étangs, se jeta sur le village de Telnitz, s'en empara, et passant le Goldbach, se préparait à occuper la route de Vienne. Mais l'ennemi avait mal auguré du génie de Napoléon en le supposant capable de commettre une faute aussi grande que celle de laisser sans défense une route qui assurait sa retraite en cas de malheur, car notre droite était gardée par les divisions du maréchal Davout, cachées en arrière, dans le bourg de Gross-Raigern. De ce point, le maréchal Davout fondit sur les Austro-Russes, dès qu'il vit leurs masses embarrassées dans les défilés entre les étangs de Telnitz, Menitz et le ruisseau.

L'Empereur, que nous avons laissé sur le plateau de Pratzen, débarrassé de la droite et du centre ennemis qui fuyaient derrière Austerlitz, l'Empereur, descendant alors des hauteurs de Pratzen avec les corps de Soult et toute sa garde, infanterie, cavalerie et artillerie, se précipite vers Telnitz, où il prend à dos les colonnes ennemies, que le maréchal Davout attaque de front. Dès ce moment, les nombreuses et lourdes masses austro-russes, entassées sur les chaussées étroites qui règnent le long du ruisseau de Goldbach, se trouvant prises entre deux feux, tombèrent dans une confusion inexprimable; les rangs se confondirent, et chacun chercha son salut dans la fuite. Les uns se précipitent pêle-mêle dans les marais qui avoisinent les étangs; mais nos fantassins les y suivent; d'autres espèrent échapper par le chemin qui sépare les deux étangs : notre cavalerie les charge et en fait une affreuse boucherie; enfin, le plus grand nombre des ennemis, principalement les Russes, cherchent un passage sur la glace des étangs. Elle était fort épaisse, et déjà cinq ou six mille hommes, conservant un peu d'ordre, étaient parvenus au milieu du lac Satschan, lorsque Napoléon, faisant appeler l'artillerie de sa garde, ordonne de tirer à boulets sur la glace. Celle-ci se brisa sur une infinité de points, et un énorme craquement se fit entendre!... L'eau, pénétrant par les crevasses, surmonta bientôt les glaçons, et nous vîmes des milliers de Russes. ainsi que leurs nombreux chevaux, canons et chariots, s'enfoncer lentement dans le gouffre!... Spectacle horriblement majestueux que je n'oublierai jamais!... En un instant, la surface de l'étang fut couverte de tout ce qui pouvait et savait nager; hommes et chevaux se débattaient au milieu des glaçons et des eaux. Quelques-uns, en très petit nombre, parvinrent à se sauver à l'aide de perches et de cordes que nos soldats leur tendaient du rivage; mais la plus grande partie fut noyée!...

Le nombre des combattants dont l'Empereur disposait à cette bataille était de soixante-huit mille hommes; celui des Austro-Russes s'élevait à quatre-vingt-douze mille hommes. Notre perte en tués ou blessés fut d'environ huit mille hommes; les ennemis avouèrent que la leur, en tués, blessés ou noyés, allait à quatorze mille. Nous leur avions fait dix-huit mille prisonniers, enlevé cent cinquante canons, ainsi qu'une grande quantité d'étendards et de drapeaux.

Après avoir ordonné de poursuivre l'ennemi dans toutes les directions, l'Empereur se rendit à son nouveau quartier général, établi à la maison de poste de Posoritz, sur la route d'Olmütz. Il était radieux, cela se conçoit, bien qu'il exprimât plusieurs fois le regret que la seule aigle que nous ayons perdue appartînt au 4⁰ de ligne, dont le prince Joseph son frère était colonel, et qu'elle eût été prise par le régiment du grand-duc Constantin, frère de l'empereur de Russie; cela était, en effet, assez piquant, et rendait la perte plus sensible; mais Napoléon reçut bientôt une grande consolation. Le prince Jean de Lichtenstein vint, de la part de l'empereur d'Autriche, lui demander une entrevue, et Napoléon, comprenant que cela devait amener la paix et le délivrer de la crainte de voir les Prussiens marcher sur ses derrières avant qu'il fût délivré de ses ennemis actuels, y consentit.

De tous les corps de la garde impériale française, le régiment des chasseurs à cheval était celui qui avait éprouvé le plus de pertes dans la grande charge exécutée sur le plateau de Pratzen contre les gardes russes. Mon pauvre ami le capitaine Fournier avait été tué, ainsi que le général Morland. L'Empereur, toujours attentif à ce qui pouvait exciter l'émulation parmi les troupes, décida que le corps du général Morland serait placé dans un monument qu'il se proposait de faire ériger au centre de l'esplanade des Invalides, à Paris. Les médecins n'ayant sur le champ de bataille ni le temps, ni les ingrédients nécessaires pour embaumer le corps du général, l'enfermèrent dans un tonneau de rhum, qui fut transporté à Paris; mais les événements qui se succédèrent ayant retardé la construction du monument destiné au général Morland, le tonneau dans lequel on l'avait placé se trouvait encore dans l'une des salles de l'École de médecine lorsque Napoléon perdit l'Empire en 1814. Peu de temps après, le tonneau s'étant brisé par vétusté, on fut très étonné de voir que le rhum avait fait pousser les moustaches du général d'une façon si extraordinaire qu'elles tombaient plus bas que la ceinture. Le corps était parfaitement conservé, mais la famille fut obligée d'intenter un procès pour en obtenir la restitution d'un savant qui en avait fait un objet de curiosité. Aimez donc la gloire, et allez vous faire tuer pour qu'un olibrius de naturaliste vous place ensuite dans sa bibliothèque, entre une corne de rhinocéros et un crocodile empaillé!...

A la bataille d'Austerlitz, je ne reçus aucune blessure, bien que je fusse souvent très exposé, notamment lors de la mêlée de la cavalerie de la garde russe sur le plateau de Pratzen. L'Empereur m'avait envoyé porter des ordres au général Rapp, que je parvins très difficilement à joindre au milieu de cet épouvantable pêle-mêle de gens qui s'éntr'égorgeaient. Mon cheval heurta contre celui d'un chevalier-garde, et nos sabres allaient se croiser, lorsque nous fûmes séparés par les combattants; j'en fus quitte pour une forte contusion. Mais le lendemain, je courus un danger bien plus grand, et d'un genre tout différent de ceux qu'on rencontre ordinairement sur le champ de bataille; voici à quelle occasion.

Le 3 au matin, l'Empereur monta à cheval et parcourut les diverses positions témoins des combats de la veille. Arrivé sur les bords de l'étang de Satschan, Napoléon, ayant mis pied à terre, causait avec plusieurs maréchaux autour d'un feu de bivouac, lorsqu'il aperçut flottant, à cent pas de la digue, un assez fort glaçon isolé, sur lequel était étendu un pauvre sous-officier russe décoré, qui ne pouvait s'aider, parce qu'il avait la cuisse traversée d'une balle... Le sang de ce malheureux avait coloré le glaçon qui le supportait : c'était horrible! Cet homme, voyant un très nombreux état-major entouré de gardes, pensa que Napoléon devait être là; il se souleva donc comme il put, et s'écria que les guerriers de tous les pays devenant frères après le combat, il demandait la vie au puissant empereur des Français. L'interprète de Napoléon lui ayant traduit cette prière, celui-ci en fut touché, et ordonna au général Bertrand, son aide de camp, de faire tout ce qu'il pourrait pour sauver ce malheureux.

Aussitôt plusieurs hommes de l'escorte et même deux officiers d'état-major, apercevant sur le rivage deux gros troncs d'arbres, les poussèrent dans l'étang, et puis, se plaçant tout habillés à califourchon dessus, ils espéraient, en remuant les jambes d'un commun accord, faire avancer ces pièces de bois. Mais à peine furent-elles à une toise de la berge, qu'elles roulèrent sur elles-mêmes, ce qui jeta dans l'eau les hommes qui les chevauchaient. En un instant leurs vêtements furent imbibés d'eau, et comme il gelait très fort, le drap des manches et des pantalons des nageurs devint raide, et leurs membres, pris comme dans des étuis, ne pouvaient se mouvoir; aussi plusieurs faillirent-ils se noyer, et ils ne parvinrent à remonter qu'à grand'peine, à l'aide des cordes qu'on leur lança.

Je m'avisai alors de dire que les nageurs auraient dû se mettre tout nus, d'abord pour conserver la liberté de leurs mouvements, et en second lieu afin de n'être pas exposés à passer la nuit dans des vêtements mouillés. Le général Bertrand ayant entendu cela, le répéta à l'Empereur, qui déclara que j'avais raison, et que les autres avaient fait preuve de zèle sans discernement. Je ne veux pas me faire meilleur que je ne suis; j'avouerai donc que venant d'assister à une bataille où j'avais vu des milliers de morts et de mourants, ma sensibilité s'en étant émoussée, je ne me trouvais plus assez de philanthropie pour risquer de gagner une fluxion de poitrine, en allant disputer aux glaçons la vie d'un ennemi dont je me bornais à déplorer le triste sort; mais la réponse de l'Empereur me piquant au jeu, il me parut qu'il serait ridicule à moi d'avoir donné un avis que je n'oserais mettre à exécution. Je saute donc à bas de mon cheval, me mets tout nu, et me lance dans l'étang... J'avais beaucoup couru dans la journée et avais eu chaud; le froid me saisit donc fortement... Mais jeune, vigoureux, très bon nageur et encouragé par la présence de l'Empereur, je me dirigeai vers le sous-officier russe, lorsque mon exemple, et probablement les éloges que l'Empereur me donnait, déterminèrent un lieutenant d'artillerie, nommé Roumestain, à m'imiter.

Pendant qu'il se déshabillait, j'avançais toujours, mais j'éprouvais beaucoup plus de difficultés que je ne l'avais prévu, car, par suite de la catastrophe qui s'était produite la veille sur l'étang, l'ancienne et forte glace avait presque entièrement disparu, mais il s'en était formé une nouvelle de l'épaisseur de quelques lignes, dont les aspérités fort pointues m'égratignaient la peau des bras, de la poitrine, et du cou, d'une façon très désagréable. L'officier d'artillerie, qui m'avait rejoint au milieu du trajet, ne s'en était point aperçu, parce qu'il avait profité de l'espèce de sentier que j'avais tracé dans la nouvelle glace. Il eut la loyauté de me le faire observer en demandant à passer à son tour le premier, ce que j'acceptai, car j'étais déchiré cruellement. Nous atteignîmes enfin l'ancien et énorme glaçon sur lequel gisait le malheureux sous-officier russe, et nous crûmes avoir accompli la plus pénible partie de notre entreprise. Nous étions dans une bien grande erreur; car dès qu'en poussant le glaçon nous le fîmes avancer, la couche de nouvelle glace qui couvrait la superficie de l'eau, étant brisée par son contact, s'amoncelait devant le gros glaçon, de sorte qu'il se

forma bientôt une masse qui non seulement résistait à
nos efforts, mais brisait les parois du gros glaçon dont
le volume diminuait à chaque instant et nous faisait
craindre de voir engloutir le malheureux que nous
voulions sauver. Les bords de ce gros glaçon étaient
d'ailleurs fort tranchants, ce qui nous forçait à choisir
les parties sur lesquelles nous appuyions nos mains et
nos poitrines en le poussant; nous étions exténués!
Enfin, pour comble de malheur, en approchant du
rivage, la glace se fendit sur plusieurs points, et la partie
sur laquelle était le Russe ne présentait plus qu'une
table de quelques pieds de large, incapable de soutenir
ce pauvre diable qui allait couler, lorsque mon camarade et moi, sentant enfin que nous avions pied sur le
fond de l'étang, passâmes nos épaules sous la table de
glace et la portâmes au rivage, d'où on nous lança
des cordes que nous attachâmes autour du Russe, et
on le hissa enfin sur la berge. Nous sortîmes aussi de
l'eau par le même moyen, car nous pouvions à peine
nous soutenir, tant nous étions harassés, déchirés,
meurtris, ensanglantés... Mon bon camarade Massy,
qui m'avait suivi des yeux avec la plus grande anxiété
pendant toute la traversée, avait eu la pensée de faire
placer devant le feu du bivouac la couverture de son
cheval, dont il m'enveloppa dès que je fus sur le rivage.
Après m'être bien essuyé, je m'habillai et voulus
m'étendre devant le feu; mais le docteur Larrey s'y
opposa et m'ordonna de marcher, ce que je ne pouvais
faire qu'avec l'aide de deux chasseurs. L'Empereur vint
féliciter le lieutenant d'artillerie et moi, sur le courage
avec lequel nous avions entrepris et exécuté le sauve-
tage du blessé russe, et, appelant son mameluk
Roustan, dont le cheval portait toujours des provisions
de bouche, il nous fit verser d'excellent rhum, et nous

demanda en riant comment nous avions trouvé le bain...

Quant au sous-officier russe, l'Empereur, après l'avoir fait panser par le docteur Larrey, lui fit donner plusieurs pièces d'or. On le fit manger, on le couvrit de vêtements secs, et, après l'avoir enveloppé de couvertures bien chaudes, on le déposa dans une des maisons de Telnitz qui servait d'ambulance; puis, le lendemain, il fut transporté à l'hôpital de Brünn. Ce pauvre garçon bénissait l'Empereur, ainsi que M. Roumestain et moi, dont il voulait baiser la main. Il était Lithuanien, c'est-à-dire né dans une province de l'ancienne Pologne réunie à la Russie; aussi, dès qu'il fut rétabli, il déclara qu'il ne voulait plus servir que l'empereur Napoléon. Il se joignit donc à nos blessés lorsqu'ils rentrèrent en France, et fut incorporé dans la légion polonaise; enfin, il devint sous-officier aux lanciers de la garde, et chaque fois que je le rencontrais, il me témoignait sa reconnaissance dans un jargon fort expressif.

Le bain glacial que j'avais pris, et les efforts véritablement surhumains que j'avais dû faire pour sauver ce malheureux, auraient pu me coûter cher, si j'eusse été moins jeune et moins vigoureux; car M. Roumestain, qui ne possédait pas le dernier de ces avantages au même degré, fut pris le soir même d'une fluxion de poitrine des plus violentes : on fut obligé de le transporter à l'hôpital de Brünn, où il passa plusieurs mois entre la vie et la mort. Il ne se rétablit même jamais complètement, et son état souffreteux lui fit quitter le service quelques années après. Quant à moi, bien que très affaibli, je me fis hisser à cheval dès que l'Empereur s'éloigna de l'étang pour gagner le château d'Austerlitz, où son quartier général venait d'être établi. Napoléon n'allait jamais qu'au galop; brisé comme je l'étais, cette allure ne me convenait guère; je suivis cependant, parce que, la nuit approchant, je craignais de m'éloigner du champ de bataille, et d'ailleurs, en allant au pas, le froid m'eût saisi.

Lorsque j'arrivai dans la cour du château d'Austerlitz, il fallut plusieurs hommes pour m'aider à mettre pied à terre. Un frisson général s'empara de tout mon corps, mes dents claquaient, j'étais fort malade. Le colonel Dahlmann, major des chasseurs à cheval de la garde, qui venait d'être nommé général en remplacement de Morland, sans doute reconnaissant du service que j'avais rendu à celui-ci, me conduisit dans une des granges du château, où il s'était établi avec ses officiers. Là, après m'avoir fait prendre du thé bien chaud, son chirurgien me frictionna tout le corps avec de l'huile tiède; on m'emmaillota dans plusieurs couvertures et l'on me glissa dans un énorme tas de foin, en ne me laissant que la figure dehors. Une douce chaleur pénétra peu à peu mes membres engourdis; je dormis fort bien, et grâce à ces bons soins, ainsi qu'à mes vingt-trois ans, je me retrouvai le lendemain matin frais, dispos, et je pus monter à cheval pour assister à un spectacle d'un bien haut intérêt.

## CHAPITRE XXVII

Entrevue des empereurs. — Retour au corps. — 1806. — Darmstadt et Francfort. — Bons procédés d'Augereau.

La défaite éprouvée par les Russes avait jeté leur armée dans une telle confusion que tout ce qui avait échappé au désastre d'Austerlitz se hâta de gagner la Galicie, afin de se soustraire au vainqueur. La déroute fut complète; les Français firent un très grand nombre de prisonniers et trouvèrent les chemins couverts de canons et de bagages abandonnés. L'empereur de Russie, qui avait cru marcher à une victoire certaine, s'éloigna navré de douleur, en autorisant son allié François II à traiter avec Napoléon. Le soir même de la bataille, l'empereur d'Autriche, pour sauver son malheureux pays d'une ruine complète, avait fait demander une entrevue à l'empereur des Français, et d'après l'assentiment de Napoléon, il s'était arrêté au village de Nasiedlowitz. L'entrevue eut lieu le 4, près du moulin de Poleny, entre les lignes des avant-postes autrichiens et français. J'assistai à cette conférence mémorable.

Napoléon, parti de fort grand matin du château d'Austerlitz, accompagné de son nombreux état-major, se trouva le premier au rendez-vous, mit pied à terre et se promenait autour d'un bivouac lorsque, voyant arriver l'empereur d'Autriche, il alla à lui et l'embrassa cordialement... Spectacle bien fait pour inspirer des réflexions philosophiques! Un empereur d'Allemagne venant s'humilier et solliciter la paix auprès d'un petit gentilhomme corse, naguère sous-lieutenant d'artillerie, que ses talents, des circonstances heureuses et le courage des armées françaises avaient élevé au faîte du pouvoir et rendu l'arbitre des destinées de l'Europe !

Napoléon n'abusa pas de la position dans laquelle se trouvait l'empereur d'Autriche; il fut affectueux et d'une politesse extrême, autant que nous pûmes en juger de la distance à laquelle se tenaient respectueusement les deux états-majors. Un armistice fut conclu entre les deux souverains, qui convinrent d'envoyer de part et d'autre des plénipotentiaires à Brünn, afin d'y négocier un traité de paix entre la France et l'Autriche. Les empereurs s'embrassèrent de nouveau en se séparant : celui d'Allemagne retourna à Nasiedlowitz, et Napoléon revint coucher au château d'Austerlitz. Il y passa deux jours, pendant lesquels il nous donna, au commandant Massy et à moi, notre audience de congé, en nous chargeant de raconter au maréchal Augereau ce que nous avions vu. L'Empereur nous remit en même temps des dépêches pour la cour de Bavière, qui était rentrée à Munich, et nous prévint que le maréchal Augereau avait quitté Bregenz et que nous le trouverions à Ulm. Nous regagnâmes Vienne, et nous continuâmes notre voyage en marchant nuit et jour, malgré la neige qui tombait à flocons.

Je n'entrerai ici dans aucun détail sur les changements politiques qui furent le résultat de la bataille d'Austerlitz et de la paix de Presbourg. L'Empereur s'était rendu à Vienne, puis à Munich, où il devait assister au mariage de son beau-fils, Eugène de Beauharnais, avec la fille du roi de Bavière. Il paraît que les dépêches que nous étions chargés de remettre à cette cour avaient trait à ce mariage, car nous y fûmes on ne peut mieux reçus. Nous ne restâmes néanmoins que quelques heures à Munich, et gagnâmes la ville d'Ulm, où nous trouvâmes le 7ᵉ corps et le maréchal Augereau. Nous y passâmes une quinzaine de jours.

Pour rapprocher insensiblement le 7ᵉ corps de la Hesse électorale, intime alliée de la Prusse, Napoléon lui donna l'ordre de se rendre de Ulm à Heidelberg, où nous arrivâmes vers la fin de décembre et commençâmes l'année 1806. Après un court séjour dans cette ville, le 7ᵉ corps se rendit à Darmstadt, capitale du landgrave de Hesse-Darmstadt, prince fort attaché au roi de Prusse, tant par les liens du sang que par ceux de la politique. Bien que ce monarque, en acceptant le Hanovre, eût conclu un traité d'alliance avec Napoléon, il l'avait fait avec répugnance et redoutait l'approche de l'armée française.

Le maréchal Augereau, avant de faire entrer ses troupes dans le pays de Darmstadt, crut devoir en prévenir le landgrave par une lettre qu'il me chargea de lui porter. Le trajet n'était que de quinze lieues; je le fis en une nuit; mais en arrivant à Darmstadt, j'appris que le landgrave, auquel on avait insinué que les Français voulaient s'emparer de sa personne, venait de quitter cette résidence pour se retirer dans une autre partie de ses États, d'où il pourrait facilement se réfugier en Prusse. Ce départ me contraria beaucoup; cependant, ayant appris que Mme la landgrave était encore au palais, je demandai à lui être présenté.

Cette princesse, dont la personne avait beaucoup de ressemblance avec les portraits de l'impératrice Catherine de Russie, avait, comme elle, un caractère mâle, une très grande capacité, et toutes les qualités nécessaires pour diriger un vaste empire. Aussi gouvernait-elle le prince son époux, ainsi que ses États; c'était, sous tous les rapports, ce qu'on peut appeler une maîtresse femme. En voyant dans mes mains la lettre adressée au landgrave par le maréchal Augereau, elle la prit sans plus de façons, comme si c'eût été pour elle-même. Elle me dit ensuite, avec la plus grande franchise, que c'était d'après ses conseils que le landgrave son époux s'était éloigné à l'approche des Français, mais qu'elle se chargeait de le faire revenir, si le maréchal lui donnait l'assurance qu'il n'avait aucun ordre d'attenter à la liberté de ce prince. Je compris que l'arrestation et la mort du duc d'Enghien effrayaient tous les princes, qui pensaient que Napoléon pouvait avoir à se plaindre d'eux ou de leurs alliances. Je protestai autant que je le pus de la pureté des intentions du gouvernement français, et offris de retourner à Heidelberg chercher auprès du maréchal Augereau les assurances que désirait la princesse, ce qui fut accepté par elle.

Je partis et revins le lendemain, avec une lettre du maréchal, conçue en termes si bienveillants que Mme la landgrave, après avoir dit : « Je me confie à l'honneur d'un maréchal français », se rendit sur-le-champ à Giessen, où était le landgrave, qu'elle ramena à Darmstadt, et tous les deux accueillirent parfaitement le maréchal Augereau lorsqu'il vint établir son quartier général en cette ville.

Le maréchal leur sut si grand gré de la confiance qu'ils avaient eue en lui que, quelques mois après, lorsque l'Empereur, remaniant tous les petits États de l'Europe, en réduisit le nombre à trente-deux, dont il forma la Confédération du Rhin, non seulement Augereau parvint à faire conserver le landgrave de Darmstadt, mais il lui obtint le titre de grand-duc et fit tellement agrandir ses États que la population en fut portée de cinq cent mille âmes à peine à plus d'un million d'habitants. Le nouveau grand-duc joignit quelques mois après ses troupes aux nôtres contre la Russie, en demandant qu'elles servissent dans le corps du maréchal Augereau. Ce prince dut ainsi sa conservation et son élévation au courage de sa femme.

Quoique je fusse encore bien jeune à cette époque, je pensai que Napoléon commettait une grande faute, en réduisant le nombre des petites principautés de l'Allemagne. En effet, dans les anciennes guerres contre la France, les huit cents princes des corps germaniques ne pouvaient agir ensemble ; il y en avait qui ne fournissaient qu'une compagnie, d'autres qu'un peloton, plusieurs un *demi-soldat ;* de sorte que la réunion de ces divers contingents composait une armée totalement dépourvue d'ensemble et se débandant au premier revers. Mais lorsque Napoléon eut réduit à trente-deux le nombre des principautés, il y eut un commencement de centralisation dans les forces de l'Allemagne. Les souverains conservés et agrandis formèrent une petite armée bien constituée. C'était le but que l'Empereur se proposait, dans l'espoir d'utiliser ainsi à son profit toutes les ressources militaires de ce pays, ce qui eut lieu, en effet, tant que nous eûmes des succès ; mais, au premier revers, les trente-deux souverains, s'étant entendus, se réunirent contre la France, et leur coalition avec la Russie renversa l'empereur Napoléon, qui fut ainsi puni pour n'avoir pas suivi l'ancienne politique des rois de France.

Nous passâmes une partie de l'hiver à Darmstadt en fêtes, bals et galas. Les troupes du grand-duc étaient commandées par un respectable général, de Stoch. Il avait un fils de mon âge, lieutenant des gardes, charmant jeune homme avec lequel je me liai intimement et dont je reparlerai. Nous n'étions qu'à dix lieues de Francfort-sur-Mein ; cette ville, encore libre, et que son commerce rendait immensément riche, était depuis longtemps le foyer de toutes les intrigues ourdies contre la France, et le point de départ de toutes les fausses nouvelles qui circulaient en Allemagne contre nous. Aussi, le lendemain de la bataille d'Austerlitz, et lorsque le bruit se répandit qu'il y avait eu un engagement dont on ne savait pas le résultat, les habitants de Francfort assuraient que les Russes étaient vainqueurs ; plusieurs journaux poussèrent même la haine jusqu'à dire que les désastres de notre armée avaient été si grands que pas un seul Français n'en avait échappé !... L'Empereur, auquel on rendait compte de tout, dissimula jusqu'au moment où, prévoyant la possibilité d'une rupture avec la Prusse, il rapprocha insensiblement ses armées des frontières de ce royaume. Voulant alors punir l'impertinence des Francfortois, il ordonna au maréchal Augereau de quitter à l'improviste Darmstadt et d'aller s'établir avec *tout son corps d'armée* dans Francfort et sur son territoire.

L'ordre de l'Empereur portait que la ville devait, le jour de l'entrée de nos troupes, donner comme bienvenue *un louis d'or* à chaque soldat, deux aux caporaux, trois aux sergents, dix aux sous-lieutenants et ainsi de suite !... Les habitants devaient, en outre, loger, nourrir la troupe et payer pour frais de table, savoir : au maréchal six cents francs par jour, aux généraux de division quatre cents, aux généraux de brigade deux cents, aux colonels cent : le Sénat était tenu d'envoyer tous les mois un million de francs au Trésor impérial à Paris.

Les autorités de Francfort, épouvantées d'une contribution aussi exorbitante, coururent chez l'envoyé de France ; mais celui-ci, auquel Napoléon avait donné des instructions, leur répondit : « Vous prétendiez que pas un seul Français n'avait échappé au fer des Russes ; l'empereur Napoléon a donc voulu vous mettre à même de compter ceux dont se compose un seul corps de la grande armée : il y en a six autres d'égale force, et la garde viendra ensuite... » Cette réponse, rapportée aux habitants, les plongea dans la consternation, car, quelque immenses qu'aient été leurs richesses, ils eussent été ruinés si cet état de choses eût duré quelque temps. Mais le maréchal Augereau ayant fait appel à la clémence de l'Empereur en faveur des Francfortois, il reçut l'autorisation de faire ce qu'il voudrait, de sorte qu'il prit sur lui de ne garder dans la ville que son état-major et un seul bataillon : les autres troupes furent réparties dans les principautés voisines. Dès ce moment, la joie reparut, et les habitants, pour témoigner leur reconnaissance au maréchal Augereau, lui donnèrent un grand nombre de fêtes. J'étais logé chez un riche négociant nommé M. Chamot. Je passai près de huit mois chez lui, pendant lesquels il fut, ainsi que sa famille, plein d'attentions pour moi.

## CHAPITRE XXVIII

Missions auprès de l'Empereur et du roi de Prusse. — Situation de la Prusse.

Pendant que nous étions à Francfort, un accident très douloureux survenu à un officier du 7ᵉ corps me valut une double mission, dont la première partie fut très pénible, et la seconde fort agréable et même brillante.

A la suite d'une fièvre cérébrale, le lieutenant N..., du 7ᵉ chasseurs, tomba complètement en enfance; le maréchal Augereau me chargea de conduire ce pauvre jeune homme à Paris d'abord, auprès de Murat, qui s'y était toujours intéressé, et ensuite dans le Quercy, si celui-ci m'en priait. Comme je n'avais pas vu ma mère depuis mon départ pour la campagne d'Austerlitz, et la savais non loin de Saint-Céré, au château de Bras, que mon père avait acheté quelque temps avant sa mort, je reçus avec plaisir une mission qui, tout en me mettant à même de rendre service au maréchal Murat, me permettait d'aller passer quelques jours auprès de ma mère. Le maréchal me prêta une bonne calèche, et je pris la route de Paris. Mais la chaleur et l'insomnie exaltèrent tellement mon pauvre camarade que, passant de l'idiotisme à la fureur, il faillit me tuer d'un coup de clef de voiture. Je ne fis jamais un voyage plus désagréable. Enfin, j'arrivai à Paris et conduisis le lieutenant N... auprès de Murat, qui résidait pendant la belle saison au château de Neuilly. Le maréchal me pria d'achever la tâche que j'avais commencée et de conduire N... dans le Quercy. J'y consentis, dans l'espoir de revoir ma mère, tout en faisant observer que je ne pouvais partir que dans vingt-quatre heures, le maréchal Augereau m'ayant chargé de dépêches pour l'Empereur, que j'allai rejoindre à Rambouillet, où je me rendis officiellement le jour même.

J'ignore ce que contenaient les dépêches dont j'étais porteur, mais elles rendirent l'Empereur fort soucieux. Il manda M. de Talleyrand et partit avec lui pour Paris, où il m'ordonna de le suivre et de me présenter chez le maréchal Duroc le soir. J'obéis.

J'attendais depuis longtemps dans un des salons des Tuileries, lorsque le maréchal Duroc, sortant du cabinet de l'Empereur dont il laissa la porte entr'ouverte, ordonna de vive voix à un officier d'ordonnance de se préparer à partir en poste pour une longue mission. Mais Napoléon s'écria : « Duroc, c'est inutile, puisque nous avons ici Marbot qui va rejoindre Augereau ; il poussera jusqu'à Berlin, dont Francfort est à moitié chemin. » En conséquence, le maréchal Duroc me prescrivit de me préparer à me rendre à Berlin avec les dépêches de l'Empereur. Cela me contraria, parce qu'il fallait renoncer à aller embrasser ma mère; mais force fut de me résigner. Je courus donc à Neuilly prévenir Murat. Quant à moi, croyant ma nouvelle mission très pressée, je retournai aux Tuileries; mais le maréchal Duroc me donna jusqu'au lendemain matin. J'y fus au lever de l'aurore, on me remit au soir; puis le soir au lendemain, et ainsi de suite pendant plus de huit jours.

Cependant, je prenais patience, parce que chaque fois que je me présentais, le maréchal Duroc ne me tenait qu'un instant, ce qui me permettait de courir dans Paris. Duroc m'avait remis une somme assez forte, destinée à renouveler mes uniformes tout à neuf, afin de paraître sur un bon pied devant le roi de Prusse, entre les mains duquel je devais remettre *moi-même* une lettre de l'Empereur. Vous voyez que Napoléon ne négligeait aucun détail, lorsqu'il s'agissait de relever le militaire français aux yeux des étrangers.

Je partis enfin, après avoir reçu les dépêches et les instructions de l'Empereur, qui me recommanda surtout de bien examiner les troupes prussiennes, leur tenue, leurs armes, leurs chevaux, etc... M. de Talleyrand me remit un paquet pour M. Laforest, ambassadeur de France à Berlin, chez lequel je devais descendre. Arrivé à Mayence, qui se trouvait alors faire partie du territoire français, j'appris que le maréchal Augereau était à Wiesbaden. Je m'y rendis et le surpris fort en lui disant que j'allais à Berlin par ordre de l'Empereur. Il m'en félicita et m'ordonna de continuer ma route. Je marchai nuit et jour par un temps superbe du mois de juillet, et arrivai à Berlin un peu fatigué. À cette époque, les routes de Prusse n'étant pas encore ferrées, on roulait presque toujours au pas sur un sable mouvant où les voitures, enfonçant profondément, soulevaient des nuages de poussière insupportables.

M. Laforest me reçut à merveille. Je logeai à l'ambassade et fus présenté au Roi et à la Reine, ainsi qu'aux princes et aux princesses. En recevant la lettre de l'Empereur, le roi de Prusse parut fort ému. C'était un grand et bel homme, dont la figure exprimait la bonté; mais il manquait de cette animation qui dénote un caractère ferme. La Reine était vraiment très belle; une seule chose la déparait : elle portait toujours une grosse cravate, afin, disait-on, de cacher un goître assez prononcé qui, à force d'être tourmenté par les médecins, s'était ouvert et répandait une matière purulente, surtout lorsque cette princesse dansait, ce qui était son divertissement de prédilection. Du reste, sa personne était remplie de grâce, et sa physionomie spirituelle et majestueuse exprimait une volonté ferme. Je fus reçu très gracieusement, et comme la réponse que je devais rapporter à l'Empereur se fit attendre plus d'un mois, tant il paraît qu'elle était difficile à faire, la Reine voulut bien m'inviter aux fêtes et bals qu'elle donna pendant mon séjour.

De tous les membres de la famille royale, celui qui me traita avec le plus de bonté, du moins en apparence, fut le prince Louis, neveu du Roi. On m'avait prévenu qu'il exécrait les Français et surtout leur empereur; mais comme il aimait passionnément l'état militaire, il me questionnait sans cesse sur le siège de Gênes, les batailles de Marengo et d'Austerlitz, ainsi que sur l'organisation de notre armée. Le prince Louis de Prusse était un homme superbe, et sous le rapport de l'esprit, des moyens et du caractère, c'était de tous les membres de la famille royale le seul qui eût quelque ressemblance avec le grand Frédéric. Je fis connaissance avec plusieurs personnes de la Cour, et surtout avec des officiers que je suivais tous les jours à la parade et aux manœuvres. Je passais donc mon temps fort agréablement à Berlin, où notre ambassadeur me comblait de prévenances; mais je finis par m'apercevoir qu'il voulait me faire jouer dans une affaire délicate un rôle qui ne pouvait me convenir, et je devins très réservé.

Mais examinons la position de la Prusse vis-à-vis de Napoléon. Les dépêches que j'apportais y avaient trait, ainsi que je l'ai su plus tard.

En acceptant de Napoléon le don de l'électorat du Hanovre, patrimoine de la famille régnante d'Angleterre, le cabinet de Berlin s'était aliéné non seulement le parti antifrançais, mais aussi presque toute la nation prussienne. L'amour-propre allemand se trouvait en effet blessé des succès remportés par les Français sur les Autrichiens, et la Prusse craignait aussi de voir son commerce ruiné par suite de la guerre que le cabinet de Londres venait de lui déclarer. La Reine et le prince Louis cherchaient à profiter de cette effervescence des esprits pour amener le Roi à faire la guerre à la France, en se joignant à la Russie, qui, bien qu'abandonnée par l'Autriche, espérait encore prendre sa revanche de sa défaite d'Austerlitz. L'empereur Alexandre était encore entretenu dans ses projets contre la France par un Polonais, son aide de camp favori, le prince Czartoryski.

Cependant le parti antifrancais, qui s'augmentait tous les jours, n'avait encore pu déterminer le roi de Prusse à rompre avec Napoléon; mais se sentant appuyé par la Russie, ce parti redoubla d'efforts, et profita habilement des fautes que commit Napoléon en plaçant son frère Louis sur le trône de Hollande, et en se nommant lui-même protecteur de la *Confédération du Rhin*, acte qu'on présenta au roi de Prusse comme un acheminement au rétablissement de l'empire de Charlemagne. Napoléon voulait, disait-on, en finir, pour faire descendre tous les souverains d'Allemagne au rang de ses vassaux!... Ces assertions, fort exagérées, avaient néanmoins produit un grand changement dans l'esprit du Roi, dont la conduite avec la France devint dès lors tellement équivoque, qu'elle détermina Napoléon à lui écrire de sa main, et sans suivre la marche habituelle de la diplomatie, pour lui demander : « Êtes-vous pour ou contre moi?... » Tel était le sens de la lettre que j'avais remise au Roi. Son conseil, voulant gagner du temps pour compléter les armements, fit retarder la réponse, et ce fut la cause qui me retint si longtemps à Berlin.

Enfin, au mois d'août, une explosion générale eut lieu contre la France, et l'on vit la Reine, le prince Louis, la noblesse, l'armée, la population entière, demander la guerre à grands cris. Le Roi se laissa entraîner; mais comme, bien que décidé à rompre la paix, il conservait encore un faible espoir d'éviter les hostilités, il paraît que dans sa réponse à l'Empereur il s'engageait à désarmer, si celui-ci ramenait en France toutes les troupes qu'il avait en Allemagne, ce que Napoléon ne voulait faire que lorsque la Prusse aurait désarmé, de sorte que l'on tournait dans un cercle vicieux d'où l'on ne pouvait sortir que par la guerre.

Avant mon départ de Berlin, je fus témoin du délire auquel la haine de Napoléon porta la nation prussienne, ordinairement si calme. Les officiers que je connaissais n'osaient plus me parler ni me saluer; plusieurs Français furent insultés par la populace; enfin les gendarmes de la garde noble poussèrent la jactance jusqu'à venir aiguiser les lames de leurs sabres sur les degrés en pierre de l'hôtel de l'ambassadeur français !... Je repris en toute hâte la route de Paris, emportant avec moi de nombreux renseignements sur ce qui se passait en Prusse. En passant à Francfort, je trouvai le maréchal Augereau fort triste; il venait d'apprendre la mort de sa femme, bonne et excellente personne qu'il regretta beaucoup, et dont la perte fut sentie par tout l'état-major, car elle avait été excellente pour nous.

Arrivé à Paris, je remis à l'Empereur la réponse autographe du roi de Prusse. Après l'avoir lue, il me questionna sur ce que j'avais vu à Berlin. Lorsque je lui dis que les gendarmes de la garde étaient venus aiguiser leurs sabres sur l'escalier de l'ambassade de France, il porta vivement la main sur la poignée de son épée et s'écria avec indignation : « Les insolents fanfa-
« rons apprendront bientôt que nos armes sont en bon
« état !... »

Ma mission étant dès lors terminée, je retournai auprès du maréchal Augereau et passai tout le mois de septembre à Francfort, où nous nous préparâmes à la guerre en continuant à nous amuser le plus possible, car nous pensions que rien n'étant plus incertain que la vie des militaires, ils doivent s'empresser d'en jouir.

## CHAPITRE XXIX

État de l'armée prussienne. — Marche sur Wurtzbourg. — Combat de Saalfeld et mort du prince Louis de Prusse. — Augereau et son ancien compagnon d'armes. — Retour à Iéna. — Épisode.

Cependant les différents corps de la grande armée se rapprochaient des rives du Mein. L'Empereur venait d'arriver à Wurtzbourg, et sa garde passait le Rhin. Les Prussiens, de leur côté, s'étant mis en marche et traversant la Saxe, avaient contraint l'Électeur à joindre ses troupes aux leurs; cette alliance forcée, et par conséquent peu sûre, était la seule que le roi de Prusse eût en Allemagne. Il attendait, il est vrai, les Russes; mais leur armée était encore en Pologne, derrière le Niémen, à plus de cent cinquante lieues des contrées où les destinées de la Prusse allaient être décidées.

On a peine à concevoir l'impéritie qui présida pendant sept ans aux décisions des cabinets des ennemis de la France. Nous avions vu, en 1805, les Autrichiens nous attaquer sur le Danube et se faire battre isolément à Ulm, au lieu d'attendre que les Russes les eussent rejoints, et que la Prusse se fût déclarée contre Napoléon. Voici, à présent, qu'en 1806, ces mêmes Prussiens qui, l'année d'avant, auraient pu empêcher la défaite des Austro-Russes en se joignant à eux, non seulement nous déclarent la guerre, lorsque nous sommes en paix avec le cabinet de Vienne, mais, imitant sa faute, nous attaquent sans attendre les Russes!... Enfin, trois ans après, en 1809, les Autrichiens renouvelèrent seuls la guerre contre Napoléon, au moment où celui-ci était en paix avec la Prusse et la Russie! Ce désaccord assura la victoire à la France. Malheureusement, il n'en fut pas de même en 1813, où nous fûmes écrasés par la coalition de nos ennemis.

Le roi de Prusse eut d'autant plus tort, en 1806, de se déclarer contre Napoléon avant l'arrivée des Russes, que ses troupes, bien que fort instruites, n'étaient pas en état de se mesurer avec les nôtres, tant leur composition et leur organisation étaient mauvaises. En effet, à cette époque, les capitaines prussiens étaient propriétaires de leur compagnie ou escadron : hommes, chevaux, armes, habillements, tout leur appartenait. C'était une espèce de ferme qu'ils louaient au gouvernement, moyennant un prix convenu. On conçoit que toutes les pertes étant à leur compte, les capitaines avaient un grand intérêt à ménager leur compagnie, tant dans les marches que sur les champs de bataille, et comme le nombre d'hommes qu'ils étaient tenus d'avoir était fixé, et qu'il n'existait pas de conscription, ils enrôlaient à prix d'argent d'abord les Prussiens qui se présentaient, ensuite tous les vagabonds de l'Europe que leurs enrôleurs embauchaient dans les États voisins. Mais cela ne suffisant pas, les recruteurs prussiens enlevaient de *vive force* un très grand nombre d'hommes, qui, devenus soldats malgré eux, étaient tenus de servir jusqu'à ce que l'âge les mît hors d'état de porter les armes ; alors on leur délivrait un brevet de *mendiant*, car la Prusse n'était pas assez riche pour leur donner les Invalides ou la pension de retraite. Pendant la durée de leur service, ces soldats étaient encadrés entre de vrais Prussiens, dont le nombre devait être au moins de moitié de l'effectif de chaque compagnie, afin de prévenir les révoltes.

Pour maintenir une armée composée de parties aussi hétérogènes, il fallait une discipline *de fer;* aussi la plus légère faute était-elle punie par la bastonnade. De très nombreux sous-officiers, tous Prussiens, portaient constamment une canne, dont ils se servaient très souvent, et, selon l'expression admise, on comptait une canne pour sept hommes. La désertion du soldat étranger était irrémissiblement punie de mort. Vous figurez-vous l'affreuse position de ces étrangers, qui, s'étant engagés dans un moment d'ivresse, ou ayant été enlevés de force, se voyaient, loin de leur patrie et sous un ciel glacial, condamnés à être soldats prussiens, c'est-à-dire esclaves, pendant toute leur vie!... et quelle vie! A peine nourris, couchés sur la paille, n'ayant que des habits très légers, point de capotes, même dans les hivers les plus froids, et ne touchant qu'une solde insuffisante pour leurs besoins. Aussi n'attendaient-ils pas pour mendier qu'on leur en donnât l'autorisation en les renvoyant du service, car, lorsqu'ils n'étaient pas sous les yeux de leurs chefs, ils tendaient la main, et il m'est arrivé plusieurs fois, tant à Potsdam qu'à Berlin, de voir les grenadiers à la porte même du Roi me supplier de leur faire l'aumône!...

Les officiers prussiens étaient généralement instruits et servaient fort bien; mais la moitié d'entre eux, nés hors du royaume, étaient de pauvres gentilshommes de presque toutes les contrées de l'Europe qui, n'ayant pris du service que pour avoir de quoi vivre, manquaient de patriotisme et n'étaient nullement dévoués à la Prusse; aussi l'abandonnèrent-ils presque tous, lorsqu'elle fut dans l'adversité. Enfin, l'avancement n'ayant lieu que par ancienneté, la très grande majorité des officiers prussiens, vieux, cassés, se trouvaient hors d'état de supporter les fatigues de la guerre. C'était une armée ainsi composée et commandée qu'on allait opposer aux vainqueurs d'Italie, d'Égypte, de l'Allemagne et d'Austerlitz!... Il y avait folie! mais le cabinet de Berlin, abusé par les victoires que le grand Frédéric avait obtenues avec des troupes mercenaires, espérait qu'il en serait encore de même; il oubliait que les temps étaient bien changés!...

Le 6 octobre, le maréchal Augereau et le 7ᵉ corps quittèrent Francfort, pour se diriger, ainsi que toute la grande armée, vers les frontières de Saxe, déjà occupées par les Prussiens. L'automne était superbe; il gelait un peu pendant la nuit, mais le jour nous avions un soleil brillant. Mon petit équipage était bien organisé; j'avais pris un bon domestique de guerre, François Woirland, ancien soldat de la légion noire; vrai sacripant et grand maraudeur : mais ce sont là les meilleurs serviteurs en campagne; car avec eux on ne manque jamais de rien. J'avais trois excellents chevaux, de bonnes armes, un peu d'argent; je me portais très bien, je marchais donc gaiement au-devant des événements futurs!...

Nous nous dirigeâmes sur Aschaffenbourg, d'où nous gagnâmes Wurtzbourg. Nous y trouvâmes l'Empereur, qui fit défiler les troupes du 7ᵉ corps, dont l'enthousiasme était fort grand. Napoléon, qui possédait des notes sur tous les régiments, et qui savait en tirer très habilement parti pour flatter l'amour-propre de chacun d'eux, dit en voyant le 44ᵉ de ligne : « Vous êtes de tous les
« corps de mes armées celui où il y a le plus de *chevrons;*
« aussi vos trois bataillons comptent-ils à mes yeux pour
« six!... » Les soldats enthousiasmés répondirent: « Nous vous le prouverons devant l'ennemi! » Au 7ᵉ léger, presque tout composé d'hommes du bas Languedoc et des Pyrénées, l'Empereur dit : « Voilà les meilleurs
« marcheurs de l'armée; on n'en voit jamais un seul en

« arrière, surtout quand il faut joindre l'ennemi! » Puis il ajouta en riant : « Mais, pour vous rendre justice « entière, je dois vous dire que vous êtes les plus *criards* « et les plus maraudeurs de l'armée! — C'est vrai, c'est « vrai! » répondirent les soldats, dont chacun avait un canard, une poule ou une oie sur son sac, abus qu'il fallait tolérer, car, comme je vous l'ai dit, les armées de Napoléon, une fois qu'elles étaient en campagne, ne recevaient de distributions que fort rarement, chacun vivant sur le pays comme il pouvait. Cette méthode présentait sans doute de graves inconvénients, mais elle avait un avantage immense, celui de nous permettre de pousser toujours en avant, sans être embarrassés de convois et de magasins, et ceci nous donnait une très grande supériorité sur les ennemis, dont tous les mouvements étaient subordonnés à la cuisson ou à l'arrivée du pain, ainsi qu'à la marche des troupeaux de bœufs, etc., etc.

De Wurtzbourg, le 7ᵉ corps se dirigea vers Cobourg, où le maréchal fut logé au palais du prince, dont toute la famille s'était éloignée à notre approche, excepté le célèbre feld-maréchal autrichien prince de Cobourg. Ce vieux guerrier, qui avait si longtemps combattu contre les Français, dont il appréciait le caractère, eut assez de confiance en eux pour les attendre. Cette confiance ne fut pas trompée, car le maréchal Augereau lui envoya une garde d'honneur, lui rendit avec empressement la visite qu'il en avait reçue, et prescrivit d'avoir les plus grands égards pour lui.

Nous n'étions plus éloignés des Prussiens, dont le Roi se trouvait à Erfurt. La Reine l'accompagnait et parcourait à cheval les rangs de l'armée, dont elle cherchait à exciter l'ardeur par sa présence. Napoléon, trouvant que ce rôle n'appartenait pas à une princesse, lança contre elle dans ses bulletins des observations fort blessantes. Les avant-gardes française et prussienne se rencontrèrent enfin le 9 octobre à Schleitz ; il y eut sous les yeux de l'Empereur un petit combat, où les ennemis furent battus : c'était pour eux un début de mauvais augure.

Le même jour, le prince Louis se trouvait, avec un corps de dix mille hommes, posté à Saalfeld. Cette ville est située sur les rives de la Saale, au milieu d'une plaine à laquelle on arrive en traversant des montagnes fort abruptes. Les corps des maréchaux Lannes et Augereau s'avançant sur Saalfeld par ces montagnes, le prince Louis, puisqu'il voulait attendre les Français, aurait dû se placer dans cette contrée difficile et remplie de défilés étroits, où peu de troupes peuvent en arrêter de fort nombreuses ; mais il négligea cet avantage, probablement par suite de la persuasion où il était que les troupes prussiennes valaient infiniment mieux que les troupes françaises. Il poussa même le mépris de toute précaution jusqu'à placer une partie de ses forces en avant d'un ruisseau marécageux, ce qui rendait leur retraite fort difficile en cas de revers. Le vieux général Muller, Suisse au service de la Prusse, que le Roi avait placé auprès de son neveu pour modérer sa fougue, ayant fait à celui-ci quelques observations à ce sujet, le prince Louis les reçut fort mal, en ajoutant que pour battre les Français il n'était pas besoin de prendre tant de précautions, et qu'il suffisait de tomber dessus dès qu'ils paraîtraient.

Ils parurent le 10 au matin, le corps du maréchal Lannes en première ligne, celui d'Augereau en seconde ; mais ce dernier n'arriva pas à temps pour prendre part au combat. Sa présence était d'ailleurs inutile, les troupes du maréchal Lannes se trouvant plus que suffisantes. En attendant que son corps d'armée fût sorti du défilé, le maréchal Augereau, suivi de son état-major, se plaça sur un mamelon d'où nous dominions parfaitement la plaine et pouvions suivre de l'œil toutes les péripéties du combat.

Le prince Louis aurait encore pu faire retraite sur le corps prussien qui occupait Iéna; mais ayant été le premier instigateur de la guerre, il lui parut inconvenant de se retirer sans combattre. Il fut bien cruellement puni de sa témérité. Le maréchal Lannes, profitant habilement des hauteurs au bas desquelles le prince Louis avait si imprudemment déployé ses troupes, les fit d'abord mitrailler par son artillerie, et dès qu'il les eut ébranlées, il lança plusieurs masses d'infanterie qui, descendant rapidement des hauteurs, fondirent comme un torrent impétueux sur les bataillons prussiens et les enfoncèrent en un instant !... Le prince Louis, éperdu, et reconnaissant probablement sa faute, espéra la réparer en se mettant à la tête de sa cavalerie, avec laquelle il attaqua impétueusement les 9ᵉ et 10ᵉ de housards. Il obtint d'abord quelque succès ; mais nos housards, ayant fait avec furie une nouvelle charge, rejetèrent la cavalerie prussienne dans les marais, tandis que leur infanterie fuyait en désordre devant la nôtre.

Au milieu de la mêlée, le prince Louis s'étant trouvé aux prises avec un sous-officier du 10ᵉ de housards, nommé Guindet, qui le sommait de se rendre, répondit par un coup du tranchant de son épée qui coupa la figure du Français ; alors celui-ci, passant son sabre au travers du corps du prince, l'étendit raide mort !...

Après le combat et la déroute complète de l'ennemi, le corps du prince ayant été reconnu, le maréchal Lannes le fit honorablement porter au château de Saalfeld, où il fut remis à la famille princière de ce nom, alliée à la maison royale de Prusse, et chez laquelle le prince

Louis avait passé la journée et la soirée précédentes à se réjouir de la prochaine arrivée des Français et même, dit-on, à donner un bal aux dames du lieu. A présent on le leur rapportait vaincu et mort!... Je vis le lendemain le corps du prince étendu sur une table de marbre; on avait fait disparaître toutes traces de sang; il était nu jusqu'à la ceinture, ayant encore sa culotte de peau et ses bottes, et paraissait dormir. Il était vraiment beau! Je ne pus m'empêcher de faire de tristes réflexions sur l'instabilité des choses humaines, en voyant ce qui restait de ce jeune homme, né sur les marches d'un trône, et naguère encore si aimé, si entouré et si puissant!... La nouvelle de la mort du prince Louis jeta la consternation dans l'armée ennemie, ainsi que dans toute la Prusse, dont il était adoré.

Le 7ᵉ corps passa la journée du 11 à Saalfeld. Nous allâmes le 12 à Neustadt et le 13 à Kala, où nous rencontrâmes quelques débris des troupes prussiennes battues devant Saalfeld. Le maréchal Augereau les ayant fait attaquer, elles opposèrent très peu de résistance et mirent bas les armes. Parmi les prisonniers se trouvait le régiment du prince Henri, dans lequel Augereau avait été jadis *soldat*, et comme, à moins d'être d'une haute naissance, il était fort difficile de devenir officier supérieur en Prusse, et que les sergents ne parvenaient jamais au grade de sous-lieutenant, cette compagnie avait encore le même capitaine et le même sergent-major!... Remis, par la bizarrerie du destin, en présence de son ancien soldat devenu maréchal et illustré par de hauts faits d'armes, le capitaine prussien, qui reconnut parfaitement Augereau, se conduisit en homme d'esprit, et parla constamment au maréchal comme s'il ne l'avait jamais vu. Celui-ci l'invita à dîner, le fit asseoir auprès de lui, et sachant que les bagages de cet officier avaient été pris, il lui prêta tout l'argent dont il avait besoin, et lui donna des lettres de recommandation pour la France. Quelles réflexions dut faire ce capitaine! Mais aucune expression ne pourrait peindre le saisissement du vieux sergent-major prussien, en voyant son ancien soldat couvert de décorations, entouré d'un nombreux état-major et commandant un corps d'armée! Tout cela lui paraissait un rêve! Le maréchal fut plus expansif avec cet homme qu'il ne l'avait été avec le capitaine; appelant le sergent par son nom, il lui tendit la main et lui fit donner vingt-cinq louis pour lui et deux pour chacun des soldats qui se trouvaient dans la compagnie à l'époque où il en faisait partie, et qui y étaient encore. Nous trouvâmes cela de fort bon goût.

Le maréchal comptait coucher à Kala, qui n'est qu'à trois lieues d'Iéna, lorsque, à la tombée de la nuit, le 7ᵉ corps reçut l'ordre de se rendre sur-le-champ dans cette dernière ville, où l'Empereur venait d'entrer sans coup férir à la tête de sa garde et des troupes du maréchal Lannes.

Les Prussiens avaient abandonné Iéna en silence, mais quelques chandelles oubliées par eux dans les écuries y avaient probablement mis le feu, et l'incendie, se propageant, dévorait une partie de cette malheureuse cité, lorsque le corps du maréchal Augereau y entra vers minuit. C'était un triste spectacle que de voir les habitants, les femmes et les vieillards à demi nus, emportant leurs enfants et cherchant à se soustraire par la fuite au fléau destructeur, tandis que nos soldats, retenus dans les rangs par le devoir et le voisinage de l'ennemi, restaient impassibles, l'arme au bras, comme des gens qui comptent l'incendie pour peu de chose, en comparaison des dangers auxquels ils vont être exposés sous peu.

Le quartier de la ville par lequel les Français arrivaient n'était point incendié, les troupes pouvaient circuler facilement, et pendant qu'elles se massaient sur les places et les grandes rues, le maréchal s'établit avec son état-major dans un hôtel d'assez belle apparence. J'y rentrais en revenant de porter un ordre, lorsque des cris perçants se firent entendre dans une maison voisine dont une porte était ouverte. J'y monte à la hâte, et guidé par les cris, je pénètre dans un bel appartement, où j'aperçois deux charmantes filles de dix-huit à vingt ans, en chemise, se débattant contre les entreprises de quatre ou cinq soldats de Hesse-Darmstadt, faisant partie des régiments que le landgrave avait joints aux troupes françaises du 7ᵉ corps. Bien que ces hommes, pris de vin, n'entendissent pas un mot de français, et moi fort peu d'allemand, ma présence, mes menaces, leur en imposèrent, et l'habitude d'être bâtonnés par leurs officiers leur fit même recevoir sans mot dire les coups de pied et les horions que, dans mon indignation, je leur distribuai largement, en les jetant au bas de l'escalier; en quoi je fus peut-être imprudent, car, au milieu de la nuit, et dans une ville où régnait un affreux tumulte, seul, en face de ces hommes, je m'exposais à me faire tuer par eux; mais ils s'enfuirent, et je plaçai dans une salle basse un peloton de l'escorte du maréchal.

Remonté dans l'appartement où les deux jeunes demoiselles s'étaient vêtues à la hâte, je reçus l'expression de leur chaleureuse reconnaissance. Elles étaient filles d'un professeur de l'Université, qui, s'étant porté avec sa femme et ses domestiques au secours de l'une de leurs sœurs récemment accouchée, dans le quartier incendié, les avait laissées seules, quand les soldats hessois se présentèrent. L'une de ces jeunes filles me dit avec exaltation : « Vous marchez au combat au

« moment où vous venez de nous sauver l'honneur;
« Dieu vous en récompensera, soyez certain qu'il ne
« vous arrivera rien de fâcheux!... » Le père et la mère,
qui rentraient au même instant, en rapportant la nouvelle
accouchée et son enfant, furent d'abord fort surpris de
me trouver là; mais dès qu'ils connurent le motif de ma
présence, ils me comblèrent aussi de bénédictions. Je
m'arrachai aux remerciements de cette famille reconnaissante, pour me rendre auprès du maréchal Augereau
qui se reposait dans l'hôtel voisin en attendant les
ordres de l'Empereur.

## CHAPITRE XXX

Iéna. — Le curé d'Iéna. — Auerstædt. — Conduite de Bernadotte. — Entrée à Berlin.

La ville d'Iéna est dominée par une hauteur, nommée le Landgrafenberg, au bas de laquelle coule la Saale; les abords du côté d'Iéna sont très escarpés, et il n'existait alors qu'une seule route, celle de Weimar, par Mühlthal, défilé long et difficile, dont le débouché, couvert par un petit bois, était gardé par les troupes saxonnes alliées des Prussiens. Une partie de l'armée prussienne était en ligne, en arrière, à une portée de canon. L'Empereur, n'ayant que ce seul passage pour arriver sur les ennemis, s'attendait à éprouver de grandes pertes en l'attaquant de vive force, car il ne paraissait pas possible de le tourner. Mais *l'heureuse étoile* de Napoléon, qui le guidait encore, lui fournit un moyen inespéré, dont je ne sache pas qu'aucun historien ait parlé, mais dont j'atteste l'exactitude.

Nous avons vu que le roi de Prusse avait contraint l'électeur de Saxe à joindre ses troupes aux siennes. Le peuple saxon se voyait à regret engagé dans une guerre qui ne pouvait lui procurer aucun avantage futur et qui, pour le présent, portait la désolation dans son pays, théâtre des hostilités. Les Prussiens étaient donc détestés en Saxe, et Iéna, ville saxonne, partageait ce sentiment de réprobation. Exalté par l'incendie qui la dévorait en ce moment, un prêtre de cette ville, qui considérait les

Prussiens comme les ennemis de son roi et de sa patrie, crut pouvoir donner à Napoléon le moyen de les chasser de son pays, en lui indiquant un petit sentier par lequel des fantassins pouvaient gravir la rampe escarpée du Landgrafenberg. Il y conduisit donc un peloton de voltigeurs et des officiers de l'état-major. Les Prussiens, croyant ce passage impraticable, avaient négligé de le garder. Mais Napoléon en jugea différemment, et, sur le rapport que lui en firent les officiers, il y monta lui-même, accompagné du maréchal Lannes, et dirigé par le curé saxon. L'Empereur ayant reconnu qu'il existait entre le haut du sentier et la plaine qu'occupait l'ennemi, un petit plateau rocailleux, résolut d'en faire le point de réunion d'une partie de ses troupes, qui déboucheraient de là comme d'une citadelle pour attaquer les Prussiens.

L'entreprise eût été d'une difficulté insurmontable pour tout autre que pour Napoléon, commandant à des Français; mais lui, faisant prendre sur-le-champ quatre mille outils de pionniers dans les caissons du génie et de l'artillerie, ordonna que tous les bataillons travailleraient à tour de rôle, pendant une heure, à élargir et adoucir le sentier, et lorsque chacun d'eux aurait fini sa tâche, il irait se former en silence sur le Landgrafenberg, pendant qu'un autre le remplacerait. Les travaux étaient éclairés par des torches, dont la lueur se confondait aux yeux de l'ennemi avec celle de l'incendie d'Iéna. Les nuits étant fort longues à cette époque de l'année, nous eûmes le temps de rendre cette rampe accessible non seulement aux colonnes d'infanterie, mais encore aux caissons et à l'artillerie, de sorte que, avant le jour, les corps des maréchaux Lannes, Soult, et la première division d'Augereau, ainsi que la garde à pied, se trouvèrent massés sur le Landgrafenberg. Jamais l'expression *massée* ne fut plus exacte, car la poitrine des hommes de chaque régiment touchait presque le dos des soldats placés devant eux. Mais les troupes étaient si bien disciplinées que, malgré l'obscurité et l'entassement de plus de quarante mille hommes sur cet étroit plateau, il n'y eut pas le moindre désordre, et bien que les ennemis qui occupaient Cospoda et Closevitz ne fussent qu'à une demi-portée de canon, ils ne s'aperçurent de rien!

Le 14 octobre au matin, un épais brouillard couvrait la campagne, ce qui favorisa nos mouvements. La deuxième division d'Augereau, faisant une fausse attaque, s'avança d'Iéna par le Mühlthal sur la route de Weimar. Comme c'était le seul point par lequel l'ennemi crût qu'il nous fût possible de sortir d'Iéna, il y avait établi des forces considérables; mais, pendant qu'il se préparait à défendre vigoureusement ce défilé, l'empereur Napoléon, faisant déboucher du Landgrafenberg les troupes qu'il y avait agglomérées pendant la nuit, les rangea en bataille dans la plaine. Les premiers coups de canon et une brise légère ayant dissipé le brouillard, auquel succéda le plus brillant soleil, les Prussiens furent vraiment stupéfaits en voyant les lignes de l'armée française déployées en face d'eux et s'avançant pour les combattre!... Ils ne pouvaient comprendre comment nous étions arrivés sur le plateau, lorsqu'ils nous croyaient au fond de la vallée d'Iéna, sans avoir d'autre moyen de venir à eux que la route de Weimar, qu'ils gardaient si bien. En un instant, la bataille s'engage, et les premières lignes des Prussiens et des Saxons, commandées par le prince de Hohenlohe, se trouvent forcées de reculer. Leurs réserves avançaient, mais, de notre côté, nous reçûmes un puissant renfort. Le corps du maréchal Ney et la cavalerie de Murat, retardés dans les défilés, débouchèrent dans la plaine et prirent part à l'action. Cependant, un corps d'armée prussien, commandé par le général Ruchel, arrêta un moment nos colonnes ; mais, chargé par la cavalerie française, il fut presque entièrement détruit, et le général Ruchel tué.

La 1ʳᵉ division du maréchal Augereau, en débouchant du Landgrafenberg dans la plaine, se réunit à la 2ᵉ, arrivant par le Mühlthal, et le corps d'armée longeant la route d'Iéna à Weimar s'empara d'abord de Cospoda, et puis du bois d'Iserstædt, tandis que le maréchal Lannes prenait Viersehn-Heilingen et le maréchal Soult Hermstædt.

L'infanterie prussienne, dont j'ai déjà fait connaître la mauvaise composition, se battit fort mal, et la cavalerie ne fit guère mieux. On la vit à plusieurs reprises s'avancer à grands cris sur nos bataillons ; mais, intimidée par leur attitude calme, elle n'osa jamais charger à fond ; arrivée à cinquante pas de notre ligne, elle faisait honteusement demi-tour au milieu d'une grêle de balles et des huées de nos soldats.

Les Saxons combattaient avec courage : ils résistèrent longtemps au corps du maréchal Augereau, et ce ne fut qu'après la retraite des troupes prussiennes que, s'étant formés en deux grands carrés, ils commencèrent leur retraite, tout en continuant à tirer. Le maréchal Augereau, admirant le courage des Saxons, et voulant ménager le sang de ces braves gens, venait d'envoyer un parlementaire pour les engager à se rendre, puisqu'ils n'avaient plus d'espoir d'être secourus, lorsque le prince Murat, arrivant avec sa cavalerie, lança les cuirassiers et les dragons, qui, chargeant à outrance sur les carrés saxons, les enfoncèrent et les contraignirent à mettre bas les armes ; mais, le lendemain, l'Empereur les rendit à la liberté et les remit à leur souverain, avec lequel il ne tarda pas à faire la paix.

Tous les corps prussiens qui avaient combattu devant

Iéna se retiraient dans une déroute complète sur la route de Weimar, aux portes de laquelle les fuyards, leur artillerie et leurs bagages étaient accumulés, lorsque apparurent tout à coup les escadrons de la cavalerie française!... A leur aspect, la terreur se répand dans la cohue prussienne; tout fuit dans le plus grand désordre, laissant en notre pouvoir un grand nombre de prisonniers, de drapeaux, de canons et de bagages.

La ville de Weimar, surnommée la nouvelle Athènes, était habitée à cette époque par un grand nombre de savants, d'artistes et de littérateurs distingués, qui s'y réunissaient de toutes les parties de l'Allemagne, sous le patronage du duc régnant, protecteur éclairé des sciences et des arts. Le bruit du canon, le passage des fuyards, l'entrée des vainqueurs émurent vivement cette paisible et studieuse population. Mais les maréchaux Lannes et Soult maintinrent le plus grand ordre, et, sauf la fourniture des vivres nécessaires à la troupe, la ville n'eut à souffrir d'aucun excès. Le prince de Weimar servait dans l'armée prussienne; son palais, dans lequel se trouvait la princesse son épouse, fut néanmoins respecté, et aucun des maréchaux ne voulut y loger.

Le quartier du maréchal Augereau fut établi aux portes de la ville, dans la maison du chef des jardins du prince. Tous les employés de cet établissement ayant pris la fuite, l'état-major, ne trouvant rien à manger, fut réduit à souper avec des ananas et des prunes de serre chaude! C'était par trop léger pour des gens qui, n'ayant rien pris depuis vingt-quatre heures, avaient passé la nuit précédente sur pied, et toute la journée à combattre!... Mais nous étions vainqueurs, et ce mot magique fait supporter toutes les privations!...

L'Empereur retourna coucher à Iéna, où il apprit un succès non moins grand que celui qu'il venait de remporter lui-même. La bataille d'Iéna eut cela d'extraordinaire qu'elle fut *double*, si je puis m'exprimer ainsi, car ni l'armée française, ni celle de Prusse ne se trouvaient réunies devant Iéna. Chacune d'elles, séparée en deux parties, livra deux batailles différentes. En effet, pendant que l'Empereur débouchant d'Iéna à la tête des corps d'Augereau, de Lannes, de Soult, de Ney, de sa garde et de la cavalerie de Murat, battait, ainsi que je viens de l'expliquer, les corps prussiens du prince de Hohenlohe et du général Ruchel, le roi de Prusse, à la tête de son armée principale, commandée par le célèbre prince de Brunswick, les maréchaux Mollendorf et Kalkreuth, se rendant de Weimar à Naumbourg, avait couché au village d'Auerstædt, non loin des corps français de Bernadotte et de Davout, qui se trouvaient dans les villages de Naumbourg et alentour. Pour aller rejoindre l'Empereur du côté d'Apolda, dans les plaines au delà d'Iéna, Bernadotte et Davout devaient passer la Saale en avant de Naumbourg et traverser le défilé étroit et montueux de Kösen.

Bien que Davout pensât que le roi de Prusse et le gros de son armée étaient devant l'Empereur et ne les crût pas si près de lui à Auerstædt, ce guerrier vigilant s'empara la nuit du défilé de Kösen et de ses rampes escarpées, que le roi de Prusse et ses maréchaux avaient négligé de faire occuper, imitant en cela la faute qu'avait commise devant Iéna le prince de Holenlohe, en ne faisant pas garder le Landgrafenberg.

Les troupes de Bernadotte et de Davout réunies ne s'élevaient qu'à quarante-quatre mille hommes, tandis que le roi de Prusse en avait quatre-vingt mille à Auerstædt.

Dès le point du jour du 14, les deux maréchaux français connurent quelles forces supérieures ils allaient combattre; tout leur faisait donc un devoir d'agir avec ensemble. Davout, en comprenant la nécessité, déclara qu'il se placerait volontiers sous les ordres de Bernadotte; mais celui-ci, comptant pour rien les lauriers partagés, et ne sachant pas se sacrifier aux intérêts de son pays, voulut agir seul, et sous prétexte que l'Empereur lui avait ordonné de se trouver le 13 à Dornbourg, il voulut s'y rendre le 14, bien que Napoléon lui écrivît dans la nuit que si par hasard il était encore à Naumbourg, il devait y rester et soutenir Davout. Bernadotte, ne trouvant pas cette mission assez belle, laissa au maréchal Davout le soin de se défendre comme il le pourrait; puis, longeant la Saale, il se rendit à Dornbourg, et bien qu'il n'y trouvât pas un seul ennemi, et que du haut des positions qu'il occupait il vît le terrible combat soutenu à deux lieues de là par l'intrépide Davout, Bernadotte ordonna à ses divisions d'établir leurs bivouacs et de faire tranquillement la soupe!... En vain les généraux qui l'entouraient lui reprochèrent-ils son inaction coupable, il ne voulut pas bouger!... De sorte que le général Davout, n'ayant avec lui que les vingt-cinq mille hommes dont se composaient les divisions Friant, Morand et Gudin, résista avec ces braves à près de quatre-vingt mille Prussiens, animés par la présence de leur roi!...

Les Français, en sortant du défilé de Kösen, s'étaient formés près du village de Hassenhausen; ce fut vraiment sur ce point que la bataille eut lieu, car l'Empereur était dans l'erreur lorsqu'il croyait avoir devant lui à Iéna le Roi et le gros de l'armée prussienne. Le combat que soutinrent les troupes de Davout fut un des plus terribles de nos annales, car ses divisions, après avoir victorieusement résisté à toutes les attaques des fantassins ennemis, se formèrent en carrés, repoussèrent les charges nombreuses de la cavalerie et, non contentes de cela, marchèrent en avant avec une telle résolution, que les Prussiens reculèrent sur tous les points, laissant le terrain couvert de cadavres et de blessés. Le prince de Brunswick et le général Schmettau furent tués, le maréchal Mollendorf grièvement blessé et fait prisonnier. Le roi de Prusse et ses troupes exécutèrent d'abord leur retraite en assez bon ordre sur Weimar, espérant s'y rallier derrière le corps du prince de Hohenlohe et du général Ruchel qu'ils supposaient vainqueurs, tandis que ceux-ci, vaincus par Napoléon, allaient de leur côté chercher un appui auprès des troupes que dirigeait le Roi. Ces deux énormes masses de soldats vaincus et démoralisés s'étant rencontrées sur la route d'Erfurt, il suffit de l'apparition de quelques régiments français pour les jeter dans la plus grande confusion. La déroute fut complète!... Ainsi fut punie la jactance des officiers prussiens. Les résultats de cette victoire furent incalculables et nous rendirent maîtres de presque toute la Prusse.

L'Empereur témoigna sa haute satisfaction au maréchal Davout, ainsi qu'aux divisions Morand, Friant et Gudin, par un ordre du jour qui fut lu à toutes les compagnies et même dans toutes les ambulances des blessés. L'année suivante, Napoléon nomma Davout duc d'Auerstædt, bien qu'il se fût moins battu dans ce village que dans celui de Hassenhausen; mais le roi de Prusse avait eu son quartier général à Auerstædt, et les ennemis en avaient donné le nom à la bataille que les Français nomment Iéna. L'armée s'attendait à voir Bernadotte sévèrement puni, mais il en fut quitte pour une verte réprimande, l'Empereur craignant d'affliger son frère Joseph, dont Bernadotte avait épousé la belle-sœur, Mlle Clary. Nous verrons plus tard comment l'attitude de Bernadotte, au jour de la bataille d'Auerstædt, lui servit en quelque sorte de premier échelon pour monter au trône de Suède.

Je ne fus point blessé à Iéna, mais j'éprouvai une mystification dont le souvenir excite encore ma colère après quarante ans... Au moment où le corps d'Augereau attaquait les Saxons, ce maréchal m'envoya porter au général Durosnel, commandant une brigade de chasseurs, l'ordre de charger sur la cavalerie ennemie. Je devais conduire cette brigade par un chemin que j'avais déjà reconnu. Je cours me mettre en tête de nos chasseurs qui s'élancent sur les escadrons saxons : ceux-ci résistent bravement ; il y eut une mêlée, mais enfin nos adversaires furent contraints de se retirer avec perte. Je me trouvai vers la fin du combat en face d'un officier de housards vêtu de blanc et appartenant au régiment du prince Albert de Saxe. Je lui appuie sur le corps la pointe de mon sabre en le sommant de se rendre, ce qu'il fait en me remettant son arme. Le combat fini, j'ai la générosité de la lui rendre, ainsi que cela se pratique en pareil cas entre officiers, et j'ajoute que bien que son cheval m'appartienne d'après les lois de la guerre, je ne veux pas l'en priver. Il me remercie beaucoup de ce bon traitement, et me suit dans la direction que je prends pour retourner auprès du maréchal, auquel je me faisais une fête de ramener mon prisonnier. Mais dès que nous fûmes à cinq cents pas des chasseurs français, le maudit officier saxon, qui était à ma gauche, dégainant son sabre, fend l'épaule de mon cheval et allait me frapper, si je ne me fusse jeté sur lui, bien que n'ayant pas mon sabre à la main. Mais nos corps se touchant, il n'avait plus assez d'espace pour que son bras pût diriger sa lame contre moi ; ce que voyant, il me prend par mon épaulette, car j'étais en habit ce jour-là, et tirant avec force, il me fait perdre l'équilibre. Ma selle tourne sous le ventre du cheval, et me voilà une jambe en l'air et la tête en bas, pendant que le Saxon, s'éloignant au triple galop, va rejoindre les débris de l'armée ennemie. J'étais furieux, tant de la position dans laquelle je me trouvais que de l'ingratitude dont cet étranger payait mes bons procédés; aussi, dès que l'armée saxonne fut prisonnière, j'allai chercher mon officier de housards afin de lui administrer une bonne leçon; mais il avait disparu!...

J'ai dit que notre nouvel allié, le grand-duc de Hesse-Darmstadt, avait réuni ses troupes à celles de l'Empereur. Cette brigade, attachée au 7ᵉ corps, avait des uniformes absolument pareils à celui des Prussiens; aussi plusieurs Hessois furent-ils blessés ou tués pendant l'action. Le jeune lieutenant de Stoch, mon ami, était sur le point d'avoir le même sort, et déjà nos housards s'étaient emparés de lui, lorsque, m'ayant reconnu, il m'appela, et je le fis relâcher.

L'Empereur combla de bienfaits le curé d'Iéna, et l'électeur de Saxe, devenu roi, par suite des victoires de Napoléon son nouvel allié, récompensa aussi ce prêtre, qui vécut fort tranquillement jusqu'en 1814, époque à laquelle il se réfugia en France pour échapper à la vengeance des Prussiens. Ceux-ci l'y firent enlever et l'enfermèrent dans une forteresse où il passa deux ou trois ans. Enfin le roi de Saxe ayant intercédé en faveur du curé auprès de Louis XVIII, celui-ci réclama le prêtre comme ayant été arrêté sans autorisation, et les Prussiens ayant consenti à le relâcher, il vint s'établir à Paris.

L'Empereur, victorieux à Iéna, ayant ordonné de poursuivre les ennemis dans toutes les directions, nos colonnes firent un nombre infini de prisonniers. Le roi de Prusse ne parvint qu'à grand'peine à gagner Magdebourg, puis Berlin, et l'on prétend même que la Reine fut sur le point de tomber au pouvoir des coureurs de notre avant-garde.

Le corps d'Augereau passa l'Elbe auprès de Dessau. Il serait trop long de raconter les désastres de l'armée prussienne; il suffit de dire que des troupes qui avaient marché contre les Français, *pas un bataillon* ne parvint à s'échapper; ils furent tous pris avant la fin du mois. Les forteresses de Torgau, Erfurt et Wittemberg ouvrirent leurs portes aux vainqueurs, qui, franchissant l'Elbe sur plusieurs points, se dirigèrent vers Berlin. Napoléon s'étant arrêté à Potsdam, y visita le tombeau du grand Frédéric; puis il se rendit à Berlin, où, contre son habitude, il voulut faire une entrée triomphale. Le corps du maréchal Davout marchait en tête du cortège; cet honneur lui était bien dû, car il avait plus combattu que les autres. Venait ensuite le corps d'Augereau, puis la garde.

## CHAPITRE XXXI

Déroute et démoralisation des Prussiens. — Origine de la fortune des Rothschild et de la situation de Bernadotte. — J'accompagne Duroc auprès du roi de Prusse à Graudentz. — Épisode. — L'armée sur la Vistule.

En revoyant Berlin, que j'avais laissé naguère si brillant, je ne pus me défendre d'une impression pénible... Cette population si pleine de jactance était maintenant morne, abattue et plongée dans l'affliction, car les Prussiens ont beaucoup de patriotisme. Ils se sentaient humiliés par la défaite de leur armée et l'occupation de leur pays par les Français; d'ailleurs, presque toutes les familles avaient à pleurer un parent, un ami, tué ou pris dans les combats. Je compatissais à cette juste douleur, mais j'avoue que j'éprouvai un sentiment tout opposé lorsque je vis entrer à Berlin, comme prisonnier de guerre, marchant tristement à pied et désarmé, le régiment des gendarmes nobles, ces mêmes jeunes officiers si arrogants, qui avaient poussé l'insolence jusqu'à venir aiguiser leurs sabres sur les degrés de l'ambassade de France!... Rien ne saurait dépeindre leur état d'abattement et d'humiliation, en se voyant vaincus par ces mêmes Français qu'ils s'étaient vantés de faire fuir par leur seule présence!... Les gendarmes avaient demandé qu'on leur fît faire le tour de Berlin sans y entrer, parce qu'il leur était pénible de défiler comme prisonniers de guerre dans cette ville où ils étaient si connus, et dont les habitants avaient été témoins de leurs fanfaronnades ; mais ce fut précisément pour cela que l'Empereur ordonna de les y faire passer entre deux lignes de soldats français, qui les dirigèrent par la rue dans laquelle se trouvait l'ambassade de France. Les habitants de Berlin ne désapprouvèrent pas cette petite vengeance de Napoléon, car ils en voulaient beaucoup aux gendarmes nobles, qu'ils accusaient d'avoir poussé le Roi à nous faire la guerre.

Le maréchal Augereau fut logé hors de la ville, au château de Bellevue, appartenant au prince Ferdinand, le seul des frères du grand Frédéric qui vécût encore. Ce respectable vieillard, père du prince Louis, tué naguère à Saalfeld, était plongé dans une douleur d'autant plus sincère, que contrairement à l'avis de toute la cour, et surtout du fils qu'il pleurait, il s'était fortement opposé à la guerre, en prédisant les malheurs qu'elle attirerait sur la Prusse. Le maréchal Augereau crut devoir faire visite au prince Ferdinand, qui s'était retiré dans un palais de la ville ; il en fut parfaitement reçu. Ce malheureux père dit au maréchal qu'on venait de l'informer que son fils cadet, le prince Auguste, le seul qui lui restât, se trouvait aux portes de la ville dans une colonne de prisonniers, et qu'il désirait bien l'embrasser avant qu'on le dirigeât vers la France. Comme son grand âge l'empêchait de se rendre auprès de son fils, le maréchal, certain de ne pas être désapprouvé par l'Empereur, me fit sur-le-champ monter à cheval, avec ordre d'aller chercher le prince Auguste et de le ramener avec moi, ce qui fut exécuté à l'instant.

L'arrivée de ce jeune prince donna lieu à une scène des plus touchantes. Son vénérable père et sa vieille mère ne pouvaient se lasser d'embrasser ce fils, qui leur rappelait la perte de l'autre !... Pour consoler cette famille autant que cela dépendait de lui, le bon maréchal Augereau se rendit chez l'Empereur et revint avec l'autorisation de laisser le jeune prince prisonnier sur parole au sein de sa famille, faveur à laquelle le prince Ferdinand fut infiniment sensible.

La victoire d'Iéna avait eu des résultats immenses. La démoralisation la plus complète avait gagné non seulement les troupes qui tenaient la campagne, mais aussi les garnisons des places fortes. Magdebourg se rendit sans même essayer de se défendre; Spandau fit de même; Stettin ouvrit ses portes à une division de cavalerie, et le gouverneur de Custrin envoya des bateaux en deçà de l'Oder, pour porter dans cette place les troupes françaises, qui sans cela n'auraient pu s'en emparer qu'après plusieurs mois de siège!... On apprenait tous les jours la capitulation de quelque corps d'armée ou la reddition de quelque place. L'organisation vicieuse des troupes prussiennes se fit alors sentir plus que jamais : les soldats étrangers, principalement ceux enrôlés par force, saisissant l'occasion de recouvrer la liberté, désertaient en masse ou restaient en arrière pour se rendre aux Français.

Aux conquêtes faites sur les Prussiens, Napoléon ajouta la confiscation des États de l'électeur de Hesse-Cassel, dont la duplicité méritait cette punition. En effet, ce prince, sommé quelque temps avant la guerre de se déclarer pour la Prusse ou pour la France, les avait bercées toutes les deux de promesses, en réservant de se ranger du côté du vainqueur. Souverain avide, l'Électeur avait formé un grand trésor, en vendant ses propres sujets aux Anglais, qui les employaient à combattre les Américains pendant les guerres de l'Indépendance, où il en périt un fort grand nombre. Mauvais parent, il avait offert de joindre ses troupes à celles des Français, à condition que l'Empereur lui donnerait leurs États. Aussi personne ne regretta l'Électeur, dont le départ précipité donna lieu à un fait remarquable, encore peu connu.

Obligé de quitter Cassel à la hâte pour se réfugier en Angleterre, l'électeur de Hesse, qui passait pour le plus riche capitaliste d'Europe, ne pouvant emporter la totalité de son trésor, fit venir un Juif francfortois, nommé Rothschild, banquier de troisième ordre et peu marquant, mais connu pour la scrupuleuse régularité avec laquelle il pratiquait sa religion, ce qui détermina l'Électeur à lui confier quinze millions en espèces. Les intérêts de cet argent devaient appartenir au banquier, qui ne serait tenu qu'à rendre le capital.

Le palais de Cassel ayant été occupé par nos troupes, les agents du Trésor français y saisirent des valeurs considérables, surtout en tableaux; mais on n'y trouva pas d'argent monnayé. Il paraissait cependant impossible que, dans sa fuite précipitée, l'Électeur eût enlevé la totalité de son immense fortune. Or, comme, d'après ce qu'on était convenu d'appeler les *lois de la guerre*, les capitaux et les revenus des valeurs trouvées en pays ennemi appartiennent de droit au vainqueur, on voulut savoir ce qu'était devenu le trésor de Cassel. Les informations prises à ce sujet ayant fait connaître qu'avant son départ l'Électeur avait passé une journée entière avec le Juif Rothschild, une commission impériale se rendit chez celui-ci, dont la caisse et les registres furent minutieusement examinés. Mais ce fut en vain; on ne trouva aucune trace du dépôt fait par l'Électeur. Les menaces et l'intimidation n'eurent aucun succès, de sorte que la commission, bien persuadée qu'aucun intérêt mondain ne déterminerait un homme aussi religieux que Rothschild à se parjurer, voulut lui déférer le *serment*. Il refusa de le prêter. Il fut question de l'arrêter, mais l'Empereur s'opposa à cet acte de violence, le jugeant inefficace. On eut alors recours à un moyen fort peu honorable. Ne pouvant vaincre la résistance du banquier, on espéra le gagner par l'appât du gain. On lui proposa de lui laisser la moitié du trésor s'il voulait livrer l'autre à l'administration française; celle-ci lui donnerait un récépissé de la totalité, accompagné d'un acte de saisie, prouvant qu'il n'avait fait que céder à la force, ce qui le mettrait à l'abri de toute réclamation; mais la probité du Juif fit encore repousser ce moyen, et, de guerre lasse, on le laissa en repos.

Les quinze millions restèrent donc entre les mains de Rothschild depuis 1806 jusqu'à la chute de l'Empire, en 1814. A cette époque, l'Électeur étant rentré dans ses États, le banquier francfortois lui rendit exactement le dépôt qu'il lui avait confié. Vous figurez-vous quelle somme considérable avait dû produire dans un laps de temps de huit années un capital de quinze millions, entre les mains d'un banquier juif et francfortois?... Aussi est-ce de cette époque que date l'opulence de la maison des frères Rothschild, qui durent ainsi à la probité de leur père la haute position financière qu'ils occupent aujourd'hui dans tous les pays civilisés.

Mais il faut reprendre le récit que cet épisode avait suspendu.

L'Empereur, logé au palais de Berlin, passait tous les jours en revue les troupes qui arrivaient successivement dans cette ville, pour marcher de là sur l'Oder à la poursuite des ennemis. Ce fut pendant le séjour de Napoléon dans la capitale de la Prusse qu'il accomplit le beau trait de magnanimité si connu, en accordant à la princesse de Hatzfeld la grâce de son mari, qui avait accepté les fonctions de bourgmestre de Berlin et se servait des facilités que lui donnait cet emploi pour informer les généraux prussiens des mouvements de l'armée française, conduite qui chez tous les peuples civilisés est traitée d'*espionnage* et punie de mort. La générosité dont l'Empereur fit preuve à cette occasion produisit un très bon effet sur l'esprit du peuple prussien.

Pendant notre séjour à Berlin, je fus très agréablement surpris de voir arriver mon frère Adolphe, que je croyais à l'île de France. En apprenant la reprise des hostilités sur le continent, il avait demandé et obtenu du général Decaen, commandant des troupes françaises aux Indes orientales, l'autorisation de revenir en France, d'où il s'était empressé de joindre la grande armée. Le maréchal Lefebvre avait offert à mon frère de le prendre auprès de lui; mais celui-ci, par suite d'un calcul erroné, préféra servir à la *suite* de l'état-major d'Augereau, dont je faisais partie, ce qui devait nous nuire à tous les deux.

Je fis encore à Berlin une rencontre non moins imprévue. Je me promenais un soir avec mes camarades sur le boulevard des *Tilleuls*, lorsque je vis venir à moi un groupe de sous-officiers du 1er de housards. L'un d'eux s'en détacha et vint en courant me sauter au cou. C'était mon ancien *mentor*, le vieux Pertelay, qui pleurait de joie en disant : « Te voilà, mon petit !... » Les officiers avec lesquels je me trouvais furent d'abord très étonnés de voir un maréchal des logis aussi familier avec un lieutenant; mais leur surprise cessa, lorsque je leur eus fait connaître mes anciennes relations avec ce vieux brave, qui, ne pouvant se lasser de m'embrasser, disait à ses camarades : « Tel que vous le voyez, c'est cependant moi qui l'ai formé ! » Et le bonhomme était réellement persuadé que je devais à ses leçons ce que j'étais devenu. Aussi, dans un déjeuner que je lui offris le lendemain, m'accabla-t-il des conseils les plus bouffons, mais qu'il croyait fort sensés et faits pour perfectionner mon éducation militaire. Nous retrouverons en Espagne ce type des anciens housards.

Napoléon, étant encore à Berlin, apprit la capitulation du prince de Hohenlohe, qui venait de mettre bas les armes avec seize mille hommes à Prenzlow, devant les troupes du maréchal Lannes et la cavalerie de Murat. Il ne restait plus de corps ennemi en campagne, si ce n'est celui du général Blücher, devenu depuis si célèbre. Ce général, serré de près par les divisions des maréchaux Soult et Bernadotte, viola la neutralité de la ville de Lubeck, dans laquelle il chercha un refuge; mais les Français l'y poursuivirent, et Blücher, l'un des plus ardents instigateurs de la guerre contre Napoléon, fut obligé de se rendre prisonnier avec les seize mille hommes qu'il commandait.

Je dois ici vous faire connaître un fait des plus remarquables, et qui prouve combien le hasard influe sur la destinée des empires et des hommes.

Vous avez vu que le maréchal Bernadotte, manquant à ses devoirs le jour d'Iéna, s'était tenu à l'écart pendant que le maréchal Davout combattait non loin de lui, contre des forces infiniment supérieures. Eh bien ! cette conduite inqualifiable lui servit à monter sur le trône de Suède, et voici comment.

Après la bataille d'Iéna, l'Empereur, bien que furieux contre Bernadotte, le chargea de poursuivre les ennemis, parce que le corps d'armée que ce général commandait, n'ayant même pas tiré un coup de fusil, était plus à même de combattre que ceux qui avaient essuyé des pertes. Bernadotte se mit donc sur la trace des Prussiens, qu'il battit d'abord à Hall, puis à Lubeck, avec l'appui du maréchal Soult. Or, le hasard voulut qu'à l'heure même où les Français attaquaient Lubeck, des vaisseaux portant une division d'infanterie suédoise, que le roi Gustave IV envoyait au secours des Prussiens, entrassent dans le port de cette ville. Les troupes suédoises étaient à peine débarquées, lorsque, attaquées par les troupes françaises et abandonnées par les Prussiens, elles furent obligées de mettre bas les armes devant le corps de Bernadotte. Ce maréchal, qui, je dois l'avouer, avait, lorsqu'il le voulait, des manières fort engageantes, était surtout désireux de se faire aux yeux des étrangers la réputation d'un homme bien élevé; il traita donc les officiers suédois avec beaucoup d'affabilité, car, après leur avoir accordé une honorable capitulation, il leur fit rendre leurs chevaux et bagages, pourvut à leurs besoins, et invitant chez lui le commandant en chef comte de Mœrner, ainsi que les généraux et officiers supérieurs, il les combla de bontés et de prévenances, si bien qu'à leur retour dans leur patrie, les Suédois vantèrent partout la magnanimité du maréchal Bernadotte.

Quelques années après, une révolution ayant éclaté en Suède, le roi Gustave IV, qu'un grand désordre d'esprit rendait incapable de régner, fut renversé du trône et remplacé par son vieil oncle, le duc de Sudermanie. Ce nouveau monarque n'ayant pas d'enfants, les États assemblés pour lui désigner un successeur portèrent leur choix sur le prince de Holstein-Augustenbourg, qui prit le titre de prince royal. Mais il ne jouit pas longtemps de cette dignité, car il mourut en 1811 à la suite d'une très courte maladie qu'on attribua au poison. Les États, assemblés derechef pour élire un nouvel héritier de la couronne, hésitèrent entre plusieurs princes d'Allemagne qui se portaient comme candidats, lorsque le général comte de Mœrner, l'un des membres les plus influents des États et ancien commandant de la division suédoise prise à Lubeck en 1806 par les troupes françaises, proposa le maréchal Bernadotte, dont il rappela la conduite généreuse. Il vanta, en outre, les talents militaires de Bernadotte, et fit observer que ce maréchal était par sa femme allié à la famille de Napoléon, dont l'appui pouvait être si utile à la Suède. Une foule d'officiers, jadis pris à Lubeck, ayant joint leurs voix à celle du général de Mœrner, Bernadotte fut élu presque à l'unanimité successeur du roi de Suède, et monta sur le trône quelques années plus tard.

Nous verrons plus loin comment Bernadotte, porté sur les marches d'un trône étranger par la gloire qu'il avait acquise à la tête des troupes françaises, se montra ingrat envers sa patrie. Mais revenons en Prusse.

En un mois, les principales forces de ce royaume, jadis si florissant, avaient été détruites par Napoléon, qui occupait sa capitale ainsi que la plupart de ses provinces, et nos armées triomphantes touchaient déjà aux rives de la Vistule, cette grande barrière de séparation entre le nord et le centre de l'Europe.

Le corps du maréchal Augereau, resté pendant quinze jours à Berlin pour renforcer la garde pendant le long séjour que l'Empereur fit dans cette ville, en partit vers la mi-novembre, et se dirigea d'abord sur l'Oder, que nous passâmes à Custrin, puis sur la Vistule, dont nous rejoignîmes les rives à Bromberg. Nous étions en Pologne, le plus pauvre et le plus mauvais pays de l'Europe... Depuis l'Oder, plus de grandes routes : nous marchions dans les sables mouvants ou dans une boue affreuse. La plupart des terres étaient incultes, et le peu d'habitants que nous trouvions étaient d'une saleté dont rien ne peut donner une idée. Le temps, qui avait été magnifique pendant le mois d'octobre et la première partie de novembre, devint affreux. Nous ne vîmes plus le soleil ;

il pleuvait ou neigeait constamment; les vivres devinrent fort rares; plus de vin, presque jamais de bière, encore était-elle atrocement mauvaise; de l'eau bourbeuse, pas de pain, et des logements qu'il fallait disputer aux vaches et aux cochons!... Aussi les soldats disaient-ils : « Quoi! les Polonais osent appeler cela une patrie !... »

L'Empereur lui-même était désillusionné, car venu pour reconstituer la Pologne, il avait espéré que toute la population de ce vaste pays se lèverait comme un seul homme à l'approche des armées françaises; mais personne ne bougea!... En vain, pour exciter l'enthousiasme des Polonais, l'Empereur avait-il fait écrire au célèbre général Kosciusko, le chef de la dernière insurrection, de venir se joindre à lui; mais Kosciusko resta paisiblement en Suisse, où il s'était retiré, et répondit aux reproches qu'on lui faisait à ce sujet qu'il connaissait trop bien l'incurie et le caractère léger de ses compatriotes pour oser espérer qu'ils parvinssent à s'affranchir, même avec l'aide des Français. Ne pouvant attirer Kosciusko, l'Empereur, voulant au moins se servir de sa renommée, adressa au nom de ce vieux Polonais une proclamation aux Polonais. Pas un seul ne prit les armes, bien que nos troupes occupassent plusieurs provinces de l'ancienne Pologne et même sa capitale. Les Polonais ne voulaient courir aux armes qu'après que Napoléon aurait déclaré le rétablissement de la Pologne, et celui-ci ne comptait prendre cette détermination qu'après que les Polonais se seraient soulevés contre leur oppresseur, ce qu'ils ne firent pas.

Pendant le séjour que le 7ᵉ corps fit à Bromberg, Duroc, grand maréchal du palais impérial, étant arrivé au milieu de la nuit chez le maréchal Augereau, celui-ci m'envoya chercher et m'ordonna de me préparer à accompagner le maréchal Duroc, qui se rendait en parlementaire auprès du roi de Prusse à Graudentz et avait besoin d'un officier pour remplacer son aide de camp qu'il venait d'expédier à Posen avec des dépêches pour l'Empereur. Augereau et Duroc m'avaient choisi parce qu'ils se rappelaient qu'au mois d'août précédent j'avais été en mission à la cour de Prusse, dont je connaissais presque tous les officiers ainsi que les usages.

Je fus bientôt prêt. Le maréchal du palais me prit dans sa voiture, et descendant la rive gauche de la Vistule qu'occupaient les troupes françaises, nous allâmes passer le fleuve dans un bac en face de Graudentz. Nous prîmes un logement dans la ville de ce nom, et nous nous rendîmes ensuite à la citadelle, où toute la famille royale de Prusse s'était réfugiée après la perte des quatre cinquièmes de ses États. La Vistule séparait les deux armées. Le Roi avait l'air calme et résigné. La Reine, que j'avais vue naguère si belle, était très changée et paraissait dévorée de chagrin. Elle ne pouvait se dissimuler qu'ayant poussé le Roi à faire la guerre, elle était la principale cause des malheurs de son pays, dont les populations élevaient la voix contre elle. L'Empereur n'aurait pu envoyer au roi de Prusse un parlementaire qui lui fût plus agréable que Duroc, qui, ayant rempli les fonctions d'ambassadeur à Berlin, était très connu du Roi et de la Reine. Tous deux avaient apprécié l'aménité de son caractère. J'étais un trop petit personnage pour être compté; cependant le Roi et la Reine me reconnurent et m'adressèrent quelques mots de politesse.

Je trouvai les officiers prussiens attachés à la Cour bien loin de la jactance qu'ils avaient au mois d'août. Leur défaite récente avait grandement modifié leur opinion sur l'armée française; je ne voulus néanmoins pas m'en prévaloir, et évitai soigneusement de parler d'Iéna et de nos autres victoires. Les affaires que le maréchal

Duroc avait à traiter avec le roi de Prusse, ayant rapport à une lettre que ce monarque avait adressée à Napoléon afin d'en obtenir la paix, durèrent deux jours, que j'employai à lire et à me promener sur la triste place d'armes de la forteresse, car je ne voulus pas monter sur les remparts, bien qu'on y jouisse d'une admirable vue sur la Vistule; je craignais qu'on pût me soupçonner d'examiner les travaux de défense et d'armement.

Dans les combats qui venaient d'avoir lieu depuis Iéna jusqu'à la Vistule, les Prussiens ne nous avaient enlevé qu'une centaine de prisonniers, qu'ils employaient aux terrassements de la forteresse de Graudentz, dans laquelle ils étaient enfermés. Le maréchal Duroc m'avait chargé de distribuer des secours à ces pauvres diables, qui étaient d'autant plus malheureux que, du haut de la citadelle, ils apercevaient les troupes françaises dont ils n'étaient séparés que par la Vistule. Ce voisinage, et la comparaison de sa position avec celle de ses camarades libres et heureux sur la rive gauche, portèrent un prisonnier français, cavalier d'élite au 3ᵉ de dragons, nommé Harpin, à employer tous les moyens en son pouvoir pour s'évader des mains des Prussiens. La chose n'était pas facile, car il fallait d'abord sortir de la forteresse et traverser ensuite la Vistule; mais que ne peut une volonté ferme? Harpin, employé par le maître charpentier prussien à empiler du bois, avait fabriqué en secret un petit radeau; il avait pris un grand câble et s'en était servi pour descendre la nuit son radeau au pied des remparts et sortir lui-même de la citadelle. Déjà il avait mis le radeau dans la Vistule et se préparait à y monter, lorsque, surpris par une patrouille, il avait été ramené dans la forteresse et mis au cachot. Le lendemain, le commandant prussien, selon l'usage alors en vigueur dans l'armée prussienne, avait condamné Harpin à recevoir cinquante coups de bâton. En vain ce dragon faisait-il observer qu'étant Français, il ne pouvait être soumis au règlement prussien; sa qualité de *prisonnier* rendait sa réclamation nulle. Déjà même on le conduisait vers le chevalet de bois auquel on allait l'attacher, et deux soldats se préparaient à le frapper, lorsque, ayant voulu prendre un livre dans la voiture du maréchal Duroc, qui stationnait sur la place d'armes, j'aperçus Harpin se débattant au milieu des soldats prussiens qui voulaient l'attacher.

Indigné de voir un militaire français prêt à subir la bastonnade, je m'élance vers lui le sabre à la main, en menaçant de tuer le premier qui oserait flétrir du bâton un soldat de mon empereur!... La voiture du maréchal Duroc était gardée par un courrier de Napoléon connu, dans tous les relais de l'Europe, sous le nom de Moustache. Cet homme, doué d'une force herculéenne et d'un courage à toute épreuve, avait accompagné l'Empereur sur vingt champs de bataille. Dès qu'il me vit au milieu des Prussiens, il accourut vers moi, et d'après mon ordre il apporta quatre pistolets chargés qui se trouvaient dans la voiture. Nous dégageâmes Harpin; je l'armai de deux pistolets, et, le faisant monter dans la voiture, je plaçai Moustache auprès de lui, et déclarai au major de place que cet équipage appartenant à l'Empereur, dont il portait les armes, il devenait pour le dragon français un asile sacré dont j'interdisais l'entrée à tout Prussien, sous peine de recevoir une balle dans la tête, et j'ordonnai à Moustache et à Harpin de faire feu si l'on entrait dans la voiture. Le major de place, me voyant si résolu, abandonna momentanément son prisonnier pour aller prendre des ordres de ses chefs. Alors, laissant Moustache et Harpin, les pistolets au poing, dans la voiture, je me rendis au logement du Roi, et priai l'un de ses aides de camp de vouloir bien entrer dans le cabinet de Sa Majesté pour dire au maréchal Duroc que j'avais à lui parler d'une affaire qui ne pouvait souffrir aucun retard. Duroc sortit, et je lui rendis compte de ce qui se passait.

En apprenant qu'on voulait bâtonner un soldat français, le maréchal, partageant mon indignation, retourna sur-le-champ auprès du Roi, auquel il adressa une chaleureuse protestation, ajoutant que si on exécutait cette sentence, il était certain que l'Empereur ferait par représailles appliquer la bastonnade, non point aux soldats, mais aux officiers prussiens prisonniers de guerre... Le Roi était un homme fort doux; il comprit qu'il fallait traiter les militaires de chaque nation selon leur point d'honneur; il prescrivit donc de mettre le dragon Harpin en liberté, et pour se rendre agréable à Napoléon, dont il sollicitait en ce moment la paix, il offrit au maréchal Duroc de lui rendre les cent cinquante prisonniers français, s'il s'engageait à lui renvoyer un pareil nombre de Prussiens. Duroc ayant accepté, un aide de camp du Roi et moi fûmes annoncer la bonne nouvelle aux prisonniers français, dont la joie fut extrême... Nous les fîmes embarquer de suite, et une heure après ils étaient de l'autre côté de la Vistule, au milieu de leurs frères d'armes.

Le maréchal Duroc et moi quittâmes Graudentz la nuit suivante; il approuva ma conduite et me dit plus tard qu'il en avait rendu compte à l'Empereur, dont elle avait obtenu l'assentiment, à tel point que, éclairé par ce qui s'était passé à Graudentz, il avait prévenu les Prussiens et les Russes que s'ils bâtonnaient ses soldats prisonniers, il ferait fusiller tous ceux de leurs officiers qui tomberaient en son pouvoir.

Je retrouvai à Bromberg le 7ᵉ corps, qui remonta bientôt la rive gauche de la Vistule pour se rapprocher de Varsovie. Le quartier général du maréchal Augereau fut établi à Mallochiché. L'Empereur arriva à Varsovie le 19 décembre et se prépara à passer la Vistule. Le 7ᵉ corps redescendit alors la rive gauche du fleuve jusqu'à Utrata, où pour la première fois de cette campagne nous aperçûmes les avant-postes russes, sur la rive opposée.

## CHAPITRE XXXII

Passage de l'Ukra. — Affaires de Kolozomb et de Golymin. — Épisodes divers. — Affaire de Pultusk. — Établissement des cantonnements sur la Vistule.

La Vistule est rapide et fort large ; on s'attendait à ce que l'Empereur bornerait là ses opérations d'hiver et se couvrirait de ce fleuve pour établir son armée dans des cantonnements jusqu'au printemps. Il en fut autrement. Les corps des maréchaux Davout et Lannes, ainsi que la garde, passèrent la Vistule à Varsovie, Augereau et ses troupes la franchirent à Utrata et se dirigèrent sur Plusk, d'où nous gagnâmes ensuite les rives de l'Ukra, l'un des affluents du Bug et de la Vistule. Toute l'armée française ayant traversé ce dernier fleuve se trouvait en présence des Russes, contre lesquels l'Empereur ordonna une attaque pour le 24 décembre. Le dégel et la pluie rendaient les mouvements infiniment difficiles sur un terrain glaiseux, car il n'existait aucune route ferrée dans ce pays.

Je m'abstiendrai de relater les combats divers que livrèrent ce jour-là plusieurs corps de l'armée française pour forcer le passage du Bug. Je me bornerai à dire que le maréchal Augereau, chargé de s'assurer de celui de l'Ukra, fit attaquer à la fois Kolozomb par la division du général Desjardins et Sochoczyn par la division du général Heudelet. Le maréchal dirigeait en personne l'attaque de Kolozomb. Les Russes, après avoir brûlé le pont qui existait en ce lieu, avaient élevé une redoute sur la rive gauche, qu'ils défendaient avec du canon et une nombreuse infanterie ; mais ils oublièrent de détruire un magasin de poutres et de madriers placé sur la rive droite par laquelle nous arrivions. Nos sapeurs se servirent habilement de ces matériaux pour établir un pont provisoire, malgré la vivacité du feu de l'ennemi, qui nous fit perdre quelques hommes du 24ᵉ de ligne marchant en tête de nos colonnes. Les planches du nouveau pont n'étaient pas encore fixées et vacillaient sous les pas de nos fantassins, lorsque le colonel du 24ᵉ de ligne, M. Savary, frère de l'aide de camp de l'Empereur, eut la témérité d'y passer à cheval, afin d'aller se mettre à la tête des tirailleurs ; mais à peine eut-il débouché sur la rive opposée, qu'un Cosaque, s'élançant au galop, lui plongea sa lance dans le cœur et s'enfuit dans les bois !... C'était le cinquième colonel du 24ᵉ de ligne tué devant l'ennemi ! Vous verrez plus tard quelle fatale destinée accompagnait toujours ce malheureux régiment. Le passage de l'Ukra fut enlevé, les pièces furent prises, les Russes mis en fuite, et la division Desjardins s'établit à Sochoczyn, où l'ennemi avait repoussé l'attaque de la division Heudelet ; mais comme il suffisait d'un seul passage, l'attaque était absolument inutile. Cependant le général Heudelet, par suite d'un amour-propre mal entendu, ordonna de la renouveler. Il fut repoussé derechef et fit tuer ou blesser une trentaine d'hommes, dont un capitaine du génie, officier de très grande espérance. Je me suis toujours révolté contre ce mépris de la vie des hommes, qui porte parfois les généraux à les sacrifier au désir de se voir nommé dans les bulletins...

Le 25 décembre, lendemain du passage de l'Ukra, l'Empereur, poussant les Russes devant lui, se dirigea sur Golymin, ayant avec lui sa garde, la cavalerie de

Murat et les corps de Davout et d'Augereau. Celui-ci faisait tête de colonne. Le maréchal Lannes prit la direction de Pultusk. Il y eut ce jour-là quelques rencontres insignifiantes, les ennemis se retirant en toute hâte. Nous couchâmes au bivouac dans les bois.

Le 26, le 7e corps se remit à la poursuite des Russes. Nous étions à l'époque de l'année où les jours sont les plus courts, et dans cette partie de la Pologne, à la fin de décembre, la nuit commence vers deux heures et demie du soir. Elle était d'autant plus sombre, au moment où nous approchions de Golymin, qu'il tombait de la neige mêlée de pluie. Nous n'avions pas vu d'ennemis depuis le matin, lorsque, arrivés devant le village de Ruskowo, aux portes de Golymin, nos éclaireurs, apercevant dans l'obscurité une forte masse de troupes dont un marais les empêchait d'approcher, vinrent avertir le maréchal Augereau, qui ordonna au colonel Albert d'aller reconnaître ce corps à la tête de vingt-cinq chasseurs à cheval de son escorte, qu'il mit sous mon commandement. La mission était difficile, car nous étions dans une immense plaine rase, où l'on pouvait facilement s'égarer. Le terrain, déjà très boueux, était entrecoupé de marécages, que l'obscurité nous empêchait de distinguer. Nous avançâmes donc avec précaution, et nous nous trouvâmes enfin à vingt-cinq pas d'une ligne de troupes. Nous crûmes d'abord que c'était le corps de Davout, que nous savions dans le voisinage ; mais personne ne répondant à nos *Qui vive ?* nous ne doutâmes plus que ce fussent des ennemis.

Cependant, pour en avoir une certitude plus complète, le colonel Albert m'ordonna d'envoyer un cavalier des mieux montés jusque sur la ligne que nous apercevions dans l'ombre. Je désignai pour cela un brigadier décoré nommé Schmit, homme d'un courage éprouvé. Ce brave, s'avançant seul jusqu'à dix pas d'un régiment que ses casques lui font reconnaître pour russe, tire un coup de carabine au milieu d'un escadron et revient lestement.

Pour se rendre compte du silence que les ennemis avaient gardé jusque-là, il faut savoir que le corps russe placé devant nous, se trouvant séparé du gros de son armée qu'il cherchait à rejoindre, s'était égaré dans ces vastes plaines, qu'il savait occupées par les troupes françaises se dirigeant sur Golymin. Les généraux russes, espérant passer auprès de nous à la faveur de l'obscurité, sans être reconnus, avaient défendu de parler, et en cas d'attaque de notre part, les blessés devaient tomber sans faire entendre une seule plainte !... Cet ordre, que des troupes russes seules peuvent exécuter, le fut si ponctuellement, que le colonel Albert, dans le but de prévenir le maréchal Augereau que nous étions en face de l'ennemi, ayant ordonné aux vingt-cinq chasseurs de faire un feu de peloton, pas un cri, pas un mot ne se firent entendre, et personne ne nous riposta !... Nous aperçûmes seulement, malgré l'obscurité, une centaine de cavaliers qui s'avançaient en silence pour nous couper la retraite. Nous voulûmes alors prendre le galop pour rejoindre nos colonnes; mais plusieurs de nos chasseurs s'étant embourbés dans les marais, force nous fut d'aller moins vite, bien que nous fussions serrés de près par les cavaliers russes, qui heureusement éprouvaient dans leur marche autant de difficultés que nous. Un incendie ayant éclaté tout à coup dans une ferme voisine, et la plaine se trouvant éclairée, les cavaliers russes prirent le galop, ce qui nous força d'en faire autant. Le danger devint imminent; parce que, étant sortis des lignes françaises par la division du général Desjardins, nous y rentrions par le front de celle du général Heudelet, qui, ne nous ayant pas vus partir, se mit à faire feu du côté de l'ennemi, de sorte que nous avions derrière nous un escadron russe qui nous poussait à outrance, tandis que par devant il nous arrivait une grêle de balles, qui blessèrent plusieurs de nos chasseurs et quelques chevaux. Nous avions beau crier : « Nous sommes Français! ne tirez plus! » le feu continuait toujours, et l'on ne pouvait blâmer les officiers qui nous prenaient pour l'avant-garde d'une colonne russe, dont les chefs, pour les tromper, se servaient de la langue française si répandue chez les étrangers, afin de surprendre par ce stratagème nos régiments pendant la nuit, ainsi que cela était déjà arrivé. Le colonel Albert, moi, et mon peloton de chasseurs, passâmes là un bien mauvais moment. Enfin, il me vint à l'esprit que le seul moyen de me faire reconnaître était d'appeler par leurs noms les généraux, colonels et chefs de bataillon de la division Heudelet, noms qu'ils savaient fort bien ne pouvoir être connus des ennemis. Cela nous réussit, et nous fûmes enfin reçus dans la ligne française.

Les généraux russes se voyant découverts, et voulant continuer leur retraite, prirent une détermination que j'approuve fort, et qu'en pareille circonstance les Français n'ont jamais pu se résoudre à imiter. Les Russes braquèrent toute leur artillerie dans la direction des troupes françaises; puis, emmenant leurs chevaux d'attelage, ils firent un feu des plus violents pour nous tenir éloignés. Pendant ce temps, ils faisaient filer leurs colonnes, et lorsque leurs munitions furent épuisées, les canonniers se retirèrent en nous abandonnant les pièces. Cela ne valait-il pas mieux que de perdre beaucoup d'hommes en cherchant à sauver cette artillerie qui se serait embourbée à chaque instant, ce qui aurait retardé la retraite?

Cette violente canonnade des Russes nous fit d'autant plus de mal, que divers incendies s'étant propagés dans les villages de la plaine, la lueur qu'ils répandaient au loin permettait aux canonniers ennemis de distinguer nos masses de troupes, surtout celles des cuirassiers et dragons que le prince Murat venait d'amener, et qui, portant des manteaux blancs, servaient de point de mire aux artilleurs russes. Ces cavaliers éprouvèrent donc plus de pertes que les autres corps, et l'un de nos généraux de dragons, nommé Fénérol, fut coupé en deux par un boulet. Le maréchal Augereau, après s'être emparé de Kuskowo, fit son entrée dans Golymin, que le maréchal Davout attaquait d'un autre côté. Ce bourg était traversé en ce moment par les colonnes russes, qui, sachant que le maréchal Lannes marchait pour leur couper la retraite en s'emparant de Pultusk, situé à trois lieues de là, cherchaient à gagner promptement ce point avant lui, n'importe à quel prix. Aussi, quoique nos soldats tirassent sur les ennemis à vingt-cinq pas, ceux-ci continuaient leur route sans riposter, parce que pour le faire, il aurait fallu s'arrêter, et que les moments étaient trop précieux.

Chaque division, chaque régiment, défila donc sous notre fusillade sans mot dire, ni ralentir sa marche un seul instant!... Les rues de Golymin étaient remplies de mourants et de blessés, et l'on n'entendait pas un seul gémissement, car ils étaient défendus! On eût dit que nous tirions sur des ombres!... Enfin nos soldats se précipitèrent à la baïonnette sur ces masses, et ce ne fut qu'en les piquant qu'ils acquirent la conviction qu'ils avaient affaire à des hommes!... On fit un millier de prisonniers; le surplus s'éloigna. Les maréchaux mirent alors en délibération s'ils poursuivraient l'ennemi; mais le temps était si horrible, la nuit si noire, dès qu'on quittait le voisinage des incendies, les troupes étaient tellement mouillées et harassées, qu'il fut décidé qu'elles se reposeraient jusqu'au jour.

Golymin étant encombré de morts, de blessés et de bagages, les maréchaux Murat et Augereau, accompagnés de plusieurs généraux et de leur nombreux état-major, cherchant un asile contre la pluie glaciale, s'établirent dans une immense écurie située auprès du bourg. Là, chacun, s'étendant sur le fumier, chercha à se réchauffer et à dormir, car il y avait plus de vingt heures que nous étions à cheval par un temps affreux!... Les maréchaux, les colonels, tous les *gros bonnets* enfin, s'étant, comme de raison, établis vers le fond de l'écurie, afin d'avoir moins froid, moi, pauvre lieutenant, entré le dernier, je fus réduit à me coucher auprès de la porte, ayant tout au plus le corps à l'abri de la pluie, mais exposé à un vent glacial, car la porte n'avait plus de battants. La position était très désagréable. Ajoutez à cela que je mourais de faim, n'ayant pas mangé depuis la veille; mais ma bonne étoile vint encore à mon secours. Pendant que les *grands*, bien abrités, dormaient dans la partie chaude de l'écurie, et que le froid empêchait les lieutenants placés à la porte d'en faire autant, un domestique du prince Murat se présenta pour entrer. Je lui fais observer à voix basse que son maître dort; alors il me remet pour le prince un panier contenant une oie rôtie, du pain et du vin, en me priant de prévenir son maître que les mulets portant les vivres arriveraient dans une heure. Cela dit, il s'éloigna pour aller au-devant d'eux.

Muni de ces provisions, je tins conseil à petit bruit avec Bro, Mainvielle et Stoch, qui, aussi mal placés que moi, grelottaient et n'en étaient pas moins affamés. Le résultat de cette délibération fut que le prince Murat dormant, et ses cantines devant arriver sous peu, il trouverait à déjeuner en s'éveillant, tandis qu'on nous lancerait à cheval dans toutes les directions, sans s'informer si nous avions de quoi manger; qu'en conséquence, nous pouvions, sans trop charger nos consciences, croquer ce que contenait le panier; ainsi fut fait en un instant... Je ne sais si l'on peut excuser ce *tour de page;* mais ce qu'il y a de certain, c'est que j'ai fait peu de repas aussi agréables!...

Pendant que les troupes qui venaient de se battre à Golymin faisaient cette halte, Napoléon et toute sa garde erraient dans la plaine, parce que, dès le commencement de l'action, l'Empereur, averti par la canonnade, ayant précipitamment quitté le château où il était établi à deux lieues de Golymin, espérait pouvoir se joindre à nous en se dirigeant à vol d'oiseau vers l'incendie; mais le terrain était si détrempé, la plaine tellement coupée de marécages, et le temps si affreux, qu'il employa toute la nuit à faire ces deux lieues et n'arriva sur le champ de bataille que bien longtemps après que l'affaire était terminée.

Le jour même du combat de Golymin, le maréchal Lannes, n'ayant avec lui que vingt mille hommes, combattit à Pultusk quarante-deux mille Russes, qui se retiraient devant les autres corps français, et leur fit éprouver des pertes immenses, mais sans pouvoir les empêcher de passer, tant les forces ennemies étaient supérieures à celles que Lannes pouvait leur opposer. Pour que l'Empereur fût en état de poursuivre les Russes, il aurait fallu que la gelée raffermît le terrain, qui se trouvait au contraire tellement mou et délayé, qu'on y enfonçait à chaque pas et qu'on vit plusieurs hommes, notamment le domestique d'un officier du 7ᵉ corps, se noyer, eux et leurs chevaux, dans la boue!...

Il devenait donc impossible de faire mouvoir l'artillerie et de s'engager plus loin dans ce pays inconnu ; d'ailleurs, les troupes manquaient de vivres ainsi que de chaussures, et leur fatigue était extrême. Ces considérations décidèrent Napoléon à leur accorder quelques jours de repos, en cantonnant toute l'armée en avant de la Vistule, depuis les environs de Varsovie jusqu'aux portes de Danzig. Les soldats, logés dans les villages, furent enfin à l'abri du mauvais temps, reçurent leurs rations et purent raccommoder leurs effets.

L'Empereur retourna à Varsovie pour y préparer une nouvelle campagne. Les divisions du corps d'Augereau furent réparties dans les villages autour de Plusk, si on peut donner ce nom à un amas confus d'ignobles baraques habitées par de sales Juifs ; mais presque toutes les prétendues *villes* de Pologne sont ainsi bâties et peuplées, les seigneurs, grands et petits, se tenant constamment à la campagne, où ils font valoir leurs terres en y employant leurs paysans.

Le maréchal se logea à Christka, espèce de château construit en bois selon la coutume du pays. Il trouva dans ce manoir un appartement passable ; les aides de camp se placèrent comme ils purent dans les appartements et dans les granges. Quant à moi, à force de fureter, je découvris chez le jardinier une assez bonne chambre garnie d'une cheminée ; je m'y établis avec deux camarades, et laissant au jardinier et à sa famille leurs lits fort peu ragoûtants, nous en formâmes avec des planches et de la paille, sur lesquels nous fûmes très bien.

## CHAPITRE XXXIII

1807. — Je suis nommé capitaine. — Bataille d'Eylau. — Dissolution du corps d'Augereau. — Reprise des cantonnements.

Nous fêtâmes à Christka le 1ᵉʳ janvier de l'année 1807, qui faillit être la dernière de mon existence. Elle commença cependant fort agréablement pour moi, car l'Empereur, qui n'avait accordé aucune faveur à l'état-major d'Augereau pendant la campagne d'Austerlitz, répara largement cet oubli en le comblant de récompenses. Le colonel Albert fut nommé général de brigade, le commandant Massy lieutenant-colonel du 44ᵉ de ligne; plusieurs aides de camp furent décorés; enfin les lieutenants Bro, Mainvielle et moi, nous fûmes nommés capitaines. Cet avancement me fit d'autant plus de plaisir que je ne l'attendais pas, n'ayant rien fait de remarquable pour l'obtenir, et je n'étais âgé que de vingt-quatre ans. En remettant à Mainvielle, à Bro et à moi nos brevets de capitaine, le maréchal Augereau nous dit : « Nous verrons lequel de vous trois sera colonel le premier !... » Ce fut moi, car six ans après je commandais un régiment, tandis que mes deux camarades étaient encore simples capitaines : il est vrai que dans ce laps de temps j'avais reçu six blessures !...

Nos cantonnements établis, les ennemis prirent les leurs en face, mais assez loin des nôtres. L'Empereur s'attendait à ce qu'ils nous laisseraient passer l'hiver tranquillement; mais il en fut autrement; notre repos ne dura qu'un mois : c'était beaucoup, sans être assez.

Les Russes, voyant la terre couverte de neige durcie par de très fortes gelées, pensèrent que cette rigueur du temps donnerait aux hommes du Nord un immense avantage sur les hommes du Midi, peu habitués à supporter les grands froids. Ils résolurent, en conséquence, de nous attaquer, et pour exécuter ce projet, ils firent dès le 25 janvier passer derrière les immenses forêts qui nous séparaient d'eux la plupart de leurs troupes, placées en face des nôtres en avant de Varsovie, et les dirigèrent vers la basse Vistule, sur les cantonnements de Bernadotte et de Ney, qu'ils espéraient surprendre et accabler par leurs masses, avant que l'Empereur et les autres corps de son armée pussent venir au secours de ces deux maréchaux. Mais Bernadotte et Ney résistèrent vaillamment, et Napoléon, prévenu à temps, se dirigea avec des forces considérables sur les derrières de l'ennemi, qui, menacé de se voir coupé de sa base d'opérations, se mit en retraite vers Kœnigsberg. Il nous fallut donc, le 1er février, quitter les cantonnements où nous étions assez bien établis pour recommencer la guerre et aller coucher sur la neige.

En tête de la colonne du centre, commandée par l'Empereur en personne, se trouvait la cavalerie du prince Murat, puis le corps du maréchal Soult, soutenu par celui d'Augereau; enfin venait la garde impériale. Le corps de Davout marchait sur le flanc droit de cette immense colonne, et celui du maréchal Ney à sa gauche. Une telle agglomération de troupes, se dirigeant vers le même point, eut bientôt épuisé les vivres que pouvait fournir le pays; aussi souffrîmes-nous beaucoup de la faim. La garde seule, ayant des fourgons, portait avec elle de quoi subvenir aux distributions; les autres corps vivaient comme ils pouvaient, c'est-à-dire manquant à peu près de tout.

Je suis d'autant plus disposé à donner peu de détails sur les affaires qui précédèrent la bataille d'Eylau, que les troupes du maréchal Augereau, marchant en deuxième ligne, ne prirent aucune part à ces divers combats, dont les plus importants eurent lieu à Mohrungen, Bergfried, Guttstadt et Valtersdorf. Enfin, le 6 février, les Russes, poursuivis l'épée dans les reins depuis huit jours, résolurent de s'arrêter et de tenir ferme en avant de la petite ville de Landsberg. Pour cela, ils placèrent huit bataillons d'élite dans l'excellente position de Hoff, leur droite appuyée au village de ce nom, leur gauche à un bois touffu, leur centre couvert par un ravin fort encaissé, que l'on ne pouvait passer que sur un pont très étroit; huit pièces de canon garnissaient le front de cette ligne.

L'Empereur, arrivé en face de cette position avec la cavalerie de Murat, ne jugea pas à propos d'attendre l'infanterie du maréchal Soult, qui était encore à plusieurs lieues en arrière, et fit attaquer les Russes par quelques régiments de cavalerie légère qui, s'élançant bravement sur le pont, franchirent le ravin... Mais, accablés par la fusillade et la mitraille, nos escadrons furent rejetés en désordre dans le ravin, d'où ils sortirent avec beaucoup de peine. L'Empereur, voyant les efforts de la cavalerie légère superflus, la fit remplacer par une division de dragons, dont l'attaque, reçue de la même façon, eut un aussi mauvais résultat. Napoléon fit alors avancer les terribles cuirassiers du général d'Hautpoul, qui, traversant le pont et le ravin sous une grêle de mitraille, fondirent avec une telle rapidité sur la ligne russe, qu'ils la couchèrent littéralement par terre! Il y eut en ce moment une affreuse boucherie; les cuirassiers, furieux des pertes que leurs camarades, housards et dragons, venaient d'éprouver, exterminèrent presque

entièrement les huit bataillons russes! Tout fut tué ou
pris; le champ de bataille faisait horreur... Jamais on
ne vit une charge de cavalerie avoir des résultats si
complets. L'Empereur, pour témoigner sa satisfaction
aux cuirassiers, ayant embrassé leur général en présence
de toute la division, d'Hautpoul s'écria : « Pour me
montrer digne d'un tel honneur, il faut que je me fasse
tuer pour Votre Majesté!... » Il tint parole, car le lendemain il mourait sur le champ de bataille d'Eylau.
Quelle époque et quels hommes!

L'armée ennemie, qui, du haut des plateaux situés
au delà de Landsberg, fut témoin de la destruction de
son arrière-garde, se retira promptement sur Eylau, et
nous prîmes possession de la ville de Landsberg. Le
7 février, le général en chef russe Benningsen, étant
bien résolu à recevoir la bataille, concentra son armée
autour d'Eylau et principalement sur les positions situées
en arrière de cette ville. La cavalerie de Murat et les
fantassins du maréchal Soult s'emparèrent de cette position, après un combat des plus acharnés, car les Russes
tenaient infiniment à conserver Ziegelhof qui domine
Eylau, comptant en faire le centre de leur ligne pour
la bataille du lendemain; mais ils furent contraints de
se retirer de la ville. La nuit paraissait devoir mettre
un terme au combat, prélude d'une action générale,
lorsqu'une vive fusillade éclata dans les rues d'Eylau.

Je sais que les écrivains militaires qui ont écrit cette
campagne prétendent que l'Empereur, ne voulant pas
laisser cette ville au pouvoir des Russes, ordonna de
l'attaquer; mais j'ai la certitude que c'est une erreur
des plus grandes, et voici sur quoi je fonde mon assertion.

Au moment où la tête de colonne du maréchal Augereau, arrivant par la route de Landsberg, approchait

de Ziegelhof, le maréchal gravit ce plateau où se trouvait déjà l'Empereur, et *j'entendis* Napoléon dire à Augereau : « On me proposait d'enlever Eylau ce soir;
« mais, outre que je n'aime pas les combats de nuit, je
« ne veux pas pousser mon centre trop en pointe avant
« l'arrivée de Davout, qui est mon aile droite, et de Ney,
« qui est mon aile gauche; je vais donc les attendre
« jusqu'à demain sur ce plateau, qui, garni d'artillerie,
« offre à notre infanterie une excellente position; puis,
« quand Ney et Davout seront en ligne, nous marche-
« rons tous ensemble sur l'ennemi! » Cela dit, Napoléon ordonna d'établir son bivouac au bas de Ziegelhof, et de faire camper sa garde tout autour.

Mais pendant que l'Empereur expliquait ainsi ses plans au maréchal Augereau, qui louait fort sa prudence, voici ce qui se passait. Les fourriers du palais impérial, venant de Landsberg, suivis de leurs bagages et valets, arrivèrent jusqu'à nos avant-postes, situés à l'entrée d'Eylau, sans que personne leur eût dit de s'arrêter auprès de Ziegelhof. Ces employés, habitués à voir le quartier impérial toujours très bien gardé, n'ayant pas été prévenus qu'ils se trouvaient à quelques pas des Russes, ne songèrent qu'à choisir un bon logement pour leur maître, et ils s'établirent dans la maison de la poste aux chevaux, où ils déballèrent leur matériel, et se mirent à faire la cuisine et à installer leurs chevaux... Mais, attaqués au milieu de leurs préparatifs par une patrouille ennemie, ils eussent été enlevés sans le secours du détachement de la garde qui accompagnait constamment les équipages de l'Empereur. Au bruit de la fusillade qui éclata sur ce point, les troupes du maréchal Soult, établies aux portes de la ville, accoururent au secours des bagages de Napoléon, que les troupes russes pillaient déjà. Les généraux ennemis, croyant que les

Français voulaient s'emparer d'Eylau, envoyèrent de leur côté des renforts, de sorte qu'un combat sanglant s'engagea dans les rues de la ville, qui finit par rester en notre pouvoir.

Bien que cette attaque n'eût pas été ordonnée par l'Empereur, il crut cependant devoir en profiter et vint s'établir à la maison de poste d'Eylau. Sa garde et le corps de Soult occupèrent la ville, qu'entoura la cavalerie de Murat. Les troupes d'Augereau furent placées à Zehen, petit hameau dans lequel nous espérions trouver quelques ressources; mais les Russes avaient tout pillé en se retirant, de sorte que nos malheureux régiments, qui n'avaient reçu aucune distribution depuis huit jours, n'eurent pour se réconforter que quelques pommes de terre et de l'eau!... Les équipages de l'état-major du 7ᵉ corps ayant été laissés à Landsberg, notre souper ne fut même pas aussi bon que celui des soldats, car nous ne pûmes nous procurer des pommes de terre!... Enfin, le 8 au matin, au moment où nous allions monter à cheval pour marcher à l'ennemi, un domestique ayant apporté un pain au maréchal, celui-ci, toujours plein de bonté, le partagea entre tous ses aides de camp, et après ce frugal repas, qui devait être le dernier pour plusieurs d'entre nous, le corps d'armée se rendit au poste que l'Empereur lui avait assigné.

Conformément au plan que je me suis tracé en écrivant ces Mémoires, je ne fatiguerai pas votre attention par le récit trop circonstancié des diverses phases de cette terrible bataille d'Eylau, dont je me bornerai à raconter les faits principaux.

Le 8 février, au matin, la position des deux armées était celle-ci : les Russes avaient leur gauche à Serpallen, leur centre en avant d'Auklapen, leur droite à Schmoditten, et ils attendaient huit mille Prussiens qui devaient déboucher par Althoff et former leur extrême droite. Le front de la ligne ennemie était couvert par cinq cents pièces d'artillerie, dont un tiers au moins de gros calibre. La situation des Français était bien moins favorable, puisque leurs deux ailes n'étant pas encore arrivées, l'Empereur n'avait, au commencement de l'action, qu'une partie des troupes sur lesquelles il avait compté pour livrer bataille. Le corps du maréchal Soult fut placé à droite et à gauche d'Eylau, la garde dans cette ville, le corps d'Augereau entre Rothenen et Eylau, faisant face à Serpallen. Vous voyez que l'ennemi formait un demi-cercle autour de nous, et que les deux armées occupaient un terrain sur lequel se trouvent de nombreux étangs; mais la neige les couvrait. Aucun des partis ne s'en aperçut, ni ne tira de boulets à ricochets pour briser la glace, ce qui aurait amené une catastrophe pareille à celle qui eut lieu sur le lac Satschan, à la fin de la bataille d'Austerlitz.

Le maréchal Davout, que l'on attendait sur notre droite, vers Molwitten, et le maréchal Ney, qui devait former notre gauche, du côté d'Althoff, n'avaient pas encore paru, lorsque, au point du jour, vers huit heures environ, les Russes commencèrent l'attaque par une canonnade des plus violentes, à laquelle notre artillerie, quoique moins nombreuse, répondit avec d'autant plus d'avantage que nos canonniers, bien plus instruits que ceux des ennemis, pointaient sur des masses d'hommes que rien n'abritait, tandis que la plupart des boulets russes frappaient contre les murs de Rothenen et d'Eylau. Une forte colonne ennemie s'avança bientôt pour enlever cette dernière ville; elle fut vivement repoussée par la garde et par les troupes du maréchal Soult. L'Empereur apprit en ce moment avec bonheur que du haut du clocher on apercevait le corps de

22

Davout, arrivant par Molwitten et marchant sur Serpallen, dont il chassa la gauche des Russes, qu'il refoula jusqu'à Klein-Sausgarten.

Le maréchal russe Benningsen, voyant sa gauche battue et ses derrières menacés par l'audacieux Davout, résolut de l'écraser en portant une grande partie de ses troupes contre lui. Ce fut alors que Napoléon, voulant empêcher ce mouvement en faisant une diversion sur le centre des ennemis, prescrivit au maréchal Augereau d'aller l'attaquer, bien qu'il prévît la difficulté de cette opération. Mais il y a sur les champs de bataille des circonstances dans lesquelles il faut savoir sacrifier quelques troupes pour sauver le plus grand nombre et s'assurer la victoire. Le général Corbineau, aide de camp de l'Empereur, fut tué auprès de nous d'un coup de canon, au moment où il portait au maréchal Augereau l'ordre de marcher. Ce maréchal, passant avec ses deux divisions entre Eylau et Rothenen, s'avança fièrement contre le centre des ennemis, et déjà le 14ᵉ de ligne, qui formait notre avant-garde, s'était emparé de la position que l'Empereur avait ordonné d'enlever et de garder à tout prix, lorsque les nombreuses pièces de gros calibre qui formaient un demi-cercle autour d'Augereau lancèrent une grêle de boulets et de mitraille telle, que de mémoire d'homme on n'en avait vu de pareille !...

En un instant, nos deux divisions furent broyées sous cette pluie de fer ! Le général Desjardins fut tué, le général Heudelet grièvement blessé. Cependant on tint ferme, jusqu'à ce que le corps d'armée étant presque complètement détruit, force fut d'en ramener les débris auprès du cimetière d'Eylau, sauf toutefois le 14ᵉ de ligne qui, totalement environné par les ennemis, resta sur le monticule qu'il occupait. Notre situation était d'autant plus fâcheuse qu'un vent des plus violents nous lançait à la figure une neige fort épaisse qui empêchait de voir à plus de quinze pas, de sorte que plusieurs batteries françaises tirèrent sur nous en même temps que celles des ennemis. Le maréchal Augereau fut blessé par un biscaïen.

Cependant, le dévouement du 7ᵉ corps venait de produire un bon résultat, car non seulement le maréchal Davout, dégagé par notre attaque, avait pu se maintenir dans ses positions, mais il s'était emparé de Klein-Sausgarten et avait même poussé son avant-garde jusqu'à Kuschitten, sur les derrières de l'ennemi. Ce fut alors que l'Empereur, voulant porter le grand coup, fit passer entre Eylau et Rothenen quatre-vingt-dix escadrons commandés par Murat. Ces terribles masses, fondant sur le centre des Russes, l'enfoncent, le sabrent et le jettent dans le plus grand désordre. Le vaillant général d'Hautpoul fut tué dans la mêlée à la tête de ses cuirassiers, ainsi que le général Dahlmann, qui avait succédé au général Morland dans le commandement des chasseurs de la garde. Le succès de notre cavalerie assurait le gain de la bataille.

En vain huit mille Prussiens, échappés aux poursuites du maréchal Ney, débouchant par Althoff, essayèrent-ils une nouvelle attaque en se portant, on ne sait trop pourquoi, sur Kuschitten, au lieu de marcher sur Eylau ; le maréchal Davout les repoussa, et l'arrivée du corps de Ney, qui parut vers la chute du jour à Schmoditten, faisant craindre à Benningsen de voir ses communications coupées, il ordonna de faire la retraite sur Kœnigsberg et de laisser les Français maîtres de cet horrible champ de bataille, couvert de cadavres et de mourants !... Depuis l'invention de la poudre, on n'en avait pas vu d'aussi terribles effets, car, eu égard au nombre de troupes qui combattaient à Eylau, c'est de toutes les batailles anciennes ou modernes celle où les pertes furent relativement les plus grandes. Les Russes eurent vingt-cinq mille hommes hors de combat, et bien qu'on n'ait porté qu'à dix mille le nombre des Français atteints par le fer ou le feu, je l'évalue au moins à vingt mille hommes. Le total pour les deux armées fut donc de quarante-cinq mille hommes, dont plus de la moitié moururent!

Le corps d'Augereau était presque entièrement détruit, puisque, de quinze mille combattants présents sous les armes au commencement de l'action, il n'en restait le soir que trois mille, commandés par le lieutenant-colonel Massy : le maréchal, tous les généraux et tous les colonels avaient été blessés ou tués.

On a peine à comprendre pourquoi Benningsen, sachant que Davout et Ney étaient encore en arrière, ne profita point de leur absence pour attaquer au point du jour la ville d'Eylau, avec les très nombreuses troupes du centre de son armée, au lieu de perdre un temps précieux à nous canonner; car la supériorité de ses forces l'aurait certainement rendu maître de la ville avant l'arrivée de Davout, et l'Empereur aurait alors regretté de s'être tant avancé, au lieu de se fortifier sur le plateau de Ziegelhof et d'y attendre ses ailes, ainsi qu'il en avait eu le projet la veille. Le lendemain de la bataille, l'Empereur fit poursuivre les Russes jusqu'aux portes de Kœnigsberg; mais cette ville ayant quelques fortifications, on ne jugea pas prudent de l'attaquer avec des troupes affaiblies par de sanglants combats, d'autant plus que presque toute l'armée russe était dans Kœnigsberg ou autour.

Napoléon passa plusieurs jours à Eylau, tant pour relever les blessés que pour réorganiser ses armées. Le corps du maréchal Augereau étant presque détruit, ses débris en furent répartis entre les autres corps, et le maréchal reçut la permission de retourner en France, afin de se guérir de sa blessure. L'Empereur, voyant le gros de l'armée russe éloigné, établit ses troupes en cantonnement dans les villes, bourgs et villages, en avant de la basse Vistule. Il n'y eut, pendant la fin de l'hiver, de fait remarquable que la prise de la place forte de Danzig par les Français. Les hostilités en rase campagne ne recommencèrent qu'au mois de juin, ainsi que nous le verrons plus loin.

## CHAPITRE XXXIV

Épisodes de la bataille d'Eylau. — Ma jument Lisette. — Je cours les plus grands dangers en joignant le 14ᵉ de ligne. — J'échappe à la mort par miracle. — Je regagne Varsovie et Paris.

Je n'ai pas voulu interrompre la narration de la bataille d'Eylau, pour vous dire ce qui m'advint dans ce terrible conflit; mais pour vous mettre à même de bien comprendre ce triste récit, il faut que je remonte à l'automne de 1805, au moment où les officiers de la grande armée, faisant leurs préparatifs pour la bataille d'Austerlitz, complétaient leurs équipages. J'avais deux bons chevaux, j'en cherchais un troisième meilleur, un *cheval de bataille*. La chose était difficile à trouver, car, bien que les chevaux fussent infiniment moins chers qu'aujourd'hui, leur prix était encore fort élevé et j'avais peu d'argent; mais le hasard me servit merveilleusement.

Je rencontrai un savant allemand, nommé M. d'Aister, que j'avais connu lorsqu'il professait à Sorèze; il était devenu précepteur des enfants d'un riche banquier suisse, M. Schérer, établi à Paris et associé de M. Finguerlin. M. d'Aister m'apprit que M. Finguerlin, alors fort opulent et menant grand train, avait une nombreuse écurie dans laquelle figurait au premier rang une charmante jument appelée Lisette, excellente bête du Mecklembourg, aux allures douces, légère comme une biche et si bien dressée qu'un enfant pouvait la conduire. Mais cette jument, lorsqu'on la montait, avait un défaut terrible et heureusement fort rare : elle mordait comme un bouledogue et se jetait avec furie sur les personnes qui lui déplaisaient, ce qui détermina M. Finguerlin à la vendre. Elle fut achetée pour le compte de Mme de Lauriston, dont le mari, aide de camp de l'Empereur, avait écrit de lui préparer un équipage de guerre. M. Finguerlin, en vendant la jument, ayant omis de prévenir de son défaut, on trouva le soir même sous ses pieds un palefrenier auquel elle avait arraché les entrailles à belles dents!... Mme de Lauriston, justement alarmée, demanda la rupture du marché. Non seulement elle fut prononcée, mais, pour prévenir de nouveaux malheurs, la police ordonna qu'un écriteau, placé dans la crèche de Lisette, informerait les acheteurs de sa férocité, et que tout marché concernant cette bête serait nul, si l'acquéreur ne déclarait par écrit avoir pris connaissance de l'avertissement.

Vous concevez qu'avec une pareille recommandation, la jument était très difficile à placer ; aussi M. d'Aister me prévint-il que son propriétaire était décidé à la céder pour ce qu'on voudrait lui en donner. J'en offris mille francs, et M. Finguerlin me livra Lisette, bien qu'elle lui en eût coûté cinq mille. Pendant plusieurs mois, cette bête me donna beaucoup de peine; il fallait quatre ou cinq hommes pour la seller, et l'on ne parvenait à la brider qu'en lui couvrant les yeux et en lui attachant les quatre jambes; mais une fois qu'on était placé sur son dos, on trouvait une monture vraiment incomparable...

Cependant, comme, depuis qu'elle m'appartenait, elle avait déjà mordu plusieurs personnes et ne m'avait point épargné, je pensais à m'en défaire, lorsque, ayant pris à mon service François Woirland, homme qui ne doutait de rien, celui-ci, avant d'approcher Lisette, dont on lui avait signalé le mauvais caractère, se munit d'un gigot rôti bien chaud, et lorsque la bête se jeta sur lui pour le mordre, il lui présenta le gigot qu'elle saisit entre ses dents; mais s'étant brûlé les gencives, le palais et la langue, la jument poussa un cri, laissa tomber le gigot et dès ce moment fut soumise à Woirland qu'elle n'osa plus attaquer. J'employai le même moyen et j'obtins un pareil résultat. Lisette, docile comme un chien, se laissa très facilement approcher par moi et par mon domestique; elle devint même un peu plus traitable pour les palefreniers de l'état-major, qu'elle voyait tous les jours; mais malheur aux étrangers qui passaient auprès d'elle!... Je pourrais citer vingt exemples de sa férocité, je me bornerai à un seul.

Pendant le séjour que le maréchal Augereau fit au château de Bellevue, près de Berlin, les domestiques de l'état-major, s'étant aperçus que lorsqu'ils allaient dîner, quelqu'un venait prendre les sacs d'avoine laissés dans l'écurie, engagèrent Woirland à laisser près de la porte Lisette détachée. Le voleur arrive, se glisse dans l'écurie, et déjà il emportait un sac, lorsque la jument, le saisissant par la nuque, le traîne au milieu de la cour, où elle lui brise deux côtes en le foulant aux pieds. On accourt aux cris affreux poussés par le voleur, que Lisette ne voulut lâcher que lorsque mon domestique et moi l'y contraignîmes, car, dans sa fureur, elle se serait ruée sur tout autre. La méchanceté de cet animal s'était accrue depuis qu'un officier de housards saxons, dont je vous ai parlé, lui avait traîtreusement fendu l'épaule d'un coup de sabre sur le champ de bataille d'Iéna.

Telle était la jument que je montais à Eylau, au moment où les débris du corps d'armée du maréchal Augereau, écrasés par une grêle de mitraille et de boulets, cherchaient à se réunir auprès du grand cimetière. Vous devez vous souvenir que le 14e de ligne était resté seul sur un monticule qu'il ne devait quitter que par ordre de l'Empereur. La neige ayant cessé momentanément, on aperçut cet intrépide régiment qui, entouré par l'ennemi, agitait son aigle en l'air pour prouver qu'il tenait toujours et demandait du secours. L'Empereur, touché du magnanime dévouement de ces braves gens, résolut d'essayer de les sauver, en ordonnant au maréchal Augereau d'envoyer vers eux un officier chargé de leur dire de quitter le monticule, de former un petit carré et de se diriger vers nous, tandis qu'une brigade de cavalerie marcherait à leur rencontre pour seconder leurs efforts.

C'était avant la grande charge faite par Murat; il était presque impossible d'exécuter la volonté de l'Empereur, parce qu'une nuée de Cosaques nous séparant du 14ᵉ de ligne, il devenait évident que l'officier qu'on allait envoyer vers ce malheureux régiment serait tué ou pris avant d'arriver jusqu'à lui. Cependant l'ordre étant *positif*, le maréchal dut s'y conformer.

Il était d'usage, dans l'armée impériale, que les aides de camp se plaçassent en file à quelques pas de leur général, et que celui qui se trouvait en tête marchât le premier, puis vînt se placer à la queue lorsqu'il avait rempli sa mission, afin que, chacun portant un ordre à son tour, les dangers fussent également partagés. Un brave capitaine du génie, nommé Froissard, qui, bien que n'étant pas aide de camp, était attaché au maréchal, se trouvant plus près de lui, fut chargé de porter l'ordre au 14ᵉ. M. Froissard partit au galop : nous le perdîmes de vue au milieu des Cosaques, et jamais nous ne le revîmes ni sûmes ce qu'il était devenu. Le maréchal, voyant que le 14ᵉ de ligne ne bougeait pas, envoya un officier nommé David : il eut le même sort que Froissard, nous n'entendîmes plus parler de lui!... Il est probable que tous les deux, ayant été tués et dépouillés, ne purent être reconnus au milieu des nombreux cadavres dont le sol était couvert. Pour la troisième fois le maréchal appelle : « L'officier à marcher ! » — C'était mon tour !...

En voyant approcher le fils de son ancien ami, et j'ose le dire, son aide de camp de prédilection, la figure du bon maréchal fut émue, ses yeux se remplirent de larmes, car il ne pouvait se dissimuler qu'il m'envoyait à une mort presque certaine; mais il fallait obéir à l'Empereur; j'étais soldat, on ne pouvait faire marcher un de mes camarades à ma place, et je ne l'eusse pas souffert : c'eût été me déshonorer. Je m'élançai donc ! Mais, tout en faisant le sacrifice de ma vie, je crus devoir prendre les précautions nécessaires pour la sauver. J'avais remarqué que les deux officiers partis avant moi avaient mis le sabre à la main, ce qui me portait à croire qu'ils avaient le projet de se défendre contre les Cosaques qui les attaqueraient pendant le trajet, défense irréfléchie selon moi, puisqu'elle les avait forcés à s'arrêter pour combattre une multitude d'ennemis qui avaient fini par les accabler. Je m'y pris donc autrement, et laissant mon sabre au fourreau, je me considérai comme un cavalier qui, voulant gagner un prix de course, se dirige le plus rapidement possible et par la ligne la plus courte vers le but indiqué, sans se préoccuper de ce qu'il y a, ni à droite ni à gauche, sur son chemin. Or, mon but étant le monticule occupé par le 14ᵉ de ligne, je résolus de m'y rendre sans faire attention aux Cosaques, que j'annulai par la pensée.

Ce système me réussit parfaitement. Lisette, plus légère qu'une hirondelle, et volant plus qu'elle ne courait, dévorait l'espace, franchissant les monceaux de cadavres d'hommes et de chevaux, les fossés, les affûts brisés, ainsi que les feux mal éteints des bivouacs. Des milliers de Cosaques éparpillés couvraient la plaine. Les premiers qui m'aperçurent firent comme des chasseurs dans une traque, lorsque, voyant un lièvre, ils s'annoncent mutuellement sa présence par les cris : « A vous ! à vous !... » Mais aucun de ces Cosaques n'essaya de m'arrêter, d'abord à cause de l'extrême rapidité de ma course, et probablement aussi parce qu'étant en très grand nombre, chacun d'eux pensait que je ne pourrais éviter ses camarades placés plus loin. Si bien que j'échappai à tous et parvins au 14ᵉ de ligne, sans que moi ni mon excellente jument eussions reçu la moindre égratignure !

Je trouvai le 14ᵉ formé en carré sur le haut du monticule ; mais comme les pentes de terrain étaient fort douces, la cavalerie ennemie avait pu exécuter plusieurs charges contre le régiment français, qui, les ayant vigoureusement repoussées, était entouré par un cercle de cadavres de chevaux et de dragons russes, formant une espèce de rempart, qui rendait désormais la position presque inaccessible à la cavalerie, car, malgré l'aide de nos fantassins, j'eus beaucoup de peine à passer par-dessus ce sanglant et affreux retranchement. J'étais enfin dans le carré ! — Depuis la mort du colonel Savary, tué au passage de l'Ukra, le 14ᵉ était commandé par un chef de bataillon. Lorsque, au milieu d'une grêle de boulets, je transmis à ce militaire l'ordre de quitter sa position pour tâcher de rejoindre le corps d'armée, il me fit observer que l'artillerie ennemie, tirant depuis une heure sur le 14ᵉ, lui avait fait éprouver de telles pertes que la poignée de soldats qui lui restait serait infailliblement exterminée si elle descendait en plaine ; qu'il n'aurait d'ailleurs pas le temps de préparer l'exécution de ce mouvement, puisqu'une colonne d'infanterie russe, marchant sur lui, n'était plus qu'à cent pas de nous.

« Je ne vois aucun moyen de sauver le régiment, dit
« le chef de bataillon ; retournez vers l'Empereur, faites-
« lui les adieux du 14ᵉ de ligne, qui a fidèlement exécuté
« ses ordres, et portez-lui l'aigle qu'il nous avait donnée
« et que nous ne pouvons plus défendre; il serait trop
« pénible en mourant de la voir tomber aux mains des
« ennemis! » Le commandant me remit alors son aigle,
que les soldats, glorieux débris de cet intrépide régiment, saluèrent pour la dernière fois des cris de :
*Vive l'Empereur!*... eux qui allaient mourir pour lui!
C'était le *Cæsar, morituri te salutant!* de Tacite; mais ce
cri était ici poussé par des héros!

Les aigles d'infanterie étaient fort lourdes, et leur
poids se trouvait augmenté d'une grande et forte hampe
en bois de chêne, au sommet de laquelle on la fixait. La
longueur de cette hampe m'embarrassait beaucoup, et
comme ce bâton, dépourvu de son aigle, ne pouvait
constituer un trophée pour les ennemis, je résolus, avec
l'assentiment du commandant, de la briser pour n'emporter que l'aigle; mais au moment où, du haut de ma
selle, je me penchais le corps en avant pour avoir plus de
force pour arriver à séparer l'aigle de la hampe, un des
nombreux boulets que nous lançaient les Russes traversa
la corne de derrière de mon chapeau à quelques lignes
de ma tête!... La commotion fut d'autant plus terrible
que mon chapeau, étant retenu par une forte courroie
de cuir fixée sous le menton, offrait plus de résistance
au coup. Je fus comme anéanti, mais ne tombai pas de
cheval. Le sang me coulait par le nez, les oreilles et
même par les yeux; néanmoins j'entendais encore, je
voyais, je comprenais et conservais toutes mes facultés
intellectuelles, bien que mes membres fussent paralysés
au point qu'il m'était impossible de remuer un seul
doigt!...

Cependant, la colonne d'infanterie russe que nous venions d'apercevoir abordait le monticule; c'étaient des grenadiers, dont les bonnets garnis de métal avaient la forme de mitres. Ces hommes, gorgés d'eau-de-vie, et en nombre infiniment supérieur, se jetèrent avec furie sur les faibles débris de l'infortuné 14e, dont les soldats ne vivaient, depuis quelques jours, que de pommes de terre et de neige fondue; encore, ce jour-là, n'avaient-ils pas eu le temps de préparer ce misérable repas!... Néanmoins nos braves Français se défendirent vaillamment avec leurs baïonnettes, et lorsque le carré eut été enfoncé, ils se groupèrent en plusieurs pelotons et soutinrent fort longtemps ce combat disproportionné.

Durant cette affreuse mêlée, plusieurs des nôtres, afin de n'être pas frappés par derrière, s'adossèrent aux flancs de ma jument, qui, contrairement à ses habitudes, restait fort impassible. Si j'eusse pu remuer, je l'aurais portée en avant pour l'éloigner de ce champ de carnage; mais il m'était absolument impossible de serrer les jambes pour faire comprendre ma volonté à ma monture!... Ma position était d'autant plus affreuse que, ainsi que je l'ai déjà dit, j'avais conservé la faculté de voir et de penser... Non seulement on se battait autour de moi, ce qui m'exposait aux coups de baïonnette, mais un officier russe, à la figure atroce, faisait de constants efforts pour me percer de son épée, et comme la foule des combattants l'empêchait de me joindre, il me désignait du geste aux soldats qui l'environnaient et qui, me prenant pour le chef des Français, parce que j'étais seul à cheval, tiraient sur moi par-dessus la tête de leurs camarades, de sorte que de très nombreuses balles sifflaient constamment à mes oreilles. L'une d'elles m'eût certainement ôté le peu de vie qui me restait, lorsqu'un incident terrible vint m'éloigner de cette affreuse mêlée.

Parmi les Français qui s'étaient adossés au flanc gauche de ma jument, se trouvait un fourrier que je connaissais pour l'avoir vu souvent chez le maréchal, dont il copiait les états de situation. Cet homme, attaqué et blessé par plusieurs grenadiers ennemis, tomba sous le ventre de Lisette et saisissait ma jambe pour tâcher de se relever, lorsqu'un grenadier russe, dont l'ivresse rendait les pas fort incertains, ayant voulu l'achever en lui perçant la poitrine, perdit l'équilibre, et la pointe de sa baïonnette mal dirigée vint s'égarer dans mon manteau gonflé par le vent. Le Russe, voyant que je ne tombais pas, laissa le fourrier pour me porter une infinité de coups d'abord inutiles, mais dont l'un, m'atteignant enfin, traversa mon bras gauche, dont je sentis avec un plaisir affreux couler le sang tout chaud... Le grenadier russe, redoublant de fureur, me portait encore un coup, lorsque la force qu'il y mit le faisant trébucher, sa baïonnette s'enfonça dans la cuisse de ma jument, qui, rendue par la douleur à ses instincts féroces, se précipita sur le Russe et d'une seule bouchée lui arracha avec ses dents le nez, les lèvres, les paupières, ainsi que toute la peau du visage, et en fit une *tête de mort vivante* et toute rouge!... C'était horrible à voir! Puis, se jetant avec furie au milieu des combattants, Lisette, ruant et mordant, renverse tout ce qu'elle rencontre sur son passage!... L'officier ennemi, qui avait si souvent essayé de me frapper, ayant voulu l'arrêter par la bride, elle le saisit par le ventre, et l'enlevant avec facilité, elle l'emporta hors de la mêlée, au bas du monticule, où, après lui avoir arraché les entrailles à coups de dents et broyé le corps sous ses pieds, elle le laissa mourant sur la neige!... Reprenant ensuite le chemin par lequel elle était venue, elle se dirigea au triple galop vers le cimetière d'Eylau. Grâce à la selle à la housarde dans laquelle j'étais assis, je me maintins à cheval, mais un nouveau danger m'attendait.

La neige venait de recommencer à tomber, et de gros flocons obscurcissaient le jour, lorsque, arrivé près d'Eylau, je me trouvai en face d'un bataillon de la vieille garde, qui, ne pouvant distinguer au loin, me prit pour un officier ennemi conduisant une charge de cavalerie. Aussitôt le bataillon entier fit feu sur moi... Mon manteau et ma selle furent criblés de balles, mais je ne fus point blessé, non plus que ma jument, qui, continuant sa course rapide, traversa les trois rangs du bataillon avec la même facilité qu'une couleuvre traverse une haie... Mais ce dernier élan ayant épuisé les forces de Lisette, qui perdait beaucoup de sang, car une des grosses veines de sa cuisse avait été coupée, cette pauvre bête s'affaissa tout à coup et tomba d'un côté en me faisant rouler de l'autre!

Étendu sur la neige parmi des tas de morts et de mourants, ne pouvant me mouvoir d'aucune façon, je perdis insensiblement et sans douleur le sentiment de moi-même. Il me sembla qu'on me berçait doucement... Enfin, je m'évanouis complètement, sans être ranimé par le grand fracas que les quatre-vingt-dix escadrons de Murat allant à la charge firent en passant auprès de moi et peut-être sur moi! J'estime que mon évanouissement dura quatre heures, et lorsque je repris mes sens, voici l'horrible position dans laquelle je me trouvais : j'étais complètement nu, n'ayant plus que le chapeau et la botte droite. Un soldat du train, me croyant mort, m'avait dépouillé selon l'usage, et voulant m'arracher la seule botte qui me restât, me tirait par une jambe, en m'appuyant un de ses pieds sur le ventre! Les fortes secousses que cet homme me donnait m'ayant sans doute ranimé, je parvins à soulever le haut du corps et à rendre des caillots de sang qui obstruaient mon gosier. La commotion produite par le vent du boulet avait amenée une ecchymose si considérable que j'avais la figure, les épaules et la poitrine noires, tandis que le sang sorti de ma blessure au bras rougissait les autres parties de mon corps... Mon chapeau et mes cheveux étaient remplis d'une neige ensanglantée; je roulais des yeux hagards et devais être horrible à voir. Aussi le soldat du train détourna la tête et s'éloigna avec mes effets, sans qu'il me fût possible de lui adresser une seule parole, tant mon état de prostration était grand!... Mais j'avais repris mes facultés mentales, et mes pensées se portèrent vers Dieu et vers ma mère!...

Le soleil, en se couchant, jeta quelques faibles rayons à travers les nuages; je lui fis des adieux que je crus bien être les derniers... Si du moins, me disais-je, on ne m'eût pas dépouillé, quelqu'un des nombreux individus qui passent auprès de moi, remarquant les tresses d'or dont ma pelisse est couverte, reconnaîtrait que je suis aide de camp d'un maréchal et me ferait peut-être transporter à l'ambulance; mais en me voyant nu, on me confond avec les nombreux cadavres dont je suis entouré; bientôt, en effet, il n'y aura plus aucune différence entre eux et moi. Je ne puis appeler à mon aide, et la nuit qui s'approche va m'ôter tout espoir d'être secouru; le froid augmente, pourrai-je le supporter jusqu'à demain, quand déjà je sens se raidir mes membres nus? Je m'attendais donc à mourir, car si un miracle m'avait sauvé au milieu de l'affreuse mêlée des Russes et du 14ᵉ, pouvais-je espérer qu'un autre miracle me tirerait de l'horrible position dans laquelle je me trouvais?... Ce second miracle eut lieu, et voici comment. Le maréchal Augereau avait un valet de chambre nommé Pierre Dannel, garçon très intelligent, très dévoué, mais un peu raisonneur. Or, il était arrivé, pendant notre séjour à la Houssaye, que Dannel ayant mal répondu à son maître, celui-ci le renvoya. Dannel, désolé, me supplia d'intercéder pour lui. Je le fis avec tant de zèle que je parvins à le faire rentrer en grâce auprès du maréchal. Depuis ce moment, le valet de chambre m'avait voué un grand attachement. Cet homme, qui avait laissé à Landsberg tous les équipages, en était parti de son chef, le jour de la bataille, pour apporter à son maître des vivres qu'il avait placés dans un fourgon très léger, passant partout, et contenant les objets dont le maréchal se servait le plus souvent. Ce petit fourgon était conduit par un soldat ayant servi dans la compagnie du train à laquelle appartenait le soldat qui venait de me dépouiller. Celui-ci, muni de mes effets, passait auprès du fourgon stationné à côté du cimetière, lorsque, ayant reconnu le postillon, son ancien camarade, il l'accosta pour lui montrer le brillant butin qu'il venait de recueillir sur un mort.

Or, il faut que vous sachiez que pendant notre séjour dans les cantonnements de la Vistule, le maréchal ayant envoyé Dannel chercher des provisions à Varsovie, je l'avais chargé de faire ôter de ma pelisse la fourrure d'astrakan noir dont elle était garnie, pour la faire remplacer par de l'astrakan gris, nouvellement adopté par les aides de camp du prince Berthier, qui donnaient la mode dans l'armée. J'étais encore le seul officier du maréchal Augereau qui eût de l'astrakan gris. Dannel, présent à l'étalage que faisait le soldat du train, reconnut facilement ma pelisse, ce qui l'engagea à regarder plus attentivement les autres effets du prétendu mort, parmi lesquels il trouva ma montre, marquée au chiffre de mon père, à qui elle avait appartenu. Le valet de chambre ne douta plus que je ne fusse tué, et tout en déplorant ma perte, il voulut me voir pour la dernière fois, et se faisant conduire par le soldat du train, il me trouva vivant!...

La joie de ce brave homme, auquel je dus certainement la vie, fut extrême : il s'empressa de faire venir mon domestique, quelques ordonnances, et de me faire transporter dans une grange, où il me frotta le corps avec du rhum, pendant qu'on cherchait le docteur Raymond, qui arriva enfin, pansa ma blessure du bras, et déclara que l'expansion du sang qu'elle avait produite me sauverait.

Bientôt, je fus entouré par mon frère et mes camarades. On donna quelque chose au soldat du train qui avait pris mes habits, qu'il rendit de fort bonne grâce; mais comme ils étaient imprégnés d'eau et de sang, le maréchal Augereau me fit envelopper dans des effets à lui. L'Empereur avait autorisé le maréchal à se rendre à Landsberg; mais sa blessure l'empêchant de monter à cheval, ses aides de camp s'étaient procuré un traîneau sur lequel était placée une caisse de cabriolet. Le maréchal, qui ne pouvait se résoudre à m'abandonner, m'y fit attacher auprès de lui, car j'étais trop faible pour me tenir assis!

Avant qu'on me relevât du champ de bataille, j'avais vu ma pauvre Lisette auprès de moi. Le froid, en coagulant le sang de sa plaie, en avait arrêté la trop grande émission; la bête s'était remise sur ses jambes et mangeait la paille dont les soldats s'étaient servis pour leurs bivouacs la nuit précédente. Mon domestique, qui aimait beaucoup Lisette, l'ayant aperçue lorsqu'il aidait à me transporter, retourna la chercher, et découpant en bandes la chemise et la capote d'un soldat mort, il s'en servit pour envelopper la cuisse de la pauvre jument, qu'il mit ainsi en état de marcher jusqu'à Landsberg. Le commandant de la petite garnison de cette place ayant eu l'attention de faire préparer des logements pour les blessés, l'état-major fut placé dans une grande et bonne auberge, de sorte qu'au lieu de passer la nuit sans secours, étendu tout nu sur la neige, je fus couché sur un bon lit et environné des soins de mon frère, de mes camarades et du bon docteur Raymond. Celui-ci avait été obligé de couper la botte que le soldat du train n'avait pu m'ôter, et qu'il fut encore difficile de me retirer tant mon pied était gonflé. Vous verrez plus loin que cela faillit me coûter une jambe et peut-être la vie.

Nous passâmes trente-six heures à Landsberg. Ce repos, les bons soins qu'on prit de moi, me rendirent l'usage de la parole et des membres, et lorsque le surlendemain de la bataille le maréchal Augereau se mit en route pour Varsovie, je pus, quoique bien faible, être transporté dans le traîneau. Notre voyage dura huit jours, parce que l'état-major allait à petites journées avec ses chevaux. Je reprenais peu à peu mes forces; mais, à mesure qu'elles revenaient, je sentais un froid glacial à mon pied droit. Arrivé à Varsovie, je fus logé dans l'hôtel réservé pour le maréchal, ce qui me fut d'autant plus favorable que je ne pouvais quitter le lit. Cependant la blessure de mon bras allait bien, le sang extravasé sur mon corps par suite de la commotion du boulet commençait à se résoudre, ma peau reprenait sa couleur naturelle; le docteur ne savait à quoi attribuer l'impossibilité dans laquelle j'étais de me lever, et m'entendant me plaindre de ma jambe, il voulut la visiter, et qu'aperçut-il?... Mon pied était gangrené!... Un accident remontant à mes premières années était la cause du nouveau malheur qui me frappait. J'avais eu, à Sorèze, le pied droit percé par le fleuret démoucheté d'un camarade avec lequel je faisais des armes. Il paraîtrait que les muscles, devenus sensibles, avaient beaucoup souffert du froid pendant que je gisais évanoui sur le champ de bataille d'Eylau; il en était résulté un gonflement qui explique la difficulté qu'avait eue le soldat du train à m'arracher la botte droite. Le pied était gelé, et n'ayant pas été soigné à temps, la gangrène s'était déclarée sur l'ancienne blessure provenant du coup de fleuret; elle était couverte d'une escarre large comme une pièce de cinq francs... Le docteur pâlit en voyant mon pied; puis, me faisant tenir par quatre domestiques et s'armant d'un bistouri, il enleva l'escarre et creusa dans mon pied pour extirper les chairs mortes, absolument comme on cure les parties gâtées d'une pomme.

Je souffris beaucoup, cependant ce fut sans me plaindre; mais il n'en fut pas de même lorsque le bistouri, arrivé à la chair vive, eut mis à découvert les muscles et les os dont on apercevait les mouvements! Le docteur, montant sur une chaise, trempa une éponge dans du vin chaud sucré, qu'il fit tomber goutte à goutte dans le trou qu'il venait de creuser dans mon pied. La douleur devint intolérable!... Je dus néanmoins, pendant huit jours, subir soir et matin cet affreux supplice, mais ma jambe fut sauvée...

Aujourd'hui, où l'on est si prodigue d'avancement et de décorations, on accorderait certainement une récompense à un officier qui braverait les dangers que je courus en me rendant vers le 14e de ligne; mais, sous l'Empire, on considéra ce trait de dévouement comme si naturel qu'on ne me donna pas la croix, et qu'il ne me vint même pas à la pensée de la demander.

Un long repos ayant été jugé nécessaire pour la guérison de la blessure du maréchal Augereau, l'Empereur lui écrivit pour l'engager à se faire traiter en France, et fit venir d'Italie le maréchal Masséna, auprès duquel mon frère, Bro et plusieurs de mes camarades furent placés. Le maréchal Augereau me prit avec lui, ainsi que le docteur Raymond et son secrétaire. On était obligé de me porter pour monter et descendre de voiture; je sentais, du reste, que ma santé se raffermissait à mesure que je m'éloignais des régions glaciales pour marcher vers un climat plus doux. Ma jument passa son hiver dans les écuries de M. de Launay, administrateur des fourrages de l'armée. Le maréchal se dirigea de Varsovie sur la Silésie, par Rawa. Tant que nous fûmes dans l'affreuse Pologne, où il n'existait aucune route ferrée, il fallut douze et jusqu'à seize chevaux pour tirer la voiture des fondrières et des marécages au milieu desquels nous marchions; encore n'allait-elle qu'au pas, et ce ne fut qu'en arrivant en Allemagne que nous trouvâmes enfin un pays civilisé et de véritables routes.

Nous nous arrêtâmes à Dresde, et passâmes dix à douze jours à Francfort-sur-Mein, d'où nous étions partis au mois d'octobre précédent pour marcher contre la Prusse.

Enfin nous arrivâmes à Paris vers le 15 mars. Je marchais avec beaucoup de peine, j'avais un bras en écharpe et me ressentais encore du terrible ébranlement produit par la commotion du vent du boulet; mais le bonheur de revoir ma mère et les bons soins qu'elle me donna, joints à la douce influence du printemps, achevèrent ma guérison.

Avant de quitter Varsovie, j'avais voulu jeter le chapeau que le boulet avait percé; mais le maréchal, l'ayant fait garder comme objet de curiosité, le donna à ma mère. Il existe encore aujourd'hui entre mes mains, et c'est un monument de famille qu'il faudra conserver.

## CHAPITRE XXXV

Missions auprès de l'Empereur. — Je rejoins le maréchal Lannes.
— Reprise des hostilités le 11 juin. — Les armées se joignent
sur l'Alle, à Friedland.

Je passai à Paris la fin du mois de mars, tout avril et la première semaine de mai. Ce fut pendant ce séjour que je connus la famille Desbrières, dans laquelle mon mariage devait me faire prochainement entrer. Ma santé étant rétablie, je compris que je ne pouvais rester à Paris. Le maréchal Augereau m'adressa au maréchal Lannes, qui me reçut de fort bonne grâce dans son état-major.

L'Empereur, pour être à même de surveiller les mouvements que les ennemis seraient tentés de faire pendant l'hiver, s'était établi au milieu des cantonnements de ses troupes, d'abord à Osterode, puis au château de Finkenstein, d'où, en préparant une nouvelle campagne, il gouvernait la France et dirigeait ses ministres, qui lui adressaient chaque semaine leurs rapports. Les portefeuilles contenant les documents divers fournis par chaque ministre étaient réunis tous les mercredis soir chez M. Denniée père, sous-secrétaire d'État à la guerre, qui les expédiait tous les jeudis matin par un auditeur au conseil d'État chargé de les remettre à l'Empereur. Mais ce service se faisait fort mal, parce que la plupart des auditeurs n'étant jamais sortis de France, ne sachant pas un mot d'allemand, ne connaissant ni les monnaies ni les règlements de poste des pays étrangers, ne savaient plus comment se conduire dès qu'ils avaient passé le Rhin. D'ailleurs, ces messieurs, n'étant pas habitués à la fatigue, se trouvaient bientôt accablés par celle d'un voyage de plus de trois cents lieues, qui exigeait une marche continuelle de dix jours et dix nuits. L'un d'eux poussa même l'incurie jusqu'à laisser voler ses dépêches.

Napoléon, furieux de cette aventure, adressa une estafette à Paris pour ordonner à M. Denniée de ne confier à l'avenir les portefeuilles qu'à des officiers connaissant l'Allemagne et qui, habitués aux fatigues et aux privations, rempliraient cette mission avec plus d'exactitude. M. Denniée était fort embarrassé d'en trouver un, quand je me présentai avec la lettre du maréchal Lannes, me demandant auprès de lui. Enchanté d'assurer le prochain départ des portefeuilles, il me prévint de me tenir prêt pour le jeudi suivant et me remit cinq mille francs pour les frais de poste et pour l'achat d'une calèche, ce qui venait fort à propos pour moi, qui avais peu d'argent pour rejoindre l'armée au fond de la Pologne.

Nous partîmes de Paris vers le 10 mai. Mon domestique et moi étions bien armés, et lorsque l'un de nous était forcé de quitter momentanément la voiture, l'autre la surveillait. Nous savions assez d'allemand pour presser les postillons, qui, me voyant en uniforme, obéissaient infiniment mieux à un officier qu'à des auditeurs; aussi, au lieu d'être, comme ces messieurs, neuf jours et demi, et même dix jours, pour faire le trajet de Paris à Finkenstein, j'y arrivai en huit jours et demi.

L'Empereur, enchanté d'avoir ses dépêches vingt-quatre heures plus tôt, loua d'abord mon zèle, qui m'avait fait demander à revenir à l'armée malgré mes récentes blessures, et ajouta que puisque je courais si bien la poste, j'allais repartir la nuit même pour Paris, d'où je rapporterais d'autres portefeuilles, ce qui ne m'empêcherait pas d'assister à la reprise des hostilités, qui ne pouvait avoir lieu que dans les commencements de juin.

Bien que je n'eusse pas, à beaucoup près, dépensé les cinq mille francs que M. Denniée m'avait remis, le maréchal du palais m'en fit donner autant pour retourner à Paris, où je me rendis au plus vite. Je ne restai que vingt-quatre heures dans cette ville, et je repartis pour la Pologne. Le ministre de la guerre me remit encore cinq mille francs pour ce troisième voyage; c'était beaucoup plus qu'il ne fallait, mais l'Empereur le voulait ainsi. Il est vrai que ces voyages étaient très fatigants et surtout fort ennuyeux, bien que le temps fût très beau, car je roulai près d'un mois jour et nuit, en tête-à-tête avec mon domestique. Je retrouvai l'Empereur au château de Finkenstein. Je craignais de continuer à *postillonner* au moment où on allait se battre, mais heureusement on avait trouvé des officiers pour porter les dépêches, et ce service était déjà organisé. L'Empereur m'autorisa à me rendre auprès du maréchal Lannes, qui se trouvait à Marienbourg lorsque je le rejoignis, le 25 mai. Il avait avec lui le colonel Sicard, aide de camp d'Augereau, qui avait eu la complaisance de ramener mes chevaux. Je revis avec grand plaisir ma chère jument Lisette, qui pouvait encore faire un bon service.

La place de Danzig, assiégée par les Français pendant l'hiver, était tombée en leur pouvoir. Le retour de la belle saison fit bientôt rouvrir la campagne. Les Russes attaquèrent nos cantonnements le 5 juin, et furent vivement repoussés sur tous les points. Il y eut le 10, à Heilsberg, un combat tellement sanglant, que plusieurs historiens l'ont qualifié de bataille. Les ennemis y furent encore battus. Je n'entrerai dans aucun détail sur cette affaire, parce que le corps du maréchal Lannes n'y prit que fort peu de part, n'étant arrivé qu'à la nuit tombante. Nous reçûmes cependant une assez grande quantité de boulets, dont l'un blessa mortellement le colonel Sicard, qui, déjà frappé d'une balle à Eylau, revenait, à peine guéri, prendre part à de nouveaux combats. Le bon colonel Sicard, avant d'expirer, me chargea de faire ses adieux au maréchal Augereau et me remit un billet pour sa femme. Cette pénible scène m'affligea beaucoup.

L'armée s'étant mise à la poursuite des Russes, nous passâmes par Eylau. Ces champs, que trois mois avant nous avions laissés couverts de neige et de cadavres, offraient alors de charmants tapis de verdure émaillés de fleurs!... Quel contraste!... Combien de braves guerriers reposaient sous ces vertes prairies!... Je fus m'asseoir à la même place où j'étais tombé, où j'avais été dépouillé, où je devais aussi mourir, si un concours de circonstances vraiment providentielles ne m'eût sauvé!... Le maréchal Lannes voulut voir le monticule où le 14ᵉ de ligne s'était si vaillamment défendu. Je l'y conduisis. Les ennemis avaient occupé ce terrain depuis l'époque de la bataille; cependant, nous retrouvâmes encore intact le monument que tous les corps de l'armée française avaient élevé à leurs infortunés camarades du 14ᵉ, dont trente-six officiers avaient été enterrés dans la même fosse! Ce respect pour la gloire des morts honore les Russes. Je m'arrêtai quelques instants sur l'emplacement où j'avais reçu le boulet et le coup de baïonnette, et pensai aux braves qui gisaient dans la poussière et dont j'avais été si près de partager le sort.

Les Russes, battus le 10 juin à Heilsberg, firent une retraite précipitée et gagnèrent une journée d'avance sur les Français, qui se trouvaient le 13 au soir réunis en avant d'Eylau, sur la rive gauche de l'Alle.

Les ennemis occupaient Bartenstein, sur la rive droite de cette même rivière que les deux armées descendaient parallèlement. Benningsen, ayant ses magasins de vivres et de munitions à Kœnigsberg, où se trouvait le corps prussien, désirait se porter sur cette ville avant l'arrivée des Français; mais, pour cela, il devait repasser sur la rive gauche de l'Alle, sur laquelle se trouvaient les troupes de Napoléon venant d'Eylau. Le général russe espéra les devancer à Friedland, assez à temps pour franchir la rivière avant qu'elles pussent s'y opposer. Les motifs qui portaient Benningsen à conserver Kœnigsberg faisant désirer à l'Empereur de s'en emparer, il avait constamment manœuvré depuis plusieurs jours pour déborder la gauche des ennemis, afin de les éloigner de cette place vers laquelle il avait détaché Murat, Soult et Davout, pour s'opposer aux Russes s'ils y arrivaient avant nous.

Mais l'Empereur ne s'en tint pas à cette précaution, et prévoyant que pour gagner Kœnigsberg les Russes chercheraient à passer l'Alle à Friedland, il voulut occuper avant eux cette ville, sur laquelle il dirigea, dans la nuit du 13 au 14 juin, les corps des maréchaux Lannes et Mortier, ainsi que trois divisions de cavalerie. Le surplus de l'armée devait suivre.

Le maréchal Lannes, qui faisait l'avant-garde avec les grenadiers d'Oudinot et une brigade de cavalerie, arrivant à Posthenen, une lieue en deçà de Friedland, à deux heures du matin, fit reconnaître cette dernière ville par le 9ᵉ de housards, qui fut repoussé avec pertes, et le soleil levant nous permit de voir une grande partie de l'armée russe massée de l'autre côté de l'Alle, sur les plateaux élevés entre Allenau et Friedland. L'ennemi commençait à passer sur l'ancien pont de la ville, auprès duquel il en construisait deux nouveaux.

Le but que chacune des deux armées se proposait était bien facile à comprendre : les Russes veulent traverser l'Alle pour se rendre à Kœnigsberg; les Français veulent les en empêcher et les refouler de l'autre côté de la rivière, dont les bords sont très escarpés. Il n'y a que le pont de Friedland. Les Russes éprouvaient d'autant plus de peine à déboucher de cette ville dans la plaine de la rive gauche, que la sortie de Friedland est resserrée sur ce point par un vaste étang, ainsi que par le ruisseau dit *du Moulin,* qui coule dans un ravin fort encaissé. Les ennemis, pour protéger leur passage, avaient établi deux fortes batteries sur la rive droite, d'où ils dominaient la ville et une partie de la plaine entre Posthenen et Heinrichsdorf. Les projets et les positions respectives des deux armées étant ainsi connus, je vais vous expliquer succinctement les principaux événements de cette bataille décisive, qui amena la paix.

L'Empereur était encore à Eylau : les divers corps d'armée se dirigeaient sur Friedland, dont ils se trouvaient à plusieurs lieues, lorsque le maréchal Lannes, ayant marché toute la nuit, arrivait devant cette ville. Si le maréchal n'eût écouté que son impatience, il eût attaqué les ennemis sur-le-champ; mais déjà ceux-ci avaient trente mille hommes formés dans la plaine en avant de Friedland, et leurs lignes, dont la droite était en face de Heinrichsdorf, le centre au ruisseau du Moulin et la gauche au village de Sortlack, se renforçaient sans cesse, tandis que le maréchal Lannes n'avait que dix mille hommes; mais il les plaça fort habilement dans le village de Posthenen et dans le bois de Sortlack, d'où il menaçait le flanc gauche des Russes, pendant qu'avec deux divisions de cavalerie il tâchait d'arrêter leur marche sur Heinrichsdorf, village situé sur la route de Friedland à Kœnigsberg. Le feu s'engagea vivement,

mais le corps du maréchal Mortier ne tarda pas à paraître, et pour disputer aux Russes la route de Kœnigsberg, en attendant de nouveaux renforts, il occupa Heinrichsdorf et l'espace situé entre ce village et celui de Posthenen. Cependant, il n'était pas possible que Mortier et Lannes pussent résister avec vingt-cinq mille hommes aux soixante-dix mille Russes qui allaient bientôt se trouver en face d'eux. Le moment devenait donc très critique... Le maréchal Lannes expédiait à tout moment des officiers pour prévenir l'Empereur de hâter l'arrivée des corps d'armée qu'il savait en marche derrière lui. Monté sur la rapide Lisette et envoyé le premier vers l'Empereur, que je ne rejoignis qu'à sa sortie d'Eylau, je le trouvai rayonnant de joie!... Il me fit placer à côté de lui, et tout en galopant, je dus lui expliquer ce qui s'était passé avant mon départ du champ de bataille. Mon récit achevé, l'Empereur me dit en souriant : « As-tu
« bonne mémoire ? — Passable, Sire. — Eh bien, quel
« anniversaire est-ce aujourd'hui, 14 juin? — Celui de
« Marengo. — Oui, oui, reprit l'Empereur, celui de
« Marengo, et je vais battre les Russes comme je battis
« les Autrichiens! »

Napoléon avait une telle conviction à ce sujet qu'en longeant les colonnes dont les soldats le saluaient par de nombreux vivat, il ne cessait de leur dire : « C'est
« aujourd'hui un jour heureux, l'anniversaire de Ma-
« rengo!... »

## CHAPITRE XXXVI

Bataille de Friedland. — Dangers auxquels je suis exposé. — Entrevue et traité de Tilsitt.

Il était plus de onze heures, lorsque l'Empereur arriva sur le champ de bataille, où plusieurs corps d'armée étaient déjà venus se joindre à Lannes et à Mortier. Les autres, ainsi que la garde, arrivaient successivement. Napoléon rectifia les lignes : Ney forma la droite placée dans le bois de Sortlack; Lannes et Mortier, le centre entre Posthenen et Heinrichsdorf; la gauche se prolongeait au delà de ce dernier village. La chaleur était accablante. L'Empereur accorda aux troupes une heure de repos, et décida qu'au signal donné par vingt-cinq pièces tirant à la fois, on ferait une attaque générale, ce qui fut exécuté.

Le corps du maréchal Ney avait la plus rude mission, car, caché dans le bois de Sortlack, il devait en sortir et pénétrer dans Friedland, où se trouvaient agglomérées les principales forces et les réserves ennemies, s'emparer des ponts et couper ainsi toute retraite aux Russes. On comprend difficilement comment Benningsen avait pu se résoudre à placer son armée en face du défilé de Friedland, où elle avait à dos l'Alle avec ses bords escarpés et se trouvait en présence des Français, maîtres de la plaine. Le général russe, pour expliquer sa conduite, a répondu, plus tard, qu'ayant une journée d'avance sur Napoléon, et ne pouvant admettre que les Français fissent en douze heures un trajet égal à celui que ses troupes avaient mis vingt-quatre heures à parcourir, il avait pensé que le corps de Lannes, qu'il trouvait à Friedland, était une avant-garde isolée de l'armée française, et qu'il lui serait facile d'écraser; quand son illusion s'était dissipée, il était trop tard pour reporter son armée de l'autre côté de l'Alle, parce que le défilé de Friedland lui eût fait éprouver une perte certaine, et qu'il avait préféré combattre avec énergie.

Vers une heure de l'après-midi, les vingt-cinq canons placés à Posthenen ayant tiré tous ensemble par ordre de l'Empereur, la bataille s'engagea sur toute la ligne; mais notre gauche et notre centre marchèrent d'abord très lentement, afin de donner à la droite, commandée par Ney, le temps d'enlever la ville. Ce maréchal, sortant du bois de Sortlack, s'empara du village de ce nom, d'où il se porta très rapidement sur Friedland, renversant tout sur son passage; mais dans le trajet du bois et du village de Sortlack aux premières maisons de Friedland, les troupes de Ney, marchant à découvert, se trouvèrent exposées au terrible feu des batteries russes, qui, placées en arrière de la ville sur les hauteurs de la rive opposée, leur firent éprouver des pertes immenses. Ce feu était d'autant plus dangereux que les canonniers ennemis, séparés de nous par la rivière, ajustaient avec sécurité, en voyant que nos fantassins étaient dans l'impossibilité de les attaquer. Ce grave inconvénient pouvait faire manquer la prise de Friedland, mais Napoléon y remédia par l'envoi de cinquante bouches à feu qui, placées par le général Sénarmont sur la rive gauche de l'Alle, tirèrent par-dessus cette rivière contre les batteries russes, et firent pleuvoir sur elles une grêle de boulets, qui les eurent bientôt démontées. Dès que le feu des canons ennemis fut éteint, Ney, continuant sa marche audacieuse, refoule les Russes dans Friedland et pénètre pêle-mêle avec eux dans les rues de cette malheureuse ville, où les obus venaient d'allumer un immense incendie!... Il y eut là un terrible combat à la baïonnette, où les Russes, entassés les uns sur les autres et pouvant à peine se mouvoir, éprouvèrent des pertes énormes!... Enfin, ils furent contraints, malgré leur courage, de se retirer en désordre, pour chercher un refuge sur la rive opposée, en repassant les ponts. Mais ici un nouveau danger les attendait; l'artillerie du général Sénarmont, s'étant rapprochée de la ville, prenait en flanc les ponts, qu'elle brisa bientôt, après avoir tué un très grand nombre de Russes, qui s'empressaient d'y passer en fuyant. Tout ce qui restait encore dans Friedland fut pris, tué ou noyé, en voulant traverser la rivière.

Jusque-là, Napoléon avait pour ainsi dire fait marquer le pas à son centre et à son aile gauche; il les porta rapidement en avant. Le général russe Gortschakoff qui commandait le centre et l'aile droite ennemie, n'écoutant que son courage, veut reprendre la ville (ce qui ne lui eût été d'aucune utilité, puisque les ponts étaient brisés; mais il l'ignorait). Il s'élança donc à la tête de ses troupes dans Friedland embrasé; mais, repoussé de front par les troupes du maréchal Ney qui occupaient cette ville, et contraint de regagner la campagne, le général ennemi se voit bientôt entouré par notre centre, qui l'accule à l'Alle en face de Kloschenen. Les Russes, furieux, se défendent héroïquement, et, bien qu'enfoncés de toutes parts, ils refusent de se rendre. Une grande partie meurt sous nos baïonnettes, et le reste se laisse rouler du haut des berges dans la rivière, où presque tous se noyèrent...

L'extrême droite des ennemis, composée en grande partie de cavalerie, avait essayé pendant la bataille d'enlever ou de tourner le village d'Heinrichsdorf; mais, vivement repoussée par nos troupes, elle avait regagné les rives de l'Alle sous les ordres du général Lambert. Celui-ci, voyant Friedland occupé par les Français, la gauche et le centre russes détruits, réunit ce qu'il put de régiments de l'aile droite, et s'éloigna du champ de bataille en descendant l'Alle. La nuit empêcha les Français de les poursuivre; aussi fut-ce le seul corps ennemi qui échappa au désastre. Notre victoire fut des plus complètes : toute l'artillerie des Russes tomba en notre pouvoir. Nous avions fait peu de prisonniers pendant l'action, mais le nombre des ennemis tués ou blessés était immense et s'élevait à plus de vingt-six mille. Notre perte n'allait qu'à trois mille morts et à quatre à cinq mille blessés. De toutes les batailles livrées par l'Empereur, ce fut *la seule* où le nombre de ses troupes fut supérieur à celui des ennemis; les Français avaient quatre-vingt mille combattants, les Russes seulement soixante-quinze mille. Les débris de l'armée ennemie marchèrent en désordre toute la nuit, et se retirèrent derrière le Prégel, dont ils coupèrent les ponts.

Les maréchaux Soult, Davout et Murat n'avaient pu assister à la bataille de Friedland, mais leur présence avait déterminé les Prussiens à abandonner Kœnigsberg, dont nos troupes s'emparèrent. On trouva dans cette ville d'immenses approvisionnements de toute espèce.

Je n'éprouvai aucun accident fâcheux pendant la bataille de Friedland, bien que j'y eusse été exposé aux plus grands dangers; voici comment :

Vous m'avez vu partant le matin de Posthenen par ordre du maréchal Lannes, pour aller à toute bride prévenir l'Empereur que, l'ennemi passant l'Alle à Friedland, une bataille paraissait imminente. Napoléon était à Eylau. J'avais donc près de six lieues à faire pour le joindre, ce qui eût été peu de chose pour mon excellente jument si j'eusse trouvé les routes libres; mais, comme elles étaient encombrées par les troupes des divers corps se portant en toute hâte au secours du maréchal Lannes, devant Friedland, il m'était absolument impossible de galoper en suivant le chemin ; je me jetai donc à travers champs, de sorte que Lisette ayant eu à franchir des barrières, des haies et des ruisseaux, était déjà très fatiguée lorsque je joignis l'Empereur, au moment où il sortait d'Eylau. Cependant, je dus, sans prendre une minute de repos, retourner avec lui à Friedland, et bien que cette fois les troupes se rangeassent pour nous laisser passer, ma pauvre jument ayant fait tout d'une traite douze lieues au galop, dont six à travers champs et par une très forte chaleur, se trouvait vraiment harassée, lorsque, arrivé sur le champ de bataille, je rejoignis le maréchal Lannes. Je compris que Lisette ne pouvait faire un bon service pendant l'action; je profitai donc du moment de repos que l'Empereur accorda aux troupes pour chercher mon domestique et changer ma monture ; mais au milieu d'une armée aussi considérable comment trouver mes équipages?... Cela me fut impossible. Je revins donc à l'état-major, toujours monté sur Lisette hors d'haleine.

Le maréchal Lannes et mes camarades, témoins de mon embarras, m'engagèrent à mettre pied à terre pour faire reposer ma jument pendant quelques heures, lorsque j'aperçus un de nos housards conduisant en main un cheval qu'il avait pris sur l'ennemi. J'en fis l'acquisition, et confiant Lisette à l'un des cavaliers de l'escorte du maréchal, afin qu'il passât derrière les lignes pour la faire manger et la remettre à mon domestique dès qu'il l'apercevrait, je montai mon nouveau cheval, repris mon rang parmi les aides de camp, et fis les courses à mon tour. Je fus d'abord très satisfait de ma monture, jusqu'au moment où le maréchal Ney étant entré dans Friedland, le maréchal Lannes me chargea de me rendre auprès de lui, pour le prévenir d'un mouvement que faisait l'ennemi. A peine fus-je dans cette ville, que mon diable de cheval, qui avait été si bien en rase campagne, se trouvant sur une petite place dont toutes les maisons étaient en feu, et dont le pavé était couvert de meubles et de poutres enflammés au milieu desquels grillaient un grand nombre de cadavres, la vue des flammes et l'odeur des chairs calcinées l'effrayèrent tellement, qu'il ne voulut plus avancer ni reculer, et, joignant les quatre pieds, il restait immobile et renâclait fortement, sans que les nombreux coups d'éperon que je lui donnais parvinssent à l'émouvoir. Cependant, les Russes, reprenant momentanément l'avantage dans une rue voisine, repoussent nos troupes jusqu'au point où j'étais, et du haut d'une église et des maisons environnantes, font pleuvoir une grêle de balles autour de moi, pendant que deux canons, conduits à bras par les ennemis, tiraient à mitraille sur les bataillons au milieu desquels je me trouvais. Beaucoup d'hommes furent tués autour de moi, ce qui me rappela la position dans laquelle je me trouvais à Eylau, au milieu du 14e. Comme je n'étais nullement curieux de recevoir de nouvelles blessures, et que d'ailleurs, en restant là, je n'accomplissais pas ma mission, je mis tout simplement pied à terre, et abandonnant mon satané cheval, je me glissai le long des maisons pour aller joindre le maréchal Ney sur une autre place que des officiers m'indiquèrent.

Je passai un quart d'heure auprès de lui; il y tombait des balles, mais pas, à beaucoup près, autant qu'au lieu où j'avais laissé ma monture. Enfin les Russes, repoussés à la baïonnette, ayant été forcés de reculer de toutes parts vers les ponts, le maréchal Ney m'engagea à aller donner cette bonne nouvelle au maréchal Lannes. Je repris pour sortir de la ville le chemin par lequel j'étais venu et repassai sur la petite place sur laquelle j'avais laissé mon cheval. Elle avait été le théâtre d'un combat des plus sanglants ; on n'y voyait que morts et mourants, au milieu desquels j'aperçus mon cheval entêté, les reins brisés par un boulet et le corps criblé de balles !... Je gagnai donc à pied l'extrémité du faubourg en hâtant le pas, car de tous côtés les maisons embrasées s'écroulaient, et me faisaient craindre d'être englouti sous leurs décombres. Je parvins enfin à sortir de la ville et à gagner les bords de l'étang.

La chaleur du jour, jointe à celle répandue par le feu qui dévorait les rues que je venais de traverser, m'avait mis en nage. J'étouffais, et tombais de fatigue et de besoin, car j'avais passé la nuit à cheval pour venir d'Eylau à Friedland ; j'étais ensuite retourné au galop à Friedland et je n'avais pas mangé depuis la veille. Je me voyais donc avec déplaisir obligé de traverser à pied, sous un soleil brûlant, et au milieu de blés très élevés, l'immense plaine qui me séparait de Posthenen, où j'avais laissé le maréchal Lannes ; mais un heureux hasard vint encore à mon secours. La division de dragons du général Grouchy, ayant eu non loin de là un vif engagement avec l'ennemi, avait, quoique victorieuse, perdu un certain nombre d'hommes, et les colonels, selon l'usage, avaient fait réunir les chevaux des cavaliers tués, menés en main par un détachement qui s'était mis à l'écart. J'aperçus ce piquet, dont chaque dragon conduisait quatre ou cinq chevaux, se diriger vers l'étang pour les faire boire. Je m'adressai à l'officier, qui, embarrassé par tant de chevaux de main, ne demanda pas mieux que de m'en laisser prendre un, que je promis de renvoyer le soir à son régiment. Il me désigna même une excellente bête que montait un sous-officier tué pendant la charge. J'enfourchai donc ce cheval et revins rapidement vers Posthenen. J'avais à peine quitté les rives de l'étang qu'il devint le théâtre d'un combat des plus sanglants, auquel donna lieu l'attaque désespérée que fit le général Gortschakoff pour se rouvrir le chemin de la retraite en reprenant la route de Friedland occupée par le maréchal Ney. Pris entre les troupes de ce maréchal et celles de notre centre qui se portèrent en avant, les Russes de Gortschakoff se défendirent vaillamment dans les maisons qui avoisinaient l'étang, de sorte que si je fusse resté en ce lieu, où j'avais eu l'intention de me reposer quelques instants, je me serais trouvé au milieu d'une terrible mêlée. Je rejoignis le maréchal Lannes au moment où il se portait sur l'étang pour attaquer par derrière le corps de Gortschakoff, que Ney repoussait de front de la ville, et je pus par conséquent lui donner de bons renseignements sur la configuration du terrain sur lequel nous combattions.

Si l'armée française avait fait peu de prisonniers sur le champ de bataille de Friedland, il n'en fut pas ainsi le lendemain et les jours suivants, car les Russes, poussés l'épée dans les reins, mis dans une déroute complète, exténués de fatigue, abandonnaient leurs rangs et se couchaient dans les champs, où nous en prîmes un très grand nombre. On ramassa aussi beaucoup d'artillerie. Tout ce qui put échapper de l'armée de Benningsen se hâta de repasser le Niémen, derrière lequel se trouvait l'empereur de Russie, qui, se rappelant probablement les dangers auxquels il avait été exposé à Austerlitz, n'avait point jugé à propos d'assister en personne à la bataille de Friedland et s'était empressé, le surlendemain de notre victoire, de demander un armistice que Napoléon lui accorda.

Ce fut trois jours après la mémorable bataille de Friedland que l'armée française aperçut enfin la ville de Tilsitt et le Niémen qui, sur ce point, n'est éloigné que de quelques lieues des frontières de l'Empire russe. Après une bataille, tout est douleur sur les derrières d'une armée victorieuse dont la marche est jalonnée de cadavres, de mourants et de blessés, tandis que les guerriers qui ont survécu, oubliant bientôt ceux de leurs camarades qui sont tombés dans les combats, se réjouissent de leurs succès et marchent gaiement à de nouvelles aventures. La joie de nos soldats fut immense en voyant le Niémen, dont la rive opposée était occupée par les débris de cette armée russe qu'ils venaient de battre dans tant de rencontres; aussi nos troupes chantaient, tandis qu'un morne silence régnait dans le camp ennemi. L'empereur Napoléon s'établit à Tilsitt; ses troupes campèrent autour de la ville.

Le Niémen séparait les deux armées, les Français occupant la rive gauche; les Russes, la rive droite. L'empereur Alexandre ayant fait demander une entrevue à Napoléon, elle eut lieu le 25 juin, dans un pavillon construit sur un radeau ancré au milieu du fleuve, à la vue des deux armées qui en bordaient les rives. Ce fut un spectacle des plus imposants. Les deux empereurs arrivèrent chacun de leur côté, suivis seulement de cinq des principaux personnages de leur armée. Le maréchal Lannes, qui, à ce titre, s'était flatté d'accompagner l'Empereur, se vit préférer le maréchal Bessières, ami intime du prince Murat, et ne pardonna pas à ces maréchaux ce qu'il considérait comme un passe-droit.

Le maréchal Lannes resta donc avec nous sur le quai de Tilsitt, d'où nous vîmes les deux empereurs s'embrasser en s'abordant, ce qui excita de nombreux vivat dans les deux camps. Le lendemain 26, dans une seconde entrevue, qui eut lieu encore au pavillon sur le Niémen, l'empereur de Russie présenta à Napoléon son malheureux ami le roi de Prusse. Ce prince, auquel les événements de la guerre avaient fait perdre un vaste royaume, dont il ne lui restait plus que la petite ville de Memel et quelques misérables villages, conserva une attitude digne du descendant du grand Frédéric. Napoléon le reçut avec politesse, mais froidement, parce qu'il croyait avoir à se plaindre de lui et projetait de confisquer une grande partie de ses États.

Pour faciliter les entretiens des deux empereurs, la ville de Tilsitt fut déclarée neutre, et Napoléon en céda la moitié à l'empereur de Russie, qui vint s'y établir avec sa garde. Ces deux souverains passèrent ensemble une vingtaine de jours, pendant lesquels ils réglèrent le sort de l'Europe. Le roi de Prusse, pendant ces conférences, était relégué sur la rive droite et n'avait pas même de logement dans Tilsitt, où il ne venait que fort rarement. Napoléon alla un jour rendre visite à l'infortunée reine de Prusse, dont la douleur était, disait-on, fort grande. Il invita cette princesse à dîner pour le lendemain, ce qu'elle accepta sans doute à contre-cœur; mais au moment de conclure la paix, il fallait bien chercher à adoucir la colère du vainqueur. Napoléon et la reine de Prusse se détestaient cordialement : elle l'avait outragé dans plusieurs proclamations, et il le lui avait rendu dans ses bulletins. Leur entrevue ne se ressentit cependant pas de leur haine mutuelle. Napoléon fut respectueux et empressé, la Reine gracieuse et cherchant à captiver son ancien ennemi, dont elle avait d'autant plus besoin qu'elle n'ignorait pas que le traité de paix créait, sous la dénomination de royaume de Westphalie, un nouvel État dont la Hesse électorale et la Prusse fournissaient le territoire.

La Reine se résignait bien à la perte de plusieurs provinces, mais elle ne pouvait consentir à celle de la place forte de Magdebourg, dont la conservation fait la sécurité de la Prusse. De son côté, Napoléon, dont le projet était de nommer son frère Jérôme roi de Westphalie, voulait ajouter Magdebourg à ce nouvel État. Il paraît que, pour conserver cette ville importante, la reine de Prusse employait pendant le dîner tous les efforts de son amabilité, lorsque Napoléon, pour changer la conversation, ayant fait l'éloge d'une superbe rose que la Reine avait au côté, celle-ci lui aurait dit : « Votre Majesté veut-elle cette rose en échange de la place de Magdebourg?... » Peut-être eût-il été chevaleresque d'accepter, mais l'Empereur était un homme trop *positif* pour se laisser gagner par de jolis propos, et on assure qu'il s'était borné à louer la beauté de la rose, ainsi que de la main qui l'offrait, mais qu'il n'avait pas pris la fleur, ce qui amena des larmes dans les beaux yeux de la Reine! Mais le vainqueur n'eut pas l'air de s'en apercevoir. Il garda Magdebourg, et conduisit poliment la Reine jusqu'au bateau qui devait la porter sur l'autre rive.

Pendant notre séjour à Tilsitt, Napoléon passa en revue sa garde et son armée en présence d'Alexandre, qui fut frappé de l'air martial ainsi que de la tenue de ces troupes. L'empereur de Russie fit paraître à son tour quelques beaux bataillons de ses gardes, mais il n'osa montrer ses troupes de ligne, tant le nombre en avait été réduit à Heilsberg et à Friedland. Quant au roi de Prusse, auquel il ne restait plus que de faibles débris de régiments, il ne les fit pas paraître.

Napoléon conclut avec la Russie et la Prusse un traité de paix, dont les principaux articles furent la création du royaume de Westphalie au profit de Jérôme Bonaparte. L'électeur de Saxe, devenu l'allié et l'ami de la France, fut élevé à la dignité de roi et reçut en outre le grand-duché de Varsovie, composé d'une vaste province de l'ancienne Pologne qu'on reprenait aux Prussiens. Je passe sous silence les articles moins importants du traité, dont le résultat fut de rétablir la paix entre les grandes puissances de l'Europe continentale.

En élevant son frère Jérôme sur le trône de Westphalie, Napoléon ajoutait aux fautes qu'il avait déjà commises, lorsqu'il avait donné le royaume de Naples à Joseph et celui de Hollande à Louis. Les populations se sentirent humiliées d'être forcées d'obéir à des étrangers qui, n'ayant rien fait de grand par eux-mêmes, étaient au contraire assez nuls, et n'avaient d'autre mérite que d'être frères de Napoléon. La haine et le mépris que s'attirèrent ces nouveaux rois contribuèrent infiniment à la chute de l'Empereur. Le roi de Westphalie fut surtout celui dont les agissements firent le plus d'ennemis à Napoléon. La paix conclue, les deux empereurs se séparèrent avec les assurances mutuelles d'un attachement qui, alors, paraissait sincère.

## CHAPITRE XXXVII

Mission à Dresde. — Contrebande involontaire. — Incident à Mayence. — Séjour à Paris et à la Houssaye.

L'armée française fut répartie dans diverses provinces d'Allemagne et de Pologne sous le commandement de cinq maréchaux, dont Lannes avait demandé à ne pas faire partie, parce que le soin de sa santé le rappelait en France. Ainsi, quand bien même j'aurais été son aide de camp titulaire, j'aurais dû retourner à Paris; à plus forte raison devais-je quitter l'armée pour rejoindre le maréchal Augereau, à l'état-major duquel je n'avais pas cessé d'appartenir, ma mission auprès du maréchal Lannes n'étant que temporaire. Je me préparai donc à retourner à Paris. Je vendis tant bien que mal mes deux chevaux, et envoyai Lisette au régisseur général, M. de Launay, qui, l'ayant prise en affection, m'avait prié de la remettre en dépôt chez lui, lorsque je n'en aurais plus besoin. Je lui prêtai *indéfiniment* cette bête, calmée désormais par ses blessures et ses fatigues. Il la faisait monter à sa femme et la garda sept ou huit ans, jusqu'à ce qu'elle mourût de vieillesse.

Pendant les vingt jours que l'Empereur venait de passer à Tilsitt, il avait expédié une très grande quantité d'officiers tant à Paris que sur les divers points de l'Empire; aussi le nombre des disponibles pour ce service était presque complètement épuisé. Napoléon, ne voulant pas qu'on prît des officiers dans les régiments, ordonna qu'il serait dressé une liste de tous ceux qui, venant de faire volontairement la campagne, n'appartenaient à aucun des corps de l'armée, ni à l'état-major des cinq maréchaux qui devaient les commander. Je fus donc inscrit sur cette liste, certain d'avance que l'Empereur, dont j'avais porté les dépêches, me désignerait de préférence à des officiers inconnus. En effet, le 9 juillet, l'Empereur me fit appeler, et, me remettant de volumineux portefeuilles, ainsi que des dépêches pour le roi de Saxe, il m'ordonna de me rendre à Dresde et de l'y attendre. L'Empereur devait quitter Tilsitt ce jour-là, mais faire un très long détour pour visiter Kœnigsberg, Marienwerden et la Silésie. J'avais donc plusieurs jours d'avance sur lui. Je traversai de nouveau la Prusse, revis plusieurs de nos champs de bataille, gagnai Berlin et arrivai à Dresde deux jours avant l'Empereur. La cour de Saxe savait déjà que la paix était faite, qu'elle élevait son électeur au rang de roi et lui concédait le grand-duché de Varsovie; mais on ignorait encore que l'Empereur dût passer à Dresde en se rendant à Paris, et ce fut moi qui en portai l'avis au nouveau roi.

Jugez de l'effet que cela produisit! En un instant, la cour, la ville et l'armée furent en émoi pour se préparer à faire une magnifique réception au grand empereur, qui, après avoir si généreusement rendu la liberté aux troupes saxonnes prises à Iéna, comblait son souverain de bienfaits!... Je fus reçu à merveille; on me logea au château, dans un charmant appartement, où j'étais servi magnifiquement. Les aides de camp du Roi me montrèrent tout ce que le palais et la ville avaient de remarquable. Enfin l'Empereur arriva, et, selon l'usage que je connaissais déjà, je m'empressai de remettre les portefeuilles à M. de Méneval, et fis demander les ordres de l'Empereur. Ils furent conformes à mes désirs, car je fus chargé de porter de nouveaux portefeuilles à Paris, et l'Empereur me confia une lettre que je devais remettre moi-même à l'impératrice Joséphine. Le maréchal du palais Duroc me fit toucher 8,000 francs pour frais de poste de Tilsitt à Dresde et de Dresde à Paris. Je me mis gaiement en route. Je venais de faire trois belles campagnes, pendant lesquelles j'avais obtenu le grade de capitaine et m'étais fait remarquer par l'Empereur; nous allions jouir des délices de la paix, ce qui me permettrait de rester longtemps auprès de ma mère; j'étais bien rétabli, je n'avais jamais possédé autant d'argent : tout me conviait donc à être joyeux, et je l'étais beaucoup.

J'arrivai ainsi à Francfort-sur-Mein. Un lieutenant-colonel de la garde impériale, nommé M. de L..., y commandait. L'Empereur m'avait donné une lettre pour cet officier, auquel il demandait, je pense, des renseignements particuliers, car M. de L... était en rapport avec M. Savary, chargé de la police secrète. Ce colonel, après m'avoir fait déjeuner avec lui, voulut me reconduire jusqu'à ma calèche; mais en y montant, j'aperçus un assez gros paquet qui ne faisait pas partie de mes dépêches. J'allais appeler mon domestique pour avoir des explications à ce sujet, lorsque le colonel de L... m'en empêcha en me disant à voix basse que ce paquet contenait des robes de *tricot de Berlin* et autres étoffes prohibées en France, destinées à *l'impératrice Joséphine*, qui me saurait un gré infini de les lui apporter!... Je me souvenais trop bien des cruelles anxiétés que j'avais éprouvées, par suite du rapport de complaisance que j'avais eu la faiblesse de faire à l'Empereur, au sujet des chasseurs à cheval de sa garde présents à la bataille d'Austerlitz, pour consentir à m'engager encore dans une mauvaise affaire; aussi je refusai très positivement.

J'aurais été désireux, sans doute, de complaire à l'Impératrice, mais je connaissais l'inflexible sévérité de Napoléon envers les personnes qui faisaient la contrebande, et, après avoir couru tant de dangers et avoir répandu une aussi grande quantité de mon sang dans les combats, je ne voulais pas perdre le bénéfice du mérite que cela m'avait donné aux yeux de l'Empereur en transgressant ses lois pour obtenir un sourire de remerciement de l'Impératrice. Le colonel de L..., afin de vaincre ma résistance, me fit observer que le paquet était sous plusieurs enveloppes, dont l'extérieure, adressée au ministre de la guerre, portait le cachet du 7ᵉ léger, ainsi que la désignation : « Pièces de comptabilité. » Il en concluait que les douaniers n'oseraient ouvrir ce paquet, dont j'arracherais la première enveloppe en arrivant à Paris, et porterais les étoffes à l'Impératrice sans avoir été compromis ; mais, malgré tous ces beaux raisonnements, je refusai positivement de m'en charger et ordonnai au postillon de marcher.

Arrivé au relais situé à moitié chemin de Francfort à Mayence, m'étant avisé de gronder mon domestique pour avoir reçu un paquet dans ma calèche, il me répondit que pendant le déjeuner, M. de L... ayant placé *lui-même* CES *paquets* dans la calèche, il avait pensé que c'était un surcroît de dépêches, et n'avait pas cru pouvoir les refuser de la main du commandant de place. — « Comment ! *ces* paquets ; il y en a donc plusieurs ? m'écriai-je, et il n'en a repris qu'un seul !... »

En effet, en remuant les portefeuilles de l'Empereur, j'aperçus un second ballot de contrebande que le colonel avait laissé dans ma malle à mon insu... Je fus atterré de cette supercherie et délibérai si je ne jetterais pas ces robes sur la grande route. Cependant, je ne l'osai, et continuai mon chemin, bien résolu, si la contrebande était saisie, à déclarer comment elle avait été mise dans ma calèche, et par qui le cachet du 7ᵉ léger avait été apposé sur l'enveloppe, car je voulais me préserver de la colère de l'Empereur. Cependant, comme ce moyen de défense aurait compromis l'Impératrice, je pensai qu'il n'en fallait user qu'à la dernière extrémité et faire tout ce qui dépendrait de moi pour que ma calèche ne fût pas visitée. Le hasard et un petit subterfuge me tirèrent de ce mauvais pas; voici comment.

J'arrivais tout soucieux au pont du Rhin qui sépare l'Allemagne de Mayence, et mon inquiétude était augmentée par une grande réunion de chefs de la douane, d'officiers et de troupes en grande tenue qui attendaient à ce poste avancé, lorsque le factionnaire ayant, selon l'usage, arrêté ma voiture, deux hommes se présentent simultanément aux deux portières, savoir, un douanier pour procéder à la visite, et un aide de camp du maréchal Kellermann, commandant à Mayence, pour s'informer si l'Empereur arriverait bientôt. — Voilà qui est parfait, me dis-je à part moi, et feignant de ne pas voir le douanier inquisiteur, je réponds à l'aide de camp : « L'Empereur me suit!... » Je ne mentais point, il me suivait, mais à deux jours de distance... ce que je jugeai inutile d'ajouter!...

Mes paroles ayant été entendues de tous les assistants, les jetèrent dans un fort grand émoi. L'aide de camp s'élance à cheval, traverse le pont au galop, au risque de se précipiter dans le Rhin, et court prévenir le maréchal Kellermann. La garde prend les armes ; les douaniers et leurs chefs cherchent à se placer le plus militairement possible pour paraître convenablement devant l'Empereur, et, comme ma voiture les gênait, ils disent au postillon de filer... et me voilà hors des griffes de ces messieurs!... Je gagne la poste et fais promptement changer de chevaux; mais, pendant qu'on y procède, un orage vraiment épouvantable éclate sur Mayence, la pluie tombait à torrents!... Il était cinq heures du soir; c'était le moment de dîner; mais à la nouvelle de l'arrivée prochaine de l'Empereur, la générale bat dans toute la ville. A ce signal, maréchal, généraux, préfet, maire, autorités civiles et militaires, chacun, jetant la serviette, s'empresse d'endosser son plus beau costume et de se rendre à son poste sous une pluie battante, et à travers les ruisseaux qui débordaient dans toutes les rues, tandis que moi, cause de cet immense *hourvari*, je riais comme un fou en m'éloignant au galop de trois bons chevaux de poste!... Mais aussi, pourquoi l'Impératrice, désobéissant à son auguste époux, voulait-elle porter des robes d'étoffes prohibées? Pourquoi un colonel glissait-il, à mon insu, de la contrebande dans ma calèche? La ruse dont je me servis me paraît donc excusable. Nous étions, du reste, au mois de juin, de sorte que le bain que je fis prendre à tous les fonctionnaires de Mayence ne fut nuisible qu'à leurs habits! Je me trouvais à plus de deux lieues de Mayence, que j'entendais encore le bruit des tambours, et je sus depuis que les autorités étaient restées toute la nuit sur pied, et que l'Empereur n'était arrivé que deux jours après!... Mais, comme il était survenu un accident à sa voiture, les bons Mayençais purent attribuer à cela le retard dont leurs beaux habits furent victimes.

J'avançais rapidement et joyeusement vers Paris, lorsqu'un événement très désagréable vint interrompre ma course et changer ma joie en mécontentement. Vous savez que lorsqu'un souverain voyage, on ne pourrait atteler les nombreuses voitures qui précèdent ou suivent la sienne, si on ne renforçait leurs relais par des chevaux dits *de tournée,* qu'on fait venir des postes établies sur d'autres routes. Or, comme je sortais de Domballe, petit bourg en deçà de Verdun, un maudit postillon de tournée qui, arrivé la nuit précédente, n'avait pas remarqué une forte descente qu'on rencontre en quittant le relais, n'ayant pu maîtriser ses chevaux dès qu'ils furent dans la descente, versa ma calèche, dont les ressorts et la caisse furent brisés!... Pour comble de malheur, c'était un dimanche, et toute la population s'était rendue à la fête d'un village voisin. Il me fut donc impossible de trouver un ouvrier. Ceux que je me procurai le lendemain étaient fort maladroits, de sorte que je dus passer deux mortelles journées dans ce misérable bourg. J'allais enfin me remettre en route, lorsqu'un avant-courrier ayant annoncé l'arrivée de l'Empereur, je me permis de faire arrêter sa voiture pour l'informer de l'accident qui m'était survenu. Il en rit, reprit la lettre qu'il m'avait remise pour l'Impératrice et repartit. Je le suivis jusqu'à Saint-Cloud, d'où, après avoir remis les portefeuilles entre les mains du secrétaire du cabinet, je me rendis chez ma mère à Paris.

Je repris mon service d'aide de camp du maréchal Augereau, service des plus doux, car il consistait à aller passer chaque mois une ou deux semaines au château de la Houssaye, où l'on menait tous les jours joyeuse vie. Ainsi s'écoula la fin de l'été et l'automne. Pendant ce temps-là, la politique de l'Empereur préparait de nouveaux événements et de nouveaux orages, dont les terribles commotions faillirent m'engloutir, moi, fort petit personnage, qui dans mon insouciante jeunesse ne pensais alors qu'à jouir de la vie après avoir vu la mort de si près!...

On l'a dit avec raison, jamais l'Empereur ne fut si grand, si puissant, qu'en 1807, lorsque, après avoir vaincu les Autrichiens, les Prussiens et les Russes, il venait de conclure une paix si glorieuse pour la France et pour lui. Mais à peine Napoléon eut-il terminé la guerre avec les puissances du Nord, que son mauvais génie le porta à en entreprendre une bien plus terrible au midi de l'Europe, dans la péninsule Ibérique.

# TABLE DES MATIÈRES

                                                                  Pages.

AVANT-PROPOS.................................................... IX

### CHAPITRE PREMIER

Origines de ma famille. — Mon père entre aux gardes. — La famille de Certain. — Vie au château de Larivière. — Épisode d'enfance.................................................... 1

### CHAPITRE II

Premiers orages révolutionnaires. — Attitude de mon père. — Il rentre au service. — Je suis confié aux mains de Mlle Mongalvi. — Ma vie au pensionnat...................... 8

### CHAPITRE III

Mon père est nommé au commandement de l'armée de Toulouse. — Il me rappelle auprès de lui. — Rencontre d'un convoi d'aristocrates. — Mon existence à Toulouse. — Je suis conduit à Sorèze................................................ 14

### CHAPITRE IV

Sorèze. — Dom Ferlus. — La vie à Sorèze. — Allures égalitaires. — Premières épreuves. — Visite d'un représentant du peuple..................................................... 22

Pages.

### CHAPITRE V

Je rejoins à Paris mon père et mes frères. — Mon père est nommé au commandement de la 17e division militaire à Paris. — Il refuse de seconder les vues de Sieyès et cède la place à Lefebvre................................................ 31

### CHAPITRE VI

Mon père est envoyé en Italie. — Comment se fixa ma destinée. — Je deviens housard................................... 40

### CHAPITRE VII

Départ de mon père. — Rencontre de Bonaparte à Lyon. — Épisode de notre descente sur le Rhône. — Ce que coûte un banquet républicain. — Je suis présenté à mon colonel.... 43

### CHAPITRE VIII

Arrivée à Nice. — Mon mentor Pertelay. — Comment je deviens un vrai housard de Bercheny. — J'entre dans la *clique*. — Mon premier duel à la Madona près Savone. — Enlèvement d'un convoi de bœufs à Dego............................ 57

### CHAPITRE IX

Comment je devins d'emblée maréchal des logis. — J'enlève dix-sept housards de Barco.................................. 72

### CHAPITRE X

Nous rejoignons le général Championnet en Piémont. — Le général Macard. — Combats entre Coni et Mondovi. — Nous enlevons six pièces de canon. — Je suis nommé sous-lieutenant. — Je deviens aide de camp de mon père envoyé à Gênes, puis à Savone.................................... 82

### CHAPITRE XI

Combats de Cadibona et de Montenotte. — Retraite de l'aile droite de l'armée sur Gênes. — Mon père est blessé. — Siège et résistance de Gênes. — Ses conséquences. — Mon ami Trepano. — Mort de mon père. — Famine et combats. — Rigueur inflexible de Masséna...................................... 95

## CHAPITRE XII

Épisodes du siège. — Capture de trois mille Autrichiens. — Leur horrible fin sur les pontons. — Attaques constantes par terre et par mer................................................ 108

## CHAPITRE XIII

Bonaparte franchit le Saint-Bernard. — Masséna traite de l'évacuation de la place de Gênes. — Ma mission auprès de Bonaparte. — Bataille de Marengo. — Retour dans ma famille. — Extrême prostration morale.............................. 116

## CHAPITRE XIV

Je suis nommé aide de camp *à la suite* à l'état-major de Bernadotte. — État-major de Bernadotte. — Nous formons à Tours la réserve de l'armée de Portugal..................... 125

## CHAPITRE XV

Séjour à Brest et à Rennes. — Je suis nommé au 25e de chasseurs et envoyé à l'armée de Portugal. — Voyage de Nantes à Bordeaux et à Salamanque. — Nous formons avec le général Leclerc l'aile droite de l'armée espagnole. — 1802. — Retour en France............................................... 130

## CHAPITRE XVI

Aventure de route de Bayonne à Toulouse. — Amusant épisode d'inspection............................................. 142

## CHAPITRE XVII

Concentration en Bretagne des troupes destinées à Saint-Domingue. — Événements de Rennes. — Mon frère Adolphe, impliqué dans l'affaire, est incarcéré. — Mort de mon frère Théodore............................................................. 153

## TABLE DES MATIÈRES.

Pages.

### CHAPITRE XVIII

Séjour à l'école de Versailles. — Biographie des frères de ma mère............................................... 168

### CHAPITRE XIX

Immenses préparatifs sur la côte. — Je suis nommé aide de camp d'Augereau.................................. 176

### CHAPITRE XX

Augereau. — Divers épisodes de sa carrière............... 180

### CHAPITRE XXI

De Bayonne à Brest. — 1804. — Conspiration de Pichegru, Moreau et Cadoudal. — Mort du duc d'Enghien. — Bonaparte empereur............................................ 192

### CHAPITRE XXII

1805. — Institution de la Légion d'honneur. — Camp de Boulogne. — Je suis fait lieutenant. — Mission. — Mort de mon frère Félix. — La Russie et l'Autriche nous déclarent la guerre................................................. 202

### CHAPITRE XXIII

L'armée se dirige vers le Rhin. — Début des hostilités. — Mission auprès de Masséna. — Trafalgar. — Jellachich met bas les armes à Bregenz. — Ruse du colonel des housards de Blankenstein. — Son régiment nous échappe............. 214

### CHAPITRE XXIV

Marche sur Vienne. — Combat de Dirnstein. — Les maréchaux Lannes et Murat enlèvent les ponts du Danube sans coup férir............................................... 232

### CHAPITRE XXV

Hollabrünn. — Je remets à l'Empereur les drapeaux pris à Bregenz. — Dangers d'un mensonge de complaisance...... 242

## CHAPITRE XXVI

L'ambassadeur de Prusse et Napoléon. — Austerlitz. — Je sauve un sous-officier russe sous les yeux de l'Empereur dans l'étang de Satschan..................... 252

## CHAPITRE XXVII

Entrevue des empereurs. — Retour au corps. — 1806. — Darmstadt et Francfort. — Bons procédés d'Augereau..... 271

## CHAPITRE XXVIII

Missions auprès de l'Empereur et du roi de Prusse. — Situation de la Prusse............................ 278

## CHAPITRE XXIX

État de l'armée prussienne. — Marche sur Wurtzbourg. — Combat de Saalfeld et mort du prince Louis de Prusse. — Augereau et son ancien compagnon d'armes. — Retour à Iéna. — Épisode............................ 285

## CHAPITRE XXX

Iéna. — Le curé d'Iéna. — Auerstædt. — Conduite de Bernadotte. — Entrée à Berlin........................ 296

## CHAPITRE XXXI

Déroute et démoralisation des Prussiens. — Origine de la fortune des Rothschild et de la situation de Bernadotte. — J'accompagne Duroc auprès du roi de Prusse à Graudentz. — Épisode. — L'armée sur la Vistule................ 307

## CHAPITRE XXXII

Passage de l'Ukra. — Affaires de Kolozomb et de Golymin. — Épisodes divers. — Affaire de Pultusk. — Établissement des cantonnements sur la Vistule................ 322

## CHAPITRE XXXIII

1807. — Je suis nommé capitaine. — Bataille d'Eylau. — Dissolution du corps d'Augereau. — Reprise des cantonnements............................................................. 331

## CHAPITRE XXXIV

Épisodes de la bataille d'Eylau. — Ma jument Lisette. — Je cours les plus grands dangers en joignant le 14ᵉ de ligne. — J'échappe à la mort par miracle. — Je regagne Varsovie et Paris ..................................................... 342

## CHAPITRE XXXV

Missions auprès de l'Empereur. — Je rejoins le maréchal Lannes. — Reprise des hostilités le 11 juin. — Les armées se joignent sur l'Alle, à Friedland...................... 353

## CHAPITRE XXXVI

Bataille de Friedland. — Dangers auxquels je suis exposé. — Entrevue et traité de Tilsitt............................. 365

## CHAPITRE XXXVII

Mission à Dresde. — Contrebande involontaire. — Incident à Mayence. — Séjour à Paris et à la Houssaye............ 377

FIN DE LA TABLE DES MATIÈRES.

PARIS

TYPOGRAPHIE DE E. PLON, NOURRIT ET C$^{ie}$

Rue Garancière, 8

www.ingramcontent.com/pod-product-compliance
Lightning Source LLC
Chambersburg PA
CBHW052045230426
43671CB00011B/1792